中国社会科学院创新工程学术出版资助项目

蔡美彪 编著

元代白话碑集录
（修订版）

当代中国学者代表作文库

THE REPRESENTATIVE WORKS OF THE CONTEMPORARY CHINESE SCHOLARS

中国社会科学出版社

图书在版编目（CIP）数据

元代白话碑集录／蔡美彪编著．—修订版．—北京：中国社会科学出版社，2017.4（2021.6 重印）

（当代中国学者代表作文库）

ISBN 978-7-5203-0061-2

Ⅰ.①元… Ⅱ.①蔡… Ⅲ.①碑文-研究-中国-元代 Ⅳ.①K877.424

中国版本图书馆 CIP 数据核字（2017）第 055016 号

出 版 人	赵剑英
责任编辑	喻 苗 顾世宝
责任校对	郝阳洋
责任印制	李寡寡

出　　版	中国社会科学出版社
社　　址	北京鼓楼西大街甲 158 号
邮　　编	100720
网　　址	http://www.csspw.cn
发 行 部	010-84083685
门 市 部	010-84029450
经　　销	新华书店及其他书店
印刷装订	北京君升印刷有限公司
版　　次	2017 年 4 月第 1 版
印　　次	2021 年 6 月第 2 次印刷
开　　本	787×1092　1/16
印　　张	18.5
插　　页	4
字　　数	308 千字
定　　价	78.00 元

凡购买中国社会科学出版社图书，如有质量问题请与本社营销中心联系调换
电话：010-84083683
版权所有　侵权必究

图1　河南荥阳洞林大觉寺碑现状　　冯时摄

图 2　河北灵寿祁林院碑现状　　河北省文物局摄

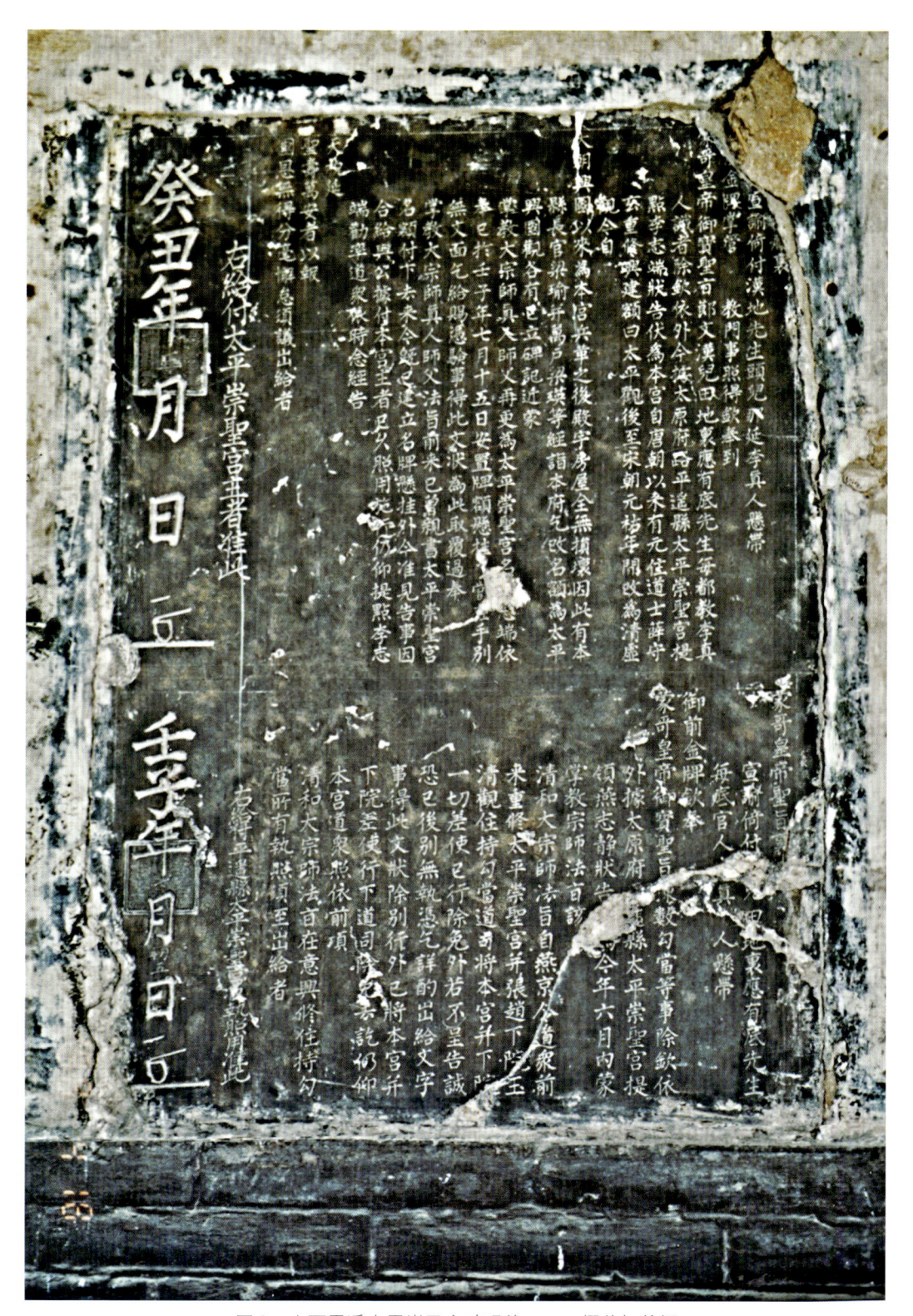

图 3　山西平遥太平崇圣宫碑现状　　樱井智美摄

图4 湖北丹江口市均县镇田间残存碑额 湖北武当博物馆摄

《当代中国学者代表作文库》
编委会

主　　任：蔡　昉

副 主 任：赵剑英

委　　员(按笔画排序)：
　　　　　丁伟志　于　沛　王　浩　黄　平
　　　　　冯天瑜　刘跃进　汝　信　李　扬
　　　　　张卓元　张海鹏　李景源　杨　义
　　　　　陈　来　陈众议　陈先达　陈祖武
　　　　　卓新平　赵剑英　郝时远　周　泓
　　　　　李　林　袁行霈　蔡　昉

总 策 划：赵剑英

项目统筹：王　茵　孙　萍

总　　序

中华人民共和国的成立开启了当代中国历史发展的新进程。伴随社会主义革命、建设和发展的历史，特别是改革开放以来中国特色社会主义道路的探索、开辟和中国特色社会主义理论体系的形成，全球化的深入发展以及中西文化的碰撞交汇，中国的哲学社会科学研究事业得到了显著的发展，涌现了一大批优秀的人文哲学社会科学学者及著作。这些著作体现了时代特色、民族特色和实践特色的统一，在其相应学科中具有开创性、奠基性和代表性。正是这些具有中国特色、中国气派、中国风格的作品，铸就了当代中国哲学社会科学发展的辉煌成就，形成了中国哲学社会科学理论和方法的创新体系。

作为中国社会科学院直属的专门致力于推出哲学社会科学成果的学术出版社，中国社会科学出版社三十多年来，一直秉持传播学术经典的出版理念，把追求高质量、高品位的哲学社会科学学术著作作为自己的主要出版任务。为展示当代中国哲学社会科学研究的成就，积极推动中国哲学社会科学优秀人才和优秀成果走向世界，提高中华文化的软实力，扩大中国哲学社会科学的国际话语权，增强在全球化、信息化背景下中国和平崛起所必需的文化自觉和文化自信，我社决定编辑出版《当代中国学者代表作文库》。

《当代中国学者代表作文库》收录新中国成立以来我国哲学社会科学各学科的优秀代表作，即在当代哲学社会科学学科体系中具有开创性、奠基性和代表性意义的著作。入选这一文库的著作应当是当代中国哲学社会科学的精品和珍品。因此，这一文库也应当代表当代中国哲学社会科学的最高学术水平。本文库出版的目的还在于抢救部分绝版的经典佳作。有些耄耋之年的老学者，不顾年迈体弱，对作品进行了大幅的修订。他们这种对学术孜孜以求的精神，值得后辈敬仰。

编辑出版《当代中国学者代表作文库》是一项具有重大战略意义的国家学术文化工程，对于构建中国特色哲学社会科学学科体系、学术体系、话语体系，推动中国当代学术的创新发展，加强中外学术文化交流，扩大中国文化的国际影响力，必将产生十分重要和深远的影响。我们愿与学者一道，合心勠力，共襄这一学术盛举。

赵剑英

2017 年 4 月

前　言

本书初版于 1955 年，科学出版社出版。这次修订没有增加碑文，只是重写了碑文的注释，增补了拓本图影，改正了错字。对一些碑题酌加修订，增入题解。

我留意元代碑拓，始于 1950 年在北京大学文科研究所金石拓片室工作时期，是在罗常培所长领导下工作的。本书的编纂，曾得到陈垣前辈的鼓励和支持，又承吕叔湘、邵循正两先生指教。现在修订本出版，各位先生都已辞世，谨在此敬志我的感念与景仰。

蔡美彪
2016 年 8 月

修订说明

（一）本书收录的白话碑文，依年月先后编序。修订本改订年代者，原编序号不变，以便查对。

（二）金石目录书传统的著录体制，备列撰人、书体、年月、所在地等项已不能反映元代白话碑公文的复杂情况，修订本另立题解一项，依据实际情况作出必要的说明。不拘一格，不求一致，有话则长，无话则短。

（三）修订本重写注释，旨在供读者参考，明意而止，避免烦琐。不能确解者存疑待考。前碑已注者，后碑重见，不再重注。《八思巴字碑刻文物集释》已有注释者，本书摘其要旨不再多作论证。

（四）修订本增入碑文的拓本和照片。碑石不存者采自诸家旧藏拓本。尚存者主要依据当地文物博物部门的收藏。中国社会科学院考古研究所冯时教授鼎力协助，四处奔走，多方寻访。承北京大学图书馆、国家图书馆、河南省文物局、河北省博物馆、山东省邹城市文物局、湖北武当博物馆、荥阳市文物保护管理所、台北史语所傅斯年图书馆以及山西、陕西等收藏单位大力支持、玉成其事，在此一并致谢。

（五）中国社会科学出版社为出版本书承担了繁重的编辑工作。责任编辑同志出力尤多。拓本图版和碑文索引的编制，多承鼎助，尤为心感。本书付印前又承冯时教授代为复校一过，并致谢忱。

常引书简称

冯　　书　　冯承钧：《元代白话碑》，商务印书馆民国二十年版

沙　　畹　　E. D. Chavannes：Inscription et pieces de chancellerie de L'epoque mongole. *Toung Pao* 1905，1908

北图汇编　　《北京图书馆藏中国历代石刻拓本汇编》，中州古籍出版社1990年版

缪　　目　　缪荃孙：《艺风堂考藏金石文字目》

艺　　拓　　艺风堂缪氏旧藏拓本，今存北京大学图书馆

柳　　拓　　柳风堂张氏旧藏拓本，今存北京大学图书馆

集　　释　　蔡美彪：《八思巴字碑刻文物集释》，中国社会科学出版社2011年版

集　　录　　蔡美彪：《元代白话碑集录》，科学出版社1955年版

拓本图版目次

拓本图版目次括号内数码是碑文编号
出处为收藏机构或影印书刊

周至重阳宫累朝崇道碑篆额（1）	北京大学图书馆（以下简称北大）
周至重阳宫累朝崇道碑全拓（1、2、3、4、11、15）	北大
青岛崂山太清宫石刻（1、2）	《文物》1986年5期
潍坊玉清宫圣旨碑（1、4）	《北图汇编》（元代卷）
凤翔长春观公据碑（5）	北大
济源紫微宫懿旨碑（6）	北大
户县草堂寺碑（7、12、13、14）	《北图汇编》
林州宝严寺碑碑阴（8）	北大
汲县北极观懿旨碑（9）	北大
孟州王屋灵都观碑并碑阴（10）	北大
安邑长春观碑（16）	沙畹
平遥崇圣宫给文碑（17、18）	沙畹
亳州太清宫令旨碑（19）	沙畹
亳州太清宫碑（20）	河南文史馆《翰墨石影》（2003年）
林州宝严寺碑（21、43）	北大
周至重阳万寿宫碑（22）	北大
龙门建极宫碑（23）	沙畹
莱州石真人墓令旨碑（24）	《北图汇编》
莱州长生万寿宫令旨碑（25）	《北图汇编》
蔚州飞泉观碑（26、27）	《蔚县碑铭辑录》（2009年）
户县东岳庙令旨碑（28）	刘兆鹤、吴敏霞编《户县碑刻》（2005年）
永寿吴山寺执照碑（29）	北大

大都崇国寺文书碑并碑阴（30、31）	北大
无锡庙学圣旨碑（32）	北大
赵州柏林寺圣旨碑（33、35、61）	河北省文物局
荥阳洞林大觉寺碑全拓（34、46、53、55、56、60、67、71）	河南省文物局
荥阳寺洞林大觉寺碑第一截（34）	
彰德上清正一宫圣旨碑（36、37、39）	沙畹
邹县孟庙文书碑（40、68）	邹城市文物局
灵寿祁林院碑上部（41、42、45、47）	
灵寿祁林院碑下部（41、42、45、47）	河北省文物局
平山永明寺碑上部（44、58）	国家图书馆
荥阳洞林大觉寺碑第三截左（46）	
河中栖岩寺圣旨碑（48）	沙畹
济源紫微宫圣旨碑（49）	河南省文物局
长清灵岩寺法旨碑（50）	《北图汇编》
曲阜加封孔子致祭碑（52）	北大
荥阳洞林大觉寺碑第四截（53、56）	
济源紫微宫圣旨碑（54）	《翰墨石影》（2003年）
荥阳洞林大觉寺碑第三截右（55）	
平遥太平崇圣宫圣旨碑（57）	平遥县博物馆
大理崇圣寺圣旨碑（59）	《北图汇编》
荥阳洞林大觉寺碑第二截（60）	
林州宝严寺圣旨碑（62）	北大
元氏开化寺圣旨碑（63）	北大
周至重阳万寿宫圣旨碑（64）	波纳帕特（Bonnpart）《十三、十四世纪蒙古文献》（1895年）
彰德善应储祥宫圣旨碑（65）	北大
周至重阳万寿宫碑下部（66、73）	刘兆鹤、王西平编《重阳宫道教碑石》（1998年）
荥阳洞林大觉寺碑第五截右（67）	
昆明筇竹寺圣旨碑（70）	《北图汇编》
荥阳洞林大觉寺碑第五截（71）	

邻阳光国寺圣旨碑下部（72）	北大
濬州天宁寺法旨碑下部（74）	《北图汇编》
易州龙兴观懿旨碑（75）	北大
泰山东岳庙圣旨碑（76）	台北史语所
许州天宝宫圣旨碑局部（77）	冯时拍摄
曲阜颜庙请封奏疏碑（79）	北大
淇县文庙圣旨碑（80）	北大
辉县颐真宫圣旨碑（81）	沙畹
邹县仙人万寿宫圣旨碑（83）	北大
平山天宁万寿寺圣旨碑（85）	国家图书馆
周至重阳万寿宫碑（86、89）	《重阳宫道教碑石》
长安竹林寺圣旨碑（87）	长安县博物馆
平山天宁万寿寺碑（88）	国家图书馆
大都崇国寺圣旨碑（90）	北大
平山天宁万寿寺碑（91）	国家图书馆
大都崇国寺劄付碑（92、94）	《北图汇编》
周至重阳万寿宫圣旨碑（93）	北大

目 录

1. 周至重阳宫累朝崇道碑——传奉成吉思皇帝圣旨（1223年） …… （1）
2. 周至重阳宫累朝崇道碑——面奉成吉思皇帝圣旨（1223年） …… （8）
3. 周至重阳宫累朝崇道碑——窝阔台圣旨（1235年） ………… （10）
4. 周至重阳宫累朝崇道碑——窝阔台圣旨（1235年） ………… （12）
5. 凤翔长春观公据碑（1238年） ………………………………… （14）
6. 济源紫微宫懿旨碑（1240年） ………………………………… （19）
7. 户县草堂寺碑——阔端令旨（1243年） ……………………… （23）
8. 林州宝严寺碑——碑阴荼罕文告（1244年） ………………… （26）
9. 汲县北极观懿旨碑（1245年） ………………………………… （30）
10. 孟州王屋灵都观碑——全真道给文（1245年） ……………… （34）
11. 周至重阳宫累朝崇道碑——阔端令旨（1245年） …………… （38）
12. 户县草堂寺碑——阔端令旨（1245年） ……………………… （40）
13. 户县草堂寺碑——阔端令旨（1247年） ……………………… （42）
14. 户县草堂寺碑——帖哥钧旨（1247年） ……………………… （43）
15. 周至重阳宫累朝崇道碑——弥里杲带令旨（1250年） ……… （45）
16. 安邑长春观劄付碑（1252年） ………………………………… （46）
17. 平遥崇圣宫给文碑——李志常给文（1252年） ……………… （49）
18. 平遥崇圣宫给文碑——全真道给文（1253年） ……………… （51）
19. 亳州太清宫令旨碑（1257年） ………………………………… （53）
20. 亳州太清宫圣旨碑（1261年） ………………………………… （56）
21. 林州宝严寺碑——元世祖圣旨（1261年） …………………… （58）
22. 周至重阳万寿宫碑——元世祖圣旨（1280年） ……………… （61）
23. 龙门建极宫碑——安西王令旨（1276年） …………………… （65）
24. 莱州石真人墓令旨碑（1279年） ……………………………… （69）

25. 莱州长生万寿宫令旨碑（1280 年） …………………………（72）
26. 蔚州飞泉观碑——道士具结文书（1281 年？） …………（75）
27. 蔚州飞泉观碑——抄录世祖圣旨（1280 年） ……………（78）
28. 户县东岳庙令旨碑（1282 年） ……………………………（80）
29. 永寿吴山寺执照碑（1283 年） ……………………………（83）
30. 大都崇国寺文书碑——总制院劄付（1284 年） …………（86）
31. 大都崇国寺文书碑——僧录司执照（1284 年） …………（90）
32. 无锡庙学圣旨碑（1288 年） ………………………………（92）
33. 赵州柏林寺圣旨碑——世祖圣旨（1293 年） ……………（94）
34. 荥阳洞林大觉寺碑——成宗圣旨（1295 年） ……………（97）
35. 赵州柏林寺圣旨碑——成宗圣旨（1296 年） ……………（101）
36. 彰德上清正一宫圣旨碑——世祖圣旨（1260 年） ………（103）
37. 彰德上清正一宫圣旨碑——世祖圣旨（1272 年） ………（106）
38. 周至太清宗圣宫圣旨碑——成宗圣旨（1296 年） ………（108）
39. 彰德上清正一宫圣旨碑——世祖圣旨（1285 年） ………（110）
40. 邹县孟庙文书碑——断事官劄付（1237 年） ……………（112）
41. 灵寿祁林院碑——成宗圣旨（1298 年） …………………（115）
42. 灵寿祁林院碑——皇太后懿旨（1298 年） ………………（119）
43. 林州宝严寺碑——成宗圣旨（1298 年） …………………（120）
44. 平山永明寺碑——成宗圣旨（1300 年） …………………（122）
45. 灵寿祁林院碑——皇后懿旨（1301 年） …………………（125）
46. 荥阳洞林大觉寺碑——帝师法旨（1301 年） ……………（127）
47. 灵寿祁林院碑——帝师法旨（1301 年） …………………（130）
48. 河中栖岩寺圣旨碑（1302 年） ……………………………（132）
49. 济源紫微宫圣旨碑（1304 年） ……………………………（135）
50. 长清灵岩寺法旨碑（1341 年） ……………………………（137）
51. 长清灵岩寺下院榜示碑（1306 年） ………………………（140）
52. 曲阜加封孔子致祭碑（1308 年） …………………………（142）
53. 荥阳洞林大觉寺碑——晋王甘麻剌令旨（1297 年） ……（145）
54. 济源紫微宫圣旨碑（1309 年） ……………………………（148）
55. 荥阳洞林大觉寺碑——皇太后懿旨（1309 年） …………（150）
56. 荥阳洞林大觉寺碑——"皇太子"令旨（1309 年） ………（153）

57. 平遥太平崇圣宫圣旨碑（1309 年） …………………………（155）
58. 平山永明寺碑——仁宗圣旨（1311 年） ……………………（158）
59. 大理崇圣寺圣旨碑（1311 年） ………………………………（160）
60. 荥阳洞林大觉寺碑——仁宗圣旨（1312 年） ………………（163）
61. 赵州柏林寺碑——仁宗圣旨（1312 年） ……………………（165）
62. 林州宝严寺圣旨碑（1313 年） ………………………………（167）
63. 元氏开化寺圣旨碑（1314 年） ………………………………（169）
64. 周至重阳万寿宫圣旨碑（1314 年） …………………………（172）
65. 彰德善应储祥宫圣旨碑（1314 年） …………………………（175）
66. 周至重阳万寿宫碑——仁宗圣旨（1314 年） ………………（178）
67. 荥阳洞林大觉寺碑——晋王也孙帖木儿令旨（1314 年） …（182）
68. 邹县孟庙文书碑——户部关文（1314 年） …………………（185）
69. 周至太清宗圣宫圣旨碑——仁宗圣旨（1315 年） …………（187）
70. 昆明筇竹寺圣旨碑（1316 年） ………………………………（189）
71. 荥阳洞林大觉寺碑——小薛大王令旨（1318 年） …………（192）
72. 邠阳光国寺圣旨碑（1318 年） ………………………………（195）
73. 周至重阳万寿宫碑——仁宗圣旨（1318 年） ………………（198）
74. 潞州天宁寺法旨碑（1321 年） ………………………………（200）
75. 易州龙兴观懿旨碑（1309 年） ………………………………（203）
76. 泰山东岳庙圣旨碑（1324 年） ………………………………（206）
77. 许州天宝宫圣旨碑（1326 年） ………………………………（209）
78. 周至太清宗圣宫圣旨碑——文宗圣旨（1330 年） …………（212）
79. 曲阜颜庙请封奏疏碑（1334 年） ……………………………（214）
80. 淇县文庙圣旨碑（1334 年） …………………………………（217）
81. 辉县颐真宫圣旨碑（1335 年） ………………………………（220）
82. 邹县万寿宫圣旨碑（1335 年） ………………………………（223）
83. 邹县仙人万寿宫圣旨碑（1335 年） …………………………（224）
84. 均州灵应万寿宫圣旨碑（1337 年） …………………………（227）
85. 平山天宁万寿寺圣旨碑（1337 年） …………………………（229）
86. 周至重阳万寿宫碑——顺帝圣旨（1341 年） ………………（232）
87. 长安竹林寺圣旨碑（1343 年） ………………………………（235）
88. 平山天宁万寿寺碑——顺帝圣旨（1357 年） ………………（238）

89. 周至重阳万寿宫碑——顺帝圣旨（1351 年） …………………（241）
90. 大都崇国寺圣旨碑（1354 年） ……………………………………（243）
91. 平山天宁万寿寺碑——皇太子令旨（1356 年） …………………（246）
92. 大都崇国寺劄付碑——宣政院劄付（1363 年） …………………（249）
93. 周至重阳万寿宫圣旨碑（1363 年） ………………………………（252）
94. 大都崇国寺劄付碑——宣政院劄付（1366 年） …………………（255）
编余散记：白话碑诸问题 ……………………………………………（257）
碑文索引 ………………………………………………………………（266）

1. 周至重阳宫累朝崇道碑

——传奉成吉思皇帝圣旨（1223 年）

［钦差近侍刘仲禄奉成吉思］皇帝圣旨，道与诸处官员每①：

丘神仙应有底修行底院舍等②，系逐日念诵经文告天底人每与皇帝祝寿万万岁者。所据大小差发税赋③，都教休着者。据丘神仙底应系出家门人等随处院舍都教免了差发税赋者。其外诈推出家影占差发底人每④，告到官司治罪，断按主者⑤。

奉到如此⑥。不得违错，须至给付照用者。

右付神仙门下收执。

照使所据神仙应系出家门人、精严住持院子底人等并免差发税赋。准此。

癸未羊儿年三月日。

御宝⑦。

题解：

碑在元周至重阳万寿宫。今存，属陕西户县。《缪目》卷十五著录，题"重阳宫圣旨碑"。

诸家金石目录屡见著录。标题不同，不备引。额篆"大蒙古国累朝崇道恩命之碑"。四截刻，汉字楷书。本文在第二截右侧。

第一截刻成吉思皇帝赐丘处机诏书两通，俱为文言体。右方一诏题五月初一日，全文俱见陶宗仪《辍耕录》卷十，记在己卯年（1219）。左方诏书见于明道藏本《长春真人西游记》附录。碑刻末署"十四日"，为《西游记》所无。考为庚辰年（1220）十月。

第二截碑文四通。自右至左，首刊癸未年（1223）三月传奉成吉思皇帝圣旨，即本文。次刊癸未年九月圣旨［本书（2）］。左方两旨为乙未年（1235）太宗窝阔台圣旨。

第三截刻诸王令旨两通。右为乙巳年十月阔端太子令旨，左为庚戌年弥里杲带太子令旨。

第四截刊己酉年（1249）三月李庭撰《大蒙古国累朝崇道之碑并序》，并见《寓庵集》卷四。碑末刊"古燕道士臣石志坚书并篆额""大朝岁次辛亥七月初九日，终南十方大重阳万寿宫立石"。重阳宫为丘处机创建，初名灵虚观。太宗十年（1238）营建赐号重阳宫，乃马真后四年（1245）加号重阳万寿宫。参见《集释》[2]。

注释：

①重阳宫碑原作"皇帝圣旨"。《长春真人西游记》附录作"成吉思皇帝圣旨"。山东青岛崂山太清宫近年发现此圣旨的石刻，文字清晰可读。首行"钦差近侍刘仲禄奉"及下文"成吉思"等字，重阳宫碑无，据以补入。由此可知，成吉思汗这道圣旨是由刘仲禄传谕诸官员每（"每"同"们"，元人习用）。刘仲禄是成吉思汗的近侍官，事迹见《长春真人西游记》。己卯年（1219）五月曾奉旨往迎丘处机，即本碑第一截赐丘神仙手诏。丘处机返回中原也由刘仲禄护送。

《长春真人西游记》载：癸未年三月初七日丘处机辞归，通事阿里鲜奏曰"神仙来时，德兴府龙阳观中尝见官司催督差发"。"上曰：应予门下人悉令蠲免。仍赐圣旨文字一通，且用御宝。"这通"圣旨文字"应当就是重阳宫碑所刻癸未年三月传奉的御宝圣旨。

山东潍坊玉清宫碑也刊有此旨，题"皇帝圣旨"。首称"成吉思皇帝圣旨节文，道与诸处官员每"。不记刘仲禄传谕。

此旨所称"成吉思皇帝"尊号，"成吉思"音译，"皇帝"义译，是汉文文献中首次出现。赵珙《蒙鞑备录》称有女真叛臣为蒙古所用，所以译曰"成吉思皇帝"。此后历代沿用。元世祖至元十三年（1276），太庙神主题为"成吉思皇帝"，遂成为元代法定的专称。"成吉思汗"译名为后世习称，不见于元代文献。

②"丘神仙"是成吉思汗授予长春真人丘处机的专称。《长春真人西游记》卷上："上问（原误为'闻'）镇海曰：真人当何号？镇海奏曰：有人尊之曰师父者、真人者、神仙者。上曰：自今以往可呼神仙。""应有底"即"所有的"，泛指全部全真道观。

③大小差发税赋。差发税赋并非两事。两词合称是指正税地税以外的科派。蒙古此时还没有在占领的汉地建立税制，各地仍沿用金朝旧制。金制：正税地税征夏秋二税。此外又有所谓"差科"，依据贫富和人丁多寡科征各种物力钱和杂税杂役，又称"差发"或"差税"，具见《金史·食货志》。前引《长春真人西游记》所称"官司催督差发"，"应予门下人悉令蠲免"，也是指这种依人丁科派的大小差发税赋。"休着者"的"着"字汉语白话可有多种含义，这里意为"承担""承受"，与现代汉语称受凉为"着凉"意近。

④"诈推出家影占差发",影占即隐占,此指俗人冒充出家道士逃避差发税赋。彭大雅《黑鞑事略》称:"长春宫多有亡金朝士,既免跋焦,免赋役,又得衣食。"各地民众混迹道观规避赋役之事所在多有,屡见于金元间文献。

⑤"断按主"又作"断案主"。此词最早出现于此诏。蒙古太宗时,宋人彭大雅著《黑鞑事略》记蒙古见闻,称"其犯寇者杀之,没其妻子财产以入受寇之家","谓之断案主"。宋朝无此刑名,故彭大雅以为是蒙古风俗。但《元朝秘史》不见此词,也不是源于蒙古语。《金史·刑志》记"金国旧俗"称:"杀人及盗劫者,击其脑杀之。没其家资,以十之四入官,其六偿主,并以家人为奴婢。"这一"旧俗"的特点是断没罪犯者的家人财产,给予受害的事主即案主。《金史·刑志》没有著录"断案主"这一刑名,但所记内容与彭大雅所记基本一致。金朝统治时期,关于犯盗者判刑的规定,曾有改订,但"征偿如旧制"。成吉思汗的这个诏书颁给原属金朝的各地官员,可见"断案主"仍为民间所习知,为蒙古所沿用。冒充道士逃避差发赋税,视同窃盗,被人告发,"断案主者"即断没他们的家人财产收归官府或给予告发者。

元朝初年改革此制,一般罪犯诸色人等断没家属为奴者,"改正为良"收系当差,称"断案主户"。见《通制条格》卷二户令至元八年文书,又见《元典章》户部三户口条画,作"改正为民",意同。

⑥石刻圣旨本文止于"断按主者"。"奉到如此"以下文字当出于奉旨的刘仲禄。"不得违错,须至给付照用者"是奉旨者转发给诸处官员的批语。"照用"即"照遵"。古人称"用命"或"不用命","用"与"遵"意近。这句话的意思是:应该发给你们遵照。"右付神仙门下收执","收执"即收存。杂剧《东堂老》楔子:"这张文书请居士收执者。"可知颁发给诸处官员的诏旨,都还付给道观一份收存,故得以上石。下文最后一句当是基层官员申明遵照免除差发。此刻石文字自刘仲禄传谕圣旨,转发给各处官员遵照并付道观收存,基层官员遵照奉行,逐层皆有记录,是一道较完整的公文。

青岛崂山太清宫刻石与重阳宫此碑相同。潍县玉清宫刻石到"奉到如此"而止,无下文。

⑦成吉思汗以前,蒙古已习用十二生肖纪年,《元朝秘史》纪事可证。重阳宫碑此文在生肖羊儿年前又加干支癸未,以致"未"与"羊"重出,当是出于传录的汉人之手。青岛崂山太清宫刻石相同。潍坊玉清宫碑径作癸未年三月,删略"羊儿年"。此年月当是圣旨颁授年月,前引《长春真人西游记》纪事可证。三处碑文在署年月之侧都刻有"御宝"二字以代刻印,与《长春真人西游记》所纪"且用御宝"相符。

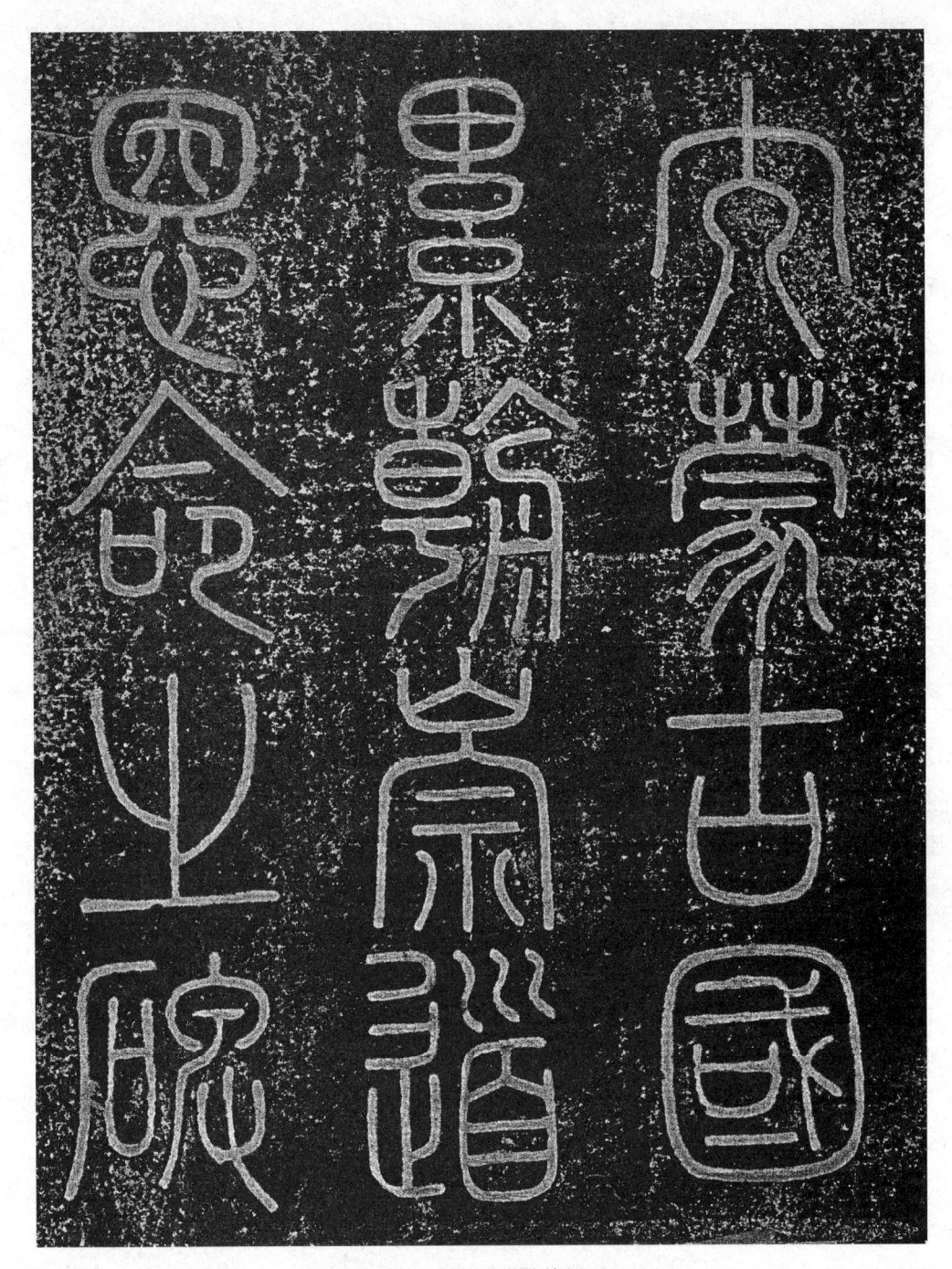

周至重阳宫累朝崇道碑篆额（1）

1. 周至重阳宫累朝崇道碑

周至重阳宫累朝崇道碑（1、2、3、4、11、15）

成吉思皇帝聖旨道與諸處官員
每差近侍勸仲禪奉

丘神仙應骨底備行底院舍
皇帝逐日念誦經者天底院舍人每與
丘神仙祝壽萬歲者教底人每據大小差
院舍推出家免了差發稅賦者隨其處
外詐到官司治蠟罪斷至按給主者人每到
告到付此不得違神仙門下收執給付照
右使所據神仙應人出家門
精嚴住持此悅子底人等許
癸未年兒羊三月 日

成吉思皇帝聖旨丘神仙奏
差阿里鮮齎奏
知來應公事是也煎我
前時教你就便管著者底有
者神仙奏來到與興月
皇帝歲人化胡郡歸順面二十四
西域至芬地處賜金虎符牌日燕京
池九歆堅所執臨之丘神仙
仙道門事務者居掌管天城神
下至勿得干預官觀常差
置他處行 免在
殷盡護衛 李道謙書
切衛護

青岛崂山太清宫石刻（1、2）

1. 周至重阳宫累朝崇道碑

2. 周至重阳宫累朝崇道碑
——面奉成吉思皇帝圣旨（1223年）

宣差阿里鲜面奉成吉思皇帝圣旨①：

"丘神仙奏知来底公事，是也煞好②。我前时已有圣旨文字与你来，教你天下应有底出家善人都管着者③。好底歹底，丘神仙你就便理会，只你识者。"④

奉到如此⑤。

癸未年九月二十四日⑥。

题解：

本圣旨刊于前录重阳宫碑第二截右二，在前旨之左。又见青岛崂山太清宫刻石，文字相同。《长春真人西游记》附录此旨文字有异。

注释：

①阿里鲜事迹见《长春真人西游记》。壬午年（1222）十月丘处机至宣德，"阿里鲜至自斡辰大王帐下，使来请师"。斡辰是成吉思汗幼弟，《元朝秘史》译为铁木格斡惕赤斤。《元史》又作"斡嗔"。这时，成吉思汗出师西征，斡辰奉命驻守漠北，统领汉地。阿里鲜奉使来迎，与刘仲禄一同护送西行，并一同随从左右，担任翻译，称"通事"。癸未年（1223）三月，受命为"宣差"护送丘处机东还，八月到达宣德，住朝玄观。此圣旨署癸未年九月，当是安返宣德后，又西行向成吉思汗奏报一切，因有此旨。称为"面奉"当是成吉思汗听取阿里鲜奏报后的口诏，不同于三月间加盖御宝的圣旨文字。

②丘处机陈奏的公事，未见有文字传世。当是由阿里鲜口头代奏，内容不详。"煞好"即很好。道藏本《长春真人西游记》误作"也煞是好"。王国维《〈长春真人西游记〉校注》未校。

③此前授予丘处机教管天下出家人之权的圣旨，也未见有文字传留。重阳宫《累朝崇道之碑》未刊，《长春真人西游记》也不载。陶宗仪《南村辍耕

录》"丘真人"条称："癸未乞东还，赐号神仙，爵大宗师，掌管天下道教。"东还前应有此旨。青岛崂山太清宫刻石，在此旨之左刊有天乐道人李道谦题辞，略称：回至燕京，皇帝感劳，赐金虎符牌。命丘神仙"掌管天下道门事务。以听神仙处置，他人勿得干预"。

这是在回燕京后重颁的圣旨，并见《长春真人西游记》卷下传旨"诏天下出家善人皆隶焉"。碑刻圣旨所谓"天下应有底出家善人"，据李道谦题辞及陶宗仪记事，应指天下道门。当时成吉思汗尚未和汉地其他教门接触，不应包括在内。

④ "好底歹底"，道藏本《长春真人西游记》"底"作"的"，当是后人改。"理会"此处意为办理、处理。"识"即知道、识别。《事林广记》卷十一"平交把盏"条："客云：哥每，酒是好是歹，哥识者。""只你识者"即由你识别。

⑤ "奉到如此"，官方公文习用语。前录（1）圣旨颁给"诸处官员"转发至基层属吏，抄送全真道士。此面奉圣旨是复示给丘处机本人，抄送地方官吏和道观。两者程序不同，"奉到如此"当是出自基层官吏，道观录存。

⑥ "癸未年九月二十四日"，依前例，应是面奉圣旨之日期。无"御宝"，知是口诏传译。

3. 周至重阳宫累朝崇道碑

——窝阔台圣旨（1235 年）

皇帝圣旨①：

你已先成吉思皇帝圣旨里，道人②每内中不吃酒肉无妻男底人告天者。不是那般底人：吃酒吃肉有妻男呵③。仙孔八合识你不拣择出来那甚么，你底言语不信底人你识者④。粱米你每年依例送得来者⑤。准此。

乙未年七月初一日⑥。

题解：

此圣旨与前录两旨同刻一石，在第二截癸未旨之左方。

注释：

①"皇帝圣旨"之"皇帝"系译自蒙古语合罕。窝阔台即位后不能再效法乃父建立尊号，仍沿旧制称合罕。因而合罕既作为通用的称号，又用为窝阔台的专称。以后，为避免混淆，或音译为"合罕"，或叠译为"合罕皇帝"。元代汉译文献或直译其名，音译为窝阔台、月阔台、月古歹等，无定字。

②此处道人专指道士、道教徒。唐宋以来，汉语文献中"道人"一词，或指佛教徒，或指道教徒，乃一般泛称，并非定名。元代"道人"一词融入蒙古语，成为蒙语中的汉语借词 dojin，专指佛教徒。道士的借词为"先生"。太宗窝阔台的这道汉译圣旨"道人"仍用为道士的称谓，指全真道士。

③此句联上句是一件事，即遵照成吉思皇帝前旨，只承认出家道士告天祈福，不承认在家娶妻生子吃酒吃肉的假道士，也即前引成吉思皇帝圣旨所说"诈推出家影占差发底人每"。金元之际蒙古军占领汉地的民众，冒充道士以求自保和逃避差发的现象屡禁不止。所以窝阔台即位重申此旨，责令处置。

④"仙孔八合识"是丘处机弟子李志常的蒙古语称号。"仙"是蒙古语中的汉语借词。"孔"是蒙古语"人"的音译。李志常编《长春真人西游记》卷上载"人呼师（丘机处）为腾吃利蒙古孔。注：译语谓天人也"。"腾吃利"

是蒙古语"天"的音译。"蒙古"不是族名或国名，而是蒙古语 moŋké 的音译，又译"蒙客"，即蒙古语"长生天"的"长生"。全译应是"天长生人"，即"仙人"。"八合识"是蒙古语中的突厥语借字，意译为"师父"，音译又作"博士"。《甘水仙源录》载王鹗撰《真常道人道行碑》记"玺书所称曰仙孔八合识。八合识译语师也"。"仙孔八合识"是蒙语称号，汉语为"仙人师父"，用为李志常之专称。"甚么"即"怎么"，系反诘语。这句话的意思是你怎么不挑拣出来。下文大意是：不听从你的人，你来识别处置。李志常在戊子年（1228）受任都道录。道录是沿袭金代设于各地管理道教事务的官职。都道录即大道录或总道录。总管全国各地全真道事，故有此命。

⑤"粱米"即道观应缴的正税地税，需按规定（依例）送交。由此又可证前录成吉思皇帝圣旨免除的"一切大小差发赋税"不包括地税粱米在内。

⑥乙未年为蒙古太宗七年（1235）。此圣旨与元代优待道观的圣旨不同，是颁授都道录李志常，指办两事。一是清查冒充道士的俗人，一是责令道观依例缴纳粱米税。圣旨系直接授予李志常，不经过地方官府，无"奉到如此"等字。

4. 周至重阳宫累朝崇道碑
——窝阔台圣旨（1235年）

皇帝圣旨，道与清和真人尹志平、仙孔八合识李志常①：

我于合剌和林盖观院来②，你每拣选德行清高道人，教就来告天住持。仰所在去处赍发，递送来者③。准此。

乙未年七月初九日④。

御宝

题解：

此圣旨刊于重阳宫累朝崇道碑第二截左一右四。潍坊玉清宫碑此文年月后有"后有回回字一行"七字。所谓"回回字"，应是当时通用的蒙古畏兀字，因刊刻不便，以汉文说明。玉清宫碑只刊癸未年三月圣旨［本书（1）］及本文两旨。《捃古录》卷十七著录"玉清宫摹刻圣旨碑"，注云上方刻圣旨四道，下方刻令旨两道，是将重阳宫碑的题注误混入玉清宫碑，近人或引以为据，应予订正。

注释：

①尹志平是随从丘处机西行的十八弟子之一。东归后加号清和真人。1227年丘处机在燕京长春宫逝世后，尹志平继为全真道掌教，李志常为都道录兼领长春宫事。所以，此圣旨直接颁授两人，指令遵行。《甘水仙源录》卷三收有《尹宗师碑铭》及《真常真人道行碑铭》记述两人生平。

②1235年蒙古太宗窝阔台建都和林，曾征发大批汉人工匠来和林修建宫殿和各种建筑。王鹗撰《尹宗师碑铭》记："乙未秋七月，奉诏筑道院于和林，委公选高德乘传以来。"应该就是依据这道圣旨。道院或观院是规模较小的道观，规模较大地位较高才能称为"宫"。《鲁布鲁克东游记》记和林有各种宗教的寺庙，但对道观无专门记述。和林道院情况未见文献记录，据此旨可知全真道在窝阔台时已传入漠北蒙古地区，是全真道史上值得注意的现象。

③"赍发"即发给需用。"递送来者"即传送前来,也即王鹗碑铭所称"乘传以来"。这时蒙古已有驿传制度,乘传即经由驿站传送。艺风堂旧藏李志全撰《清和真人仙迹记》拓本,《道家金石略》第538页收录。内称清和(尹志平道号)于乙未年(1235)的次年正月朔复还河东,"真常(李志常道号真常)从燕来接于云中,共听圣旨,令选天下高道,尽教与我国家念经告天,随处官员给斋粮者"。所说"共听圣旨"即乙未年(1235)七月和九月太宗圣旨无疑,但失载修筑道院事。碑文所释"随处官员给斋粮者"即据圣旨"所在去处赍发"。

④这道圣旨颁于"乙未年七月初九日",在前旨八天后。两道圣旨都是直接颁发给全真道首领,指令遵办。前者是命令清查道士中的诈伪,后者是命令选送道士中的"德行清高"者去和林。

5. 凤翔长春观公据碑（1238年）

磻溪谷长春观四至开具于后①
东至分水岭　西至原上瓦谷　南至山　北至官道
观地四至分明，头连检用②。准此。
凤翔总管府公据
据全真道人张志洞等③连状告称："前去磻溪谷复建掌教丘真人古迹长春观院宇，田地在手，别无凭验，恐有磨障，乞给公据事。"奉总管钧旨，照得本人所告是实。先来钦奉皇帝圣旨节文该："汉儿国土里，不拣④那个州城里达鲁花赤并长官，管匠人底达鲁花赤每⑤，这圣旨文字里，和尚根底寺⑥，也立乔大师根底胡木剌⑦，先生根底观院⑧，达失蛮根底蜜昔吉⑨，那的每引头儿拜天底人，不得俗人搔扰，不拣甚么差发休交出者⑩。破坏了的房舍、旧的寺观修补者。我每名字里，交祝寿念经者。我每的圣旨里不依的，不拣甚么人，断按答奚死罪者。"⑪总府除已钦依外，今据全真道人张志洞等告给公据，前去磻溪谷重建长春观院宇，合行给付者。
全真道人　张志洞　梁志正　康志和　孙志冲　杜志春
　　　　　卢志清　冯志通　焦志真　金志圆⑫
右，今给付道人张志洞等收执，准此。
戊戌年闰四月十八日给⑬
治中凤翔副都总管冯
同知凤翔总管府事巨
凤翔府都总管高⑭

题解：
碑文据北京大学图书馆藏艺风堂旧藏拓本校录。《缪目》卷十五著录，题"长春观圣旨碑""太宗十年，在陕西凤翔"。碑文实为凤翔府发给全真道士重建长春观的公据，汉语公文体。文中引据圣旨节文系蒙古语的白话直译，与元朝建国后习用的译名不尽相同。

注释：

①磻溪在凤翔府虢县，今属宝鸡虢镇，是长春真人丘处机早年修道之处。《甘水仙源录》卷二载陈时可撰《长春真人本行碑》记：全真祖师王重阳逝世后，金大定十二年（1172）"师（丘处机）乃入磻溪穴居"，"昼夜不寐者六年"。太宗十年（1238）戊戌，门人在长春故寓修建长春观。"观曰长春，亦以志长春隐道之所也"（见《道家金石略》载郭起南撰《重修长春观记》）。因请官府发给公据以为凭验。太宗十二年（1240）新观落成。定宗时又加修建，宪宗时升观为宫，名"长春成道宫"。具见魏初撰《重修磻溪长春成道宫记》，《道家金石略》据碑拓收录。又见魏初《青崖集》卷三。

②"头连检用"，公牍习用语。此处是将开具的四至与公据粘连备检。

③"全真道人"即全真道的道士。"道人"一词在元代汉语文献中可称佛教僧人，也可称道教道士。蒙古语文献中作为汉语借词的 dojin，专指佛教僧人，意译"和尚"。此公据为汉语文献，下文引录圣旨为蒙语汉译，两者有别。张志洞其人曾见于王奕撰《重修太清观记》，《甘水仙源录》卷十收录。内称金元之际太清观被毁，炼阳子张志洞等重建。始于丙申，迄于辛丑。是可知太宗戊戌年（1238）倡修长春观时，张志洞已于两年前奉准修观，故由他带头请领公据，并不任实事。王恽《秋涧大全集》卷五十六有《卫州创建紫极宫碑铭》，内记壬寅年全真道冲虚子房志起居汲县玄览别馆，"辍（留止）其徒张志洞等结茆心居"。结茆即结茅，营建住室居住。是可知张志洞于太清观建成之次年，即赴汲县随其师房志起修道。

④"不拣"，犹言"不论""不管"，当时习用的俗语。

⑤"达鲁花赤"，蒙古语音译，原有镇压者、统治者等义。成吉思汗征服西域诸城，设置达鲁花赤监治。太宗窝阔台占领汉地，沿袭这一制度在各地州县官之外，设达鲁花赤监领，例由蒙古人充任。金代汉地原无此类官职，因而采用音译，并为后世沿用。"长官"指地方州县官。此公据用于修建道观，节录圣旨特为标出"管匠人底达鲁花赤每"。

⑥"和尚"译自蒙古语 dojin。不取音译"道人"，以免与道士相混。意译"和尚"泛指佛教僧人。源出印度俗语，原是有学问的师长的尊称，传入于阗，读如 khosha。音译"和尚"，始见于《晋书·佛图澄传》。后世流传，遂成为汉语僧人的专称。"根底"原为汉语的语助词，此处是蒙古语领格的汉译，意近"所属"。"寺"此处专指佛教寺院。

⑦"也立乔大师"音译与意译合称，为他碑所未见。元代文献习用音译"也里可温"，"温"是附加词"-un"，蒙古语译名多用"-ud"，取复数形，意

为"人们"。此词原指叙利亚人聂里脱里一派（Nestorians）基督教徒，元人又用以泛称各派基督教士。或以为源于叙利亚语 Arkün，或以为源于希腊语 erkun。"胡木剌"指聂思脱里派之寺院即基督教堂，源于叙利亚语 'umra。《至顺镇江志》所收大兴国寺碑作"忽木剌"。也立乔与胡木剌联用，同出叙利亚语，较为合理。

⑧ "先生"是蒙古语中汉语借词，音译还原为本字，指称道士。宋元间"先生"由道士的封号演为一般道士的泛称，进而对医卜星相的方士也称先生。理学家被尊称为先生，演为对有学问的长者的通称，进而对一般文士也敬称先生。如《西厢记》杂剧，普救寺长老对年轻的张珙即称先生。"先生"一词在元代官方文献和民间俗语中有多种用法、多种含义。作为蒙古语中的借词，或译"赏生"，专指道士。

⑨ "达失蛮"译自波斯语 Dashimand，又译答失蛮。原意为有学问的人。伊斯兰教用为宗教长老、教士的尊称，与称为"木速蛮"（今称穆斯林）的一般教徒不同。"蜜昔吉"源出波斯语及阿拉伯语 masjid，用指伊斯兰教寺院，俗称回回寺，为英语 mosque、法语 mosquée 所由来。参见斯坦因戛斯《波英字典》（Staingass, Persian English Dictionary, p. 1236）。

⑩ "不拣甚么差发休交出者"源出前录传奉成吉思汗圣旨（碑1）"大小差发赋税都教休着者"。成吉思汗圣旨原来只针对丘处机的全真道，并未涉及其他教派。太宗时随着占领区的扩大，免差的教派逐渐扩展。《通制条格》卷二十九商税地税条引录太宗元年己丑十一月条画："其僧道种田作营运者，依例出纳地税商税，杂泛科差，并行免放。"泛称"僧道"已扩展到佛教僧人及道教各派。同书同卷记载："中统五年正月，中书省奏准节该：已前成吉思皇帝时，不以是何诸色人等，但种田者俱各出纳地税。外据僧道、也里可温、答失蛮种田出纳地税、买卖出纳商税，其余差役蠲免有来。在后哈罕皇帝圣旨里也教这般行来。""外据"即另据，节文追述前事，语义含混。下文"也"字多余。长春观公据节引"先来钦奉皇帝圣旨"未明记年月，当在前引太宗元年十一月圣旨之后，公据签发的太宗十年闰四月之前，是四教并免差发的最早一道圣旨，为后世所沿袭。

⑪ "按答奚"，蒙古语音译，原意为惩罚。依据蒙古族传统的惯例"约孙"，惩处当处罚的人称为"断按答奚"。因汉语中无相当之词，故取音译，屡见于《至元新格》颁布之前的蒙元文献。此处节引太宗圣旨"断按答奚死罪者"，意为处以死刑并没收家产。参见拙作《叶尼塞州蒙古长牌再释·释按答奚》（见《辽金元史考索》，第414—422页）。

⑫ 公据备列连状告给公据的全真道人九人均以"志"字命名，是全真道

同辈的法名。九人以张志洞为首，修建长春观之事实由卢志清、孙志冲等人经营。前引郭起南撰《重修长春观记》碑铭略称：门人卢志清同道伴孙志冲等自戊戌年（1238）创修，庚子年（1240）土木落成。碑铭撰于定宗三年（1248），卢志清立石，自称"观主"。

⑬戊戌年为太宗十年（1238）。闰四月以下碑石损裂，刻石避过，并无缺字。陈垣《南宋初河北新道教考·全真篇》引此碑作"闰四月十八日"是。《缪目》误补"二"字，作"二十八日"。公据题首及年月处各有汉字篆书刻印一方，识为"凤翔府印"。

⑭此公据系凤翔府给付的公文，由总管府三名官员签署画押。依公文惯例，官职低者署名在前，官职高者提格在后。副都总管、同知、都总管以次签署。前引《重修长春观记》官员题名见"宣授凤翔府总管同知巨恩，宣授凤翔府都总管高聚"，当即此碑之"巨"与"高"。时隔十年，仍任原职。

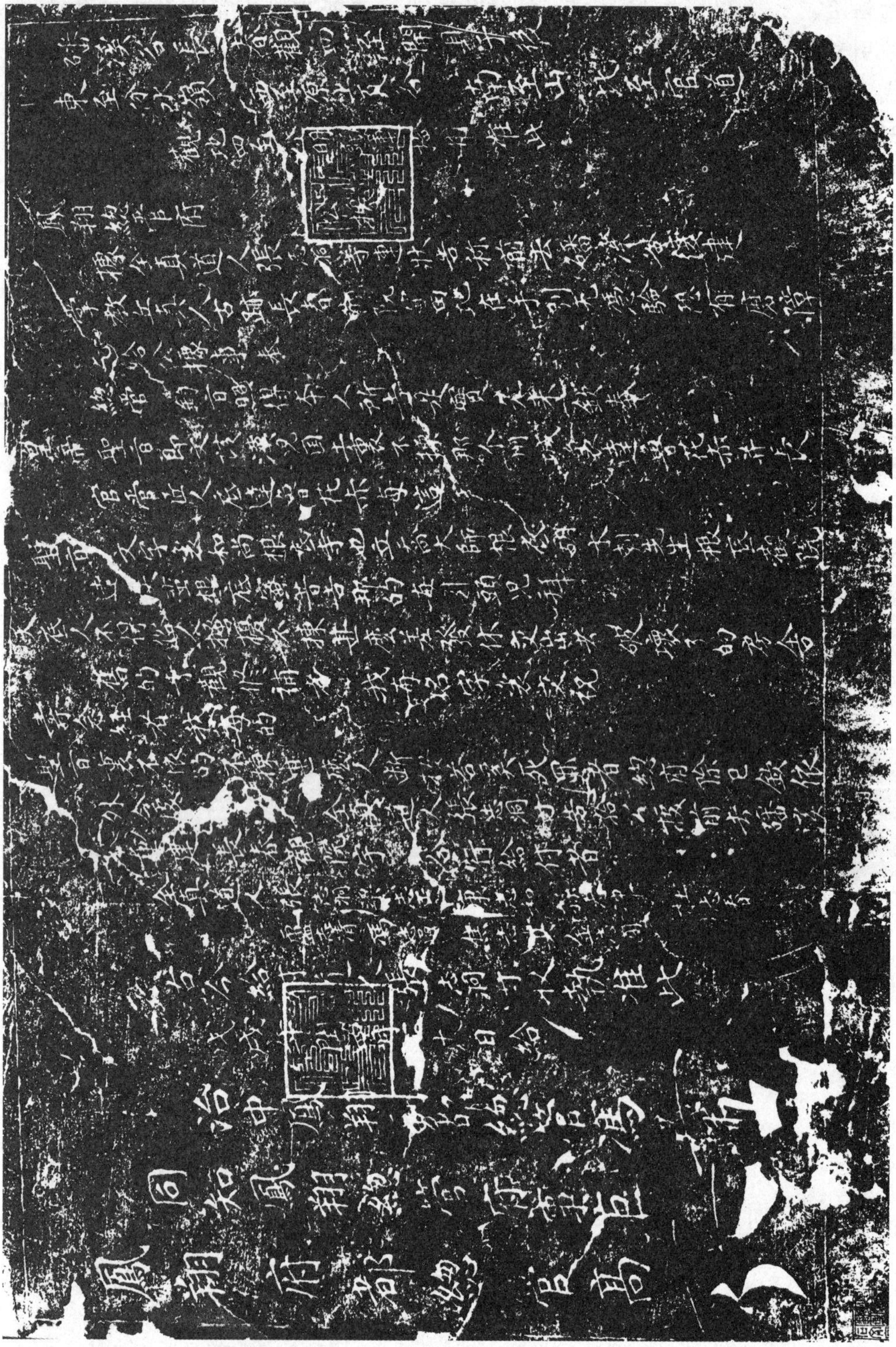

凤翔长春观公据碑（5）

6. 济源紫微宫懿旨碑（1240年）

皇帝圣旨里①依旧行东宫事也可合敦大皇后懿旨并妃子懿旨②，道与平阳府路达鲁花赤、管民官：

据沁州管民官杜丰雕造道藏经并修盖等事，可充提领大使勾当者③。你不得功夫时节，你的娘子充提领勾当者④。兼不以是何头下官员人等⑤，无得搔扰。如违，要罪过者。准此。

庚子年三月十七日"皇帝之宝"⑥

ene minu üge busi bol xax – san kümün
yeke...? aldax – situ boltuxai [·] ene
bčig qulaxana Jil⑦

本宫道士钱志通摹勒上石⑧

题解：

碑在河南济源。大皇后懿旨刊于上方，据"艺拓"校录。下方为《天坛十方大紫微宫结瓦殿记》，《道家金石略》收入。

注释：

①"皇帝圣旨里"，元代白话公文译自蒙古语。有两种用意：一即皇帝圣旨内，用于引述圣旨内容。一是用意依靠依托，即遵奉皇帝圣旨，雅译宣命、宣授。此处为第二义。

②也可合敦，蒙古语音译。也可义为"大"，合敦原为夫人的通称。"也可合敦大皇后"是蒙汉语的叠译。蒙古太宗有六合敦分守四斡耳朵（官帐），译者套用汉语皇后、妃子、东宫、西宫等称谓，加以比附。"东宫"不是"太子东宫"而是嫔妃的东宫，即第一斡耳朵或大斡耳朵。蒙古太宗时译语多未确定。按照后来的译名即"行大斡耳朵事也可合敦"。旧本《集录》误注此合敦为六皇后脱列哥那，曾为中外学者所引据。笔者深感不安，后在《脱列哥那合敦史实考辨》一文（见拙著《辽金元史考索》）加以订正。这个也可合敦应是

《元史·后妃表》中的正宫孛剌合真皇后，拉施特《史集》的第一合敦borgēin。近年，泰山研究院周郢先生在泰安徂徕山石刻中发现全真掌教李志常授予丁志年明光大师称号的文告，内见"己酉年八月廿五日续奉孛罗真皇后懿旨"，孛罗真是孛剌合真的异译，定宗己酉年（1249）仍在行斡耳朵事（见周郢《蒙古汗廷与全真道关系新证》，《中国史研究》2013年第1期）。

"妃子懿旨"之妃子当是共守斡耳朵的另一合敦，其人史无明文难以确指。

③杜丰，《元史》卷一五一有传，汾州西河（今山西平遥）人。金末率部降蒙，从攻平阳等地。蒙古太宗元年（1229）取沁州。太宗七年（1235）升"沁州长官"。《元史》本传称"长官者，国初高爵也"，可见"长官"不同于官长，而是国初授予降将的"也可那衍"称号之汉译。懿旨称"管民官"当是泛称。

杜丰受命雕造的道藏，是全真道新修的道藏。《甘水仙源录》卷三弋彀《尹宗师碑铭》称甲午年（1234）"皇后遣使劳问，赐道经一藏（王恽《秋涧集》卷五六《尹公道行碑》误作"壬申"）当是《大金玄都宝藏》。全真掌教尹志平丁酉年（1237）委宋德方（号披云）主持重修道藏，在平阳玄都观设局，宋德方弟子秦志安总纂。前后历时六年，至甲辰（1244）完成，共七千八百卷，多出金藏一千四百余卷（参见卿希泰《中国道教史》第三卷第九章）。授命杜丰提领雕造道藏的懿旨，颁于庚子年（1240），道藏仍在重修过程，当是因卷帙浩繁边修边造。在此碑下截《结瓦殿记》中杜氏自称"某等昔年钦奉朝旨，令提领雕造三洞藏经，兼修建诸宫观事"即指此事。"朝旨"即大皇后懿旨。"提领"为元代职名，也可用为动词。"大使"也是职名。"勾当"为宋元俗语，泛指各项事务，用为动词，意为办理事务。

《元史》本传称杜丰字唐臣。全真道有关文献不见杜丰名字。《结瓦殿记》称"长官名德康，道号保安居士"，碑末功德主题名也作"沁州长官保安居士杜德康"。保安居士是全真道的道号，德康当是道名即法名，是可知杜氏不仅是全真道的支持者，而且是不出家的道徒。宪宗丙辰年（1256）卒于沁州。中统四年建碑题"龙虎卫上将军河东南北路兵马大元帅便宜行事沁州长官杜公神道碑"，见光绪《山西通志》金石记。杜丰提领雕造的道藏仍名玄都宝藏。宪宗朝佛道辩论后被焚毁。据至元十一年（1274）王博文撰《明化真人（宋德方）道行之碑》，掌教李志常曾将"所镂藏经板收之祠下"，这些雕板下落不明。

④"娘子"为妻室之俗称，元代通用。杜丰妻王氏与杜丰同助建殿。《结瓦殿记》称"夫人名体善，道号悟真散人"。功德主题名作"悟真散人王体

善"。现存刻石屡见其名，可知也是全真道信徒，受命助杜丰提领雕造道藏。

⑤"头下"原为汉语俗语，指头部以下的心腹手足，泛指与皇室有血缘关系的诸王公主诸支系。蒙古语爱马 aimaq，直译"各枝儿"。此碑汉译沿袭前代旧称"头下"，指在汉地受有封邑的皇亲贵族。所受封邑也简称"头下"，设总管府。元朝建国后通称"投下"，成为专名。参见拙作《头项、头下与投下》（载《辽金元史考索》）。"不以"即不论。

⑥此庚子年为蒙古太宗十二年。懿旨写于三月，窝阔台尚在。年月处钤有汉字篆书"皇帝之宝"印。这当是依据当时制度，据所谓"御宝空纸"填写，表明得到皇帝认可。参见拙作《脱列哥那合敦史事考辨》（载《辽金元史考索》）。

⑦原刊蒙古畏兀字三行。柯立夫（F. W. Cleaves）教授曾据《集录》所刊拓影，以罗马字转写（"1240 年蒙汉文碑"，见《哈佛亚洲学报》第 33 卷，1960—1961 年）。今据以过录。柯氏英译大意："违背我的命令的人将被……惩罚。这个文本。鼠年。"刻石蒙古字体不够严整，学者或有不同理解。我意这三行蒙古字就是汉译懿旨的最后一句："如违要罪过者，准此。子年。"

⑧蒙古字之后有汉字小字一行"本宫道士钱志通摹勒上石"。所谓"摹勒"，当是表明蒙古字是由他摹写。下截《结瓦殿记》也由钱志通书丹，记述杜德康夫妇布施结瓦事，岁次庚戌（1250 年）立石。上截将十年前的懿旨摹刻，意在显示杜德康受命雕藏之荣显。

济源紫微宫懿旨碑(6)

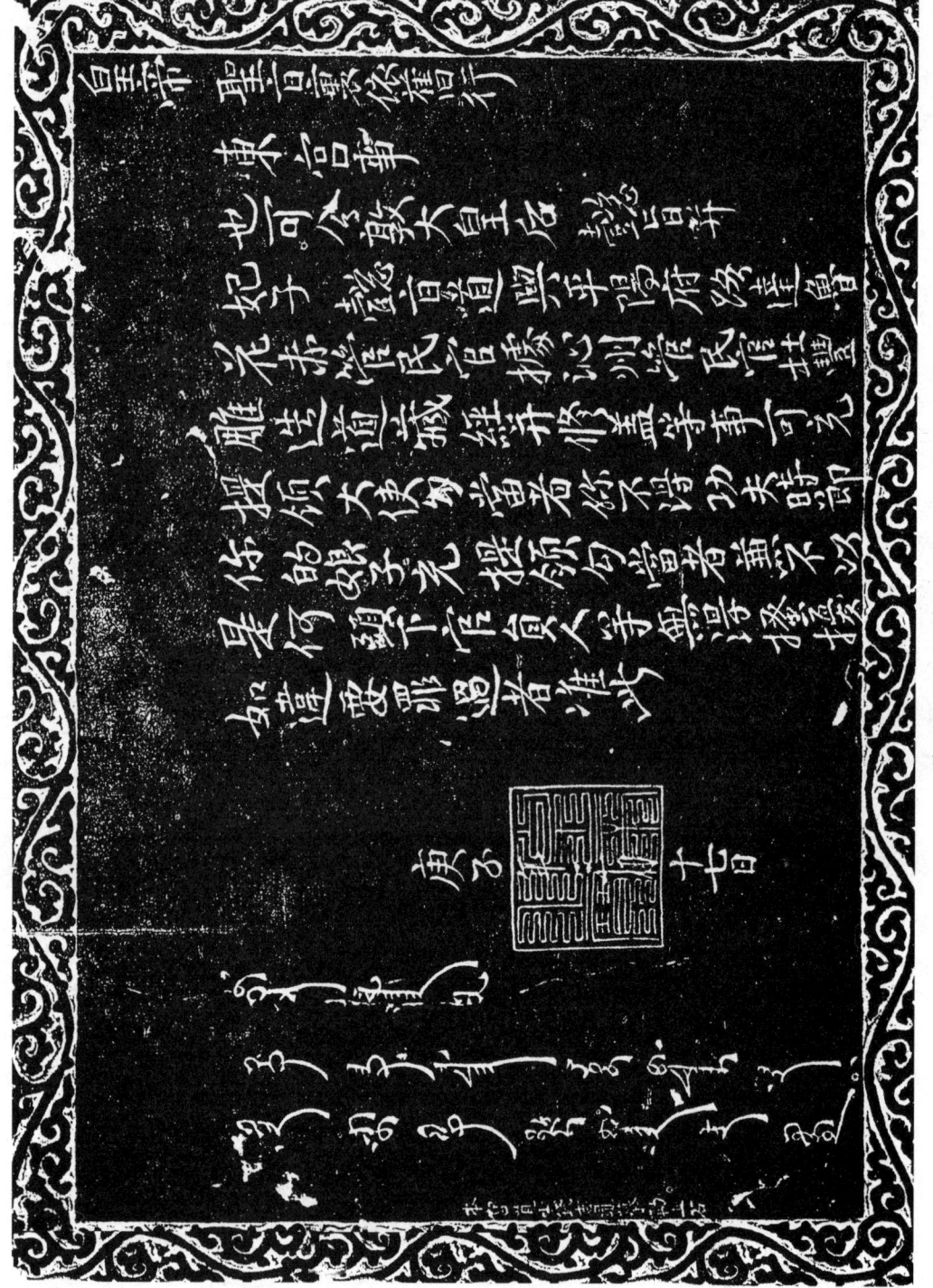

7. 户县草堂寺碑

—— 阔端令旨（1243 年）

天地底气力里阔端太子令旨①，道与猪哥、胡秀才、刘黑马、田拔睹儿大小官员②，诸色人等：

据"草堂禅寺多岁故旧，有损坏去处，欲行修完，僧众数少，独立不前"，金长老说将来也③。如文字到日，这草堂禅寺长老并众僧与我告天祈福祝寿者，仰钦依圣旨大条理④，不得损坏佛像寺舍，科差搔扰僧人。如你每我底令旨不肯听从时分，将来说底理落底，天识者⑤。准此。

癸卯年五月十七日⑥。

sume yin⑦

题解：

碑在今户县。原据艺风堂藏拓，近刊《户县碑刻》收入拓影。四截刻，此文在第一截。第二、三、四截分见本书（12）（13）（14）。均为护持草堂寺修建事。碑额题"皇太子令旨重修草堂寺碑"。

注释：

①阔端是蒙古太宗窝阔台第二子。《元史·太宗纪》作"皇子"，同书《宗室世系表》作阔端太子。元世祖忽必烈行用汉法之前，蒙古并无立太子制度，蒙古语中也没有音译"太子"称谓。汉语文献中的"太子"实为汉人对蒙古皇子的泛称和尊称，并非汗位的继承人。《蒙鞑备录》记成吉思皇帝正后生五子，均称"太子"。《元史·宗室世系表》太宗子阔端、阔出也都称"太子"。"令旨"也是依据汉制的译名。阔端受封西夏故地，驻西凉府（治在今甘肃武威），陕西京兆为其管辖范围。此"令旨"即是发给这一地区文武官员的文告。

②猪哥，又作朱哥，契丹人。父耶律秃花，成吉思汗时自桓州降蒙，随从作战，授太傅、总领诸军，加蒙语称号"也可那衍"。《元史》卷一四九有传。

朱哥承嗣父职，统领刘黑马等军。胡秀才其人不详。钱大昕《潜研堂金石文字跋尾》卷十称"胡秀才当是朱哥赐号，非别有一人也"，不知何据。

刘黑马为成吉思汗时降将刘伯林之子，《元史》卷一四九刘伯林传附黑马传。壬午年（1222）袭父职为万户、都元帅。蒙古太宗时充管军万户，随从灭金。太宗十三年（1241）授都总管万户，统西京河东陕西诸军万户，田雄等并听节制。

田拔睹儿即田雄。拔睹儿又有霸都鲁、八都儿等译，蒙古语勇士。《元史》卷一五一有传。辛未年（1211）降蒙。蒙古太宗五年（1233）授镇抚陕西总管京兆等路事。

户（原作鄠）县原属金京兆府路，当时蒙古行政体制尚未完备，驻军将领兼管民事，故令旨授予耶律朱哥、刘黑马、田雄等统军系统。

③草堂寺为户县古寺，今存。《户县碑刻》收录宋"逍遥栖禅寺新修水磨记碑"称此寺即后秦什公（鸠摩罗什）译经之地。后名栖禅寺，又称建福院。民间仍习称草堂寺。年久失修，无力修完。"不前"即不济、不堪。意在请求援助。金长老其人不详，现存草堂寺宗派之图刻石，只列法名，无姓氏。

④圣旨大条理即大条例，加大字以示尊重。又可译为"道理"，即圣旨条文规定。

⑤"理落"是汉语俗语，意为清楚明白，俗又作"利落"。这句话的意思是，如果你们不听从我的话（令旨），将来查清楚，天知道会怎样。寓意将加严惩。

⑥癸卯年（1243），《元史·太宗纪》所记六皇后乃马真氏即脱列哥那合敦称制之次年。时阔端开府西凉。年月处有方印，为汉字篆书"东宫皇太子之宝"。这时蒙古皇子尚无确定的印章制度。此印当是西凉王府汉臣比附汉制拟篆，或立石人增入。

⑦年月后刊有蒙古畏兀字一行。日本杉山正明《草堂寺阔端太子令旨碑译注》（《史窗》第48期，1990年）音译 sume yin，意为"寺庙的"，下一字与印章重叠，无法辨识。

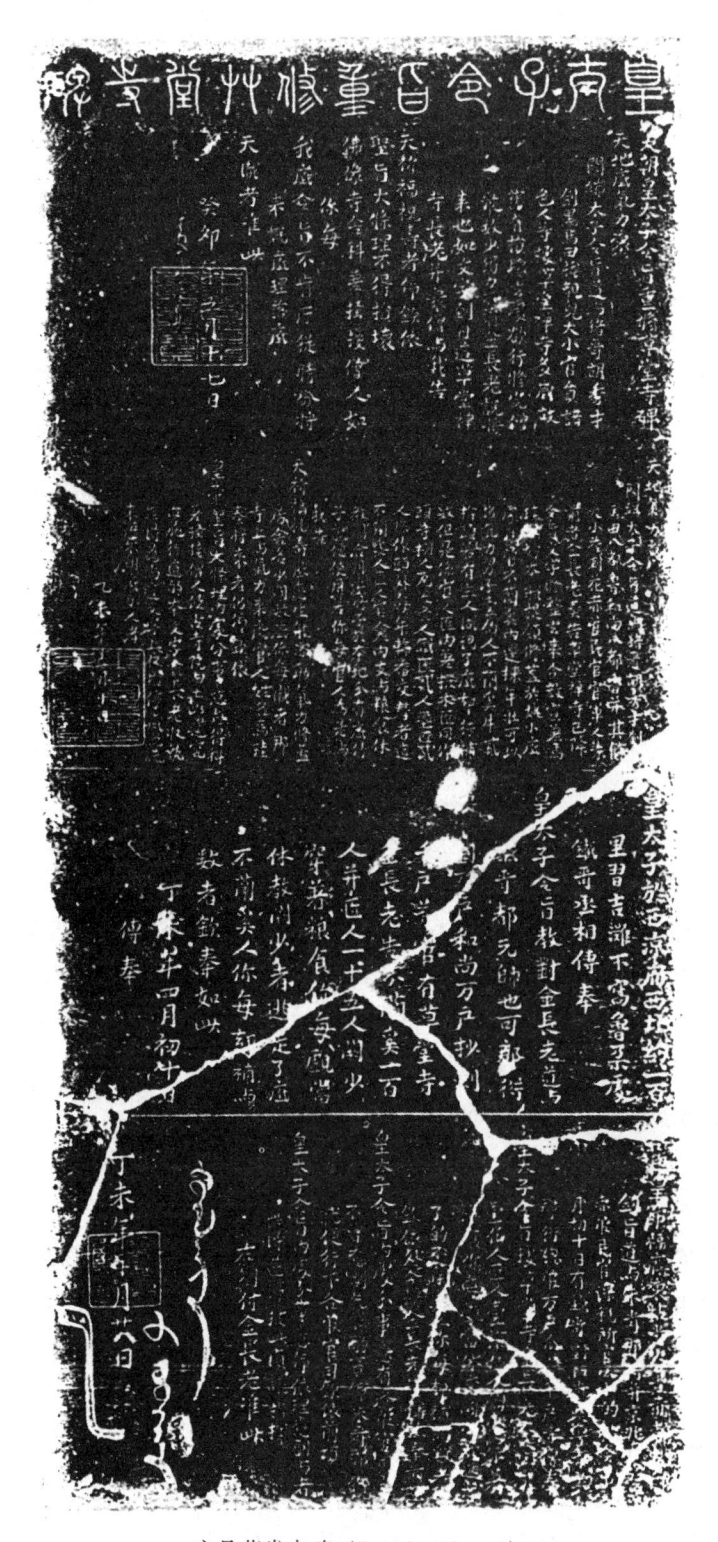

户县草堂寺碑（7、12、13、14）

8. 林州宝严寺碑

——碑阴茶罕文告（1244年）

皇帝福荫里茶罕官人①言语②：

今据彬公长老和尚③住持岘峪山寺修建殿廊，系是俺每交与皇帝祝延圣寿者。不以是何人等无得非理于寺内安下，侵欺搔扰作践④，及不得将寺僧骑坐马匹夺充铺马。如遇十方檀越敬礼佛法者⑤，亦依依例接待⑥。中间或有不兰奚⑦并奸细人等，本处官司自合审问来历，无得因而将僧众摭赖⑧。如有违犯之人，照依故违扎撒⑨治罪施行，无得违错。准此。

甲辰年四月二十八日。

题解：

碑在河南林州。碑阳两截刻，上截八思巴字蒙文圣旨，下截汉译，仁宗皇庆二年（1313）圣旨，见本书（62），并见《八思巴字碑刻文物集释》（10）。茶罕文告刊在碑阴上方，系甲辰年（1244）旧文告重刊。下方为官员僧俗题名，不具录。右侧一行："岘峪宝严禅寺传法嗣祖沙门振吉祥"，当是住持僧署名。下方右侧："大元延祐三年岁次丙辰十一月初四日普坚立石"，普坚为"院门监寺"，见题名。

注释：

①本文告署甲辰年四月，即乃马真后称制之第三年（1244年），尚未立帝。文告称"皇帝福荫里"乃一般泛称。茶罕，《元史》卷一二〇有传，译名作"察罕"。党项人，为蒙古太祖收养，赐姓蒙古，从攻西夏。太宗时征略河南，授马步军都元帅。甲辰年（1244）茶罕南下江淮，但仍为河南地区军帅。

②"言语"，元代汉语口语习用于长官的使令。马致远《荐福碑》杂剧："使官云：领了老相公言语，直至潞州长子县张家庄加官赏赐，走一遭去。"《水浒》第二十四回："且说武松领下知县言语，出县门来，到得下处。"茶罕文告非译自蒙语，乃沿用汉语的习用语。

③彬公长老，民国《重修林县志》收录蒙古太宗时宝严寺住持勍公塔铭，记勍公于丁酉年重修宝严寺，至癸卯年（1243）退居太平寺，由彬公主持修建。塔铭又记："彬公非主持僧也，为修寺化主也。"丙午年（1246）勍公回寺，彬公退。茶罕文告颁于甲辰年（1244），适为彬公主持修建之年。岘峪山寺即宝严寺，又作岘峪寺。关于此寺之沿革参见《八思巴字碑刻文物集释》（6）碑"宝严禅寺"条注释。

④"搔扰作践"，"搔扰"即骚扰，"作践"意为踩蹯、糟蹋，可用于人、物或环境。宋苏轼《申三省起请开湖六条状》："房廊邸店，作践狼藉"（《东坡奏议》卷七）。"无得非理"即不得非法。此句是说，无论什么人都不得非法在寺内住宿，侵欺骚扰，糟蹋破坏。

⑤十方檀越，指来自各地不出家的佛教信徒。"檀越"源于梵语陀那钵底（dānapati）。唐义净《南海寄归义法传》译为施主。

⑥"亦依依例接待"，两依字连用，含义不同，第一"依"字为依应、依准。徐元瑞《吏学指南》释"依应，谓诺所行也"。第二"依"字意为依照。"依例"即依照成例、常规。如"依例出纳地税"，为元代公文中常见。"亦依依例接待"即也应照常接待。

⑦不兰奚，译自蒙古语，原指逃遗。此处指逃亡躯口。近年杉山正明先生自波斯文《完者都传》中捡出 bulanqi 一词，可证此词出自突厥波斯语（《1314 年前后大元西境札记》，载日本《西南亚细亚研究》第 27 号，1987年）。汉文文献中"阑遗"一词与不兰奚意近，但出于不同语源，并非同词异译。

⑧撼赖，"撼"原义为拾取、寻索，如撼拾、捃撼。"赖"原义为依赖，引申为推诿。《水浒》第二十六回："王婆道，你都招了，我如何赖得过？""无得因而将僧众撼赖"，意即不得因而寻索过错推给僧众，与文言的"诿过"意近。

⑨扎撒，蒙古语 J̌asaq 音译，源于波斯语 yasaq，原意为法度、法令。成吉思汗建国前后，曾颁布多项法令。散见于拉施特《史集》、志费尼《世界征服者史》等书。太祖十四年己卯（1219）六月，蒙古军西征前，颁布扎撒，行军奉行。太宗窝阔台即位，重颁扎撒作为国法。"照依故违扎撒治罪"，即照依故违国法治罪。

林州宝严寺碑碑阴上方（8）

林州宝严寺碑碑阴下方（8）

9. 汲县北极观懿旨碑（1245年）

皇帝福荫里公主皇后懿旨①，道与卫州达鲁花赤、管民官、管匠人官员每者：

据汲县城隍庙北极观、刘村岱岳观、山彪村长春观，俱系燕京大长春宫掌教真常李真人②的宫观，那底俺每不是功德主那是么③。教大众在意住持④，与皇帝、皇后、太子诸王、诸子告天念经祈福祝寿万安者⑤。应系有□赡（？）观地土、园果、房屋、孳畜，不得教人强行夺□□过往一□使臣往来军马并诸色人等不得观中安下搔扰。如有违犯□人，照依先降皇帝圣旨治罪施行者。

右付卫州汲县北极观常住收执⑥。准此。

乙巳年五月初十日，图剌里写来⑦。

赐紫金冠纯真大师王志坦⑧。

□□岁□月十日。知观李志纯上石。

题解：

碑拓据艺风堂旧藏，今存北京大学图书馆。《缪目》卷十五著录，误题"北极观圣旨碑"。纪年题"乙巳年五月初十日"系懿旨书写年月。碑在河南汲县。

注释：

①"懿旨"系据蒙古语借词还原为汉语。"公主"译自蒙古语"别吉"（begi），是皇室贵族女的通称。"皇后"译自蒙古语哈敦（hatun），源于突厥语可敦，是汗妻的称谓，也是贵族夫人的通称。《蒙古秘史》音译"夫人"，又译"妇人"（见第54节）。《蒙鞑备录》记成吉思汗第三女阿剌海公主，"俗曰别吉夫人"。"公主皇后"是汉人对"别吉夫人"或"别吉哈敦"的异译。

此懿旨颁给卫州官员。金代卫州治汲县，为滑州支郡。《元史·太祖纪》载太祖十五年（1220），"东平严实籍彰德、大名、磁、洺、恩、博、滑、濬等州户三十万来归"。太宗窝阔台八年（1236）分封，东平府户拨赐皇族贵戚，内有公主二人。成吉思汗长女果真（又译火臣、豁真）及三女阿剌海。《元史·食货志》载赵国公主阿剌海位下丙申年分拨高唐州二万户，昌国公主果真位下丙申年分拨一万二千六百二十二户，地名失载。此碑"公主皇后"懿旨颁给卫州官员，表明卫州是公主的封邑。这位"公主皇后"很可能就是果真"别吉哈敦"。

河南孟州灵都宫亦有"公主皇后懿旨"刻石。本书未收。《道家金石略》收入，题庚戌年（1250）五月，在北极观懿旨颁发五年之后。两懿旨之"公主皇后"应是一人。

成吉思汗建国九年（1214），围攻金中都。金宣宗献卫绍王允济女加号岐国公主求和。《金史·宣宗纪》称为"公主皇后"，是金国公主，不是蒙古公主，也没有成为蒙古"皇后"。拉施特《史集·成吉思汗纪》载有四皇后"公主哈敦"（kuuǰu－khatun）（中译本第一卷第二分册第89页），当是得自传闻，并不可信。《元史·后妃表》记载成吉思汗四大斡耳朵后妃名氏，并无其人。

《长春真人西游记》记自皇后斡耳朵过河西行，"夏汉公主皆送寒具"。王国维校注以为汉公主即金岐国公主，夏公主即太祖四年（1209）夏襄宗献女察合。两人都是邻国败降求和奉献之女，《长春真人西游记》称"夏汉公主"不称"公主皇后"。她们另住一处，不属四斡耳朵，也与卫州无关，不可能向卫州官员发布懿旨。

② "真常李真人"即真常真人李志常。随丘处机西行归来后，随住燕京长春宫。太宗十年（1238）继尹志平为全真掌教。"李真人的宫观"即李志常掌管的全真道观。

③ "是么"，反诘辞。这句话的意思是：我们不是那些人的功德主是什么。

④ "大众"，源于佛家语，佛以外的僧众概称"大众"。此处借用来泛称道众。

⑤ "皇帝""皇后""太子诸王"都是汉语意译比附。元朝建号以前，译文与建号后多有不同。此下碑拓磨泐之字，不依元代译例拟补。

⑥ 此懿旨护持汲县北极观、岱岳观、长春观等全真道观，发付北极观"常住收执"。"常住"即常在，意为长期收执。蒙古语此词或直译为"执把行的"，同义。

⑦ "图剌"地名，不能确指。或在蒙古三河源头土兀剌河汗廷附近。火臣（果真）公主嫁亦乞列思部孛秃，见《元史》卷一一八《孛秃传》及卷一〇九《公主表》。孛秃从征西夏，病死。火臣未见再嫁，当居于漠北汗廷。年月处刻有汉字篆书"公主皇后之印"，当时无此制度，当是立石人拟作。

⑧王志坦，全真道士。事迹见《甘水仙源录》卷七高鸣撰《崇真光教淳和真人道行之碑》，略谓甲辰年（1244）夏五月从李志常北上，拜为大度师，以祈禳诃禁济人，其疾病药石不可为者，假符或以袂拂之，罔不立验，咸畏其服。如此留居阙廷者六年，还燕为教门都提点。又称"燕去和林千六百里有奇，凡赴十有七，驰驱寒暑略无艰苦"。北极观公主懿旨写于乙巳年（1245）五月，即王志坦去漠北汗廷行医传教一年之后。依据当时"面谕""传谕"的惯例，此懿旨当是由王志坦传谕，故刻石在旨后署名。

王志坦于元世祖至元七年（1270）继任全真掌教，至元九年（1272）病死。详见前引高鸣碑铭。

9. 汲县北极观懿旨碑（1245年）

皇帝圣旨里

懿旨道与卫州汲县花

皇后懿旨修盖北极观䢃花

皇太子令旨那真人李志源养身

皇太后懿旨应福宫住持长春宫

皇帝圣旨是功德底人不拣大小与德

皇帝圣旨安谕诸处官员使臣休安下

皇帝圣寿万岁经教兴隆皇后皇太子

皇帝圣寿万岁经教兴隆皇后皇太子

收执付仰治滋遵依施行如违有罪者

准此乙巳年四月初二日

汲县北极观懿旨碑（9）

10. 孟州王屋灵都观碑

——全真道给文（1245年）

钦奉皇帝圣旨里、皇后懿旨里，提点陕西教门重阳宫事①：

据平阳府浮山县清都观孙志玄、孟州王屋县灵都观郝志恭、赵志深等状申，禀复鱼（查）张先生出家源流宗派等事②："今来俺思量，忆得当时随长春师父赴朝廷宣诏回，至癸未年七月间，到西京阿不罕宣差楼子上，其日张先生来③，俺将引见丘师父去来。师曰：这先生从何处来？张先生答曰：从代州神岗观来。又曰：拜谁出家？答曰：并不曾拜师，在家时常供养怀州刘老先生，屡曾受他指教④。在后操舟泛海，值寇劫了财物空舟而归。惆怅间，忽见一道者，青巾麻袄，指以玄要。言讫，忽失所在，方悟非常人也。以此，遂飘蓬云水，访道寻师，蹉跎至今。幸遇师真，更冀慈悯，不弃愚鄙，纳为役者，洒扫门庭。诚愿参礼真人为师父。于是虔恳拜礼，移时不已，师遂诺之。后忽闲暇，又炷香师前，参长生修炼之道。师曰：大道虚无之理，匪在语言。虽然，俺且举其梗概耳。大抵只是要积功累行，外修阴德，内固精神，动则安人济物，静则转要降心。更有证明心地之事，感符至理，不可一一具言。师遂许曰：此人乃教门中英杰也。此时训与法名曰志谨，赐号宁神子。即便拜受讫。"本宫据此来申，今将前件实迹抄录在前，仰张先生门众等照用者⑤。下灵都观，准此。

乙巳年八月　　日给
清虚大师提点陕西教门事綦

题解：

《集录》（10）原题"一二四五年浮山清都观给文碑"，今改订。"道家金石略"据艺拓收入，误题为《宋披云道人颂》，但在题注中说明"篆额题宗主宁神广玄真人像"。上截左为宁神真人张志谨像，右为真人遗诗四句。下载全录教门提点綦志远的给文。系抄录平阳府浮山县清都观及孟州王屋县灵都观道士关于宁神子（即宁神真人）出家源流的禀复，下发给灵都观道众。此碑刻实为供奉遗像的刻石，下录公文，以代行传。

给文发布于乙巳年八月，即蒙古太宗逝后乃马真后称制之四年（1245）。当时所称州县仍依金代旧制。金制孟州领王屋、济源等四县，王屋元初并入济源，但作为地名沿存至今。碑阴刊灵都万寿宫图及宋德方颂诗，不录，参见拓影。末题"本宫住持孟道广立石"。

注释：

①文首题署发文者职衔为公文常例。重阳宫为全真道创兴之地，金末丘处机已受命管领关中教事。蒙古太宗赐号重阳宫，设提点管领陕西诸路教门重阳宫事。提点不止一人，此文末署"清虚大师提点陕西教门事綦"，即丘处机弟子綦志远。《甘水仙源录》卷五收有李庭撰《白云真人綦公道行碑》记其生平。内称太宗戊戌年（1238）被诏赴阙，奉旨辅洞真于公（志道）偕无欲李公（志远）复立终南祖庭，提点陕西教门事。庚子年（1240）入长安，甲辰年（1244）加号玄门弘教白云真人。孟州灵都观属陕西教门提点统管，故有此发文。

②张先生名志谨。柳风堂旧藏《重修天坛灵都成寿宫碑》拓本，《道家金石略》收录。内称张志谨家世豪富，泛海为商。癸未年（1223）谒丘处机，赐号宁神子。丁亥年（1227）至灵都观主持观事。灵都观碑给文系重阳宫抄录清都观及灵都观查考张志谨宗派源流的禀复，下发灵都观道众存照。刻石"鱼"字疑为"查"之误刻。

③《长春真人西游记》卷下记癸未年七月九日至云中，"宣差总管阿不合与道众出京以步辇迎归于第，楼居二十余日。总管以下晨参暮礼。云中士大夫日来请教"。与给文禀复所记相符。

④全真道"七真"中，长生真人刘处玄长丘处机一岁，道众习称"刘师父"，在河南各地传道，自成一派。"禀复"称张志谨在家时供奉他，是可能的。但说"属曾受他指教"未必属实。前引灵都万寿宫碑亦无此记载。

⑤此给文全录禀复原文，下发道众遵照，旨在表明对张志谨入道经历的认可。张志谨卒于灵都观，庚戌年（1250）蒙古汗廷赠谥广玄真人。灵都观后改名灵都万寿宫。

孟州王屋灵都观碑（10）

孟州王屋灵都观碑碑阴（10）

11. 周至重阳宫累朝崇道碑

—— 阔端令旨（1245 年）

天地气力阔端太子令旨，道与京兆府路［猪］哥、黑马，达鲁花赤、管民官，田拔都鲁并管军大小官员等①：

据重阳万寿宫提点通玄广德洞真于真人②、玄都至道宋真人③、玄门弘教白云綦真人、无欲观妙李真人④等所管京兆府路宫观先生等事。已前有奉到成吉思皇帝、皇帝圣旨⑤：大小差役、铺马祗应都教休着者⑥。告天祈福祝寿万安者。这般圣旨有来。仰照依已前元奉圣旨，而今这先生根底大小差役、铺马祗应休当者。所属宫观地土水磨，别人休得争夺。及宫观内往来使臣、军人、诸色人等不得安下，无令坏毁搔扰⑦。仍自今后仰率领道众更为虔诚告天祈福祝寿万安者。

你每为这般道呵，除正出家人外⑧，无得隐藏闲杂人等。准此。

乙巳年十月二十二日。

题解：

周至重阳宫累朝崇道之碑阔端太子令旨与前录（1）（2）（3）（4）同刻一石。令旨在第三截右方。全碑拓影及说明俱见（1）文。此令旨写于乙巳年（1245），即乃马真后称制之第四年。阔端这时仍驻西凉府，汉人也还称他为太子。

注释：

①猪哥"猪"字磨泐，据前（7）令旨拟补，此处也可能为"朱"字。猪哥、黑马、田拔都鲁，俱见（7）令旨注释。

②于真人，宁海人。原名善庆，随马丹阳入道。后为丘处机弟子，改名志道。蒙古太宗戊戌年（1238）四月加号通玄广德洞真真人。七月，掌教李志常奏请主持终南山重阳万寿宫事。《甘水仙源录》卷三有杨奂撰《于真人道行碑》。本碑第四截李庭撰碑序作"真人于志道"。

③宋真人，莱州人。名德方，丘处机弟子，是随行西域的门人之一。尹志平掌教时，曾受命在平阳设局主持重修道藏，见前录"紫微宫碑"懿旨注释。艺风堂藏有王利用撰《玄通弘教披云真人道行之碑》拓本，记其生平大概。《道家金石略》收入。碑文称"岁己亥合西䚟太子赐以披云真人之号，乙巳皇子阔端加以玄都至道之号"。合西䚟太子即《元史》宗室世系表之合失。重阳宫碑阔端令旨颁于乙巳年（1245）十月，当时已加封号，故称"玄都至道宋真人"。

④李真人，原名仲美。原籍月山（今四川资阳）。在陕西终南山入道，改名守宁，号无欲子。尹志平掌教时命住持重阳宫兼提点教门事，改名志远。蒙古太宗十二年庚子（1240）加封无欲观妙真人称号。习称李无欲。事迹见何道宁撰《无欲观妙真人李公本行碑》，《甘水仙源录》卷六收入。

⑤"皇帝圣旨"是蒙古语合罕圣旨之汉译。此处的"合罕"是蒙古太宗窝阔台的专称，非泛称。早期文献或音译"合罕""匣罕"，较为妥切。此令旨将成吉思皇帝圣旨与窝阔台圣旨合并引用。成吉思皇帝下旨免除道士"大小差役"，已见本书（1）旨。

⑥"铺马祇应"常见于元代文献，含义有别。宋代之驿，金代称"铺"，仍存驿名。蒙元称站，仍存"铺"名。急递铺即急递站，铺马即站马，原指驿站供乘传的马匹。祇应即供应、承应，又作"支应"。蒙古语称"首思"，专指乘驿人员的饮食等消费供应。此处铺马祇应联缀成词，铺马作为驿站的代称，概指驿站的用费支应。金朝户部向民户征收"铺马钱"，用于饲养马匹和其他驿站费用，折纳银钞。蒙古太宗确立驿站制度，沿袭铺马钱制，铺马祇应由全民负担，是正税杂税之外的另一项专项税收。僧道秀才免纳，见《庙学典礼》卷一引录太宗七年乙未（1237年）圣旨，依僧道例，"这秀才每，铺马祇应休拿者"。本书所收历朝优遇僧道的文告，多在地税商税杂泛差役之外，单独列出免拿铺马祇应一项。元朝灭亡前夕，至正二十三年（1363）七月重阳宫圣旨中仍见"铺马祇应休着者"。元朝一代，始终把"铺马祇应"作为一项单独的税钱由官府征收，用于驿站。这与站户承担的"铺马祇应"站役是两回事。

⑦"圻毁"，圻义圻裂，即损毁。"搔扰"即骚扰，"搔"是元人习用的俗字。

⑧"正出家人"指正式出家常住道观的道士。金元之际隐藏道观的俗人甚多（参见前注），故令旨特为指出"无得隐藏闲杂人等"。

12. 户县草堂寺碑

——阔端令旨（1245年）

天地气力里阔端太子令旨，道与猪哥、胡秀才、刘黑马、田八都鲁、和尚八都鲁①并其余大小苔剌花赤②、管民官、官军人等：

前者金长老奏告：草堂禅寺已降令旨文字，修整去来。今教宣差马珪不妨本职，提领修盖。于姚小底③处见管不兰奚内选拣年壮可以出气力男子壹佰人、不兰奚牛贰拾头。若有主人识认了底，却行补数。但是系官人匠内差拨木匠同作头等捌人、瓦匠叁人、铁匠贰人、泥土匠贰人，除作头外，每年轮番交替者。这不兰奚人、匠人，官仓内与粮食，休教缺。合用底竹子，于本地分有底竹子就便使用。若你每官人为是与我告天祈福祝寿底，怎生般添助气力，修盖房舍多少间数底官人姓名，马珪奏将来者。仍仰钦依皇帝圣旨大条理内处分事意，无得科差搔扰僧人，侵占寺院田土。如违，究治施行。

这的本文字金长老收执，无得为与这文字上④，收拾停藏说谎来历不明底歹人者⑤。

乙未（乙巳？）年十一月十日⑥。

题解：

此令旨与（7）同刻一石，在第二截。承前旨，据金长老奏告，已下令旨修整草堂寺院舍，任命宣差提领，仰官军人等给予护持。

注释：

①和尚八都鲁又作郝和尚拔都，《元史》卷一五〇有传。太原人，幼为蒙古军掳掠，"以小字行"即行用蒙古语名。太宗十二年（1240）庚子进拜宣德、西京、太原、平阳、延安五路万户。其子郝天挺，元初名臣，《元史》卷一七四有传，略称"父和上拔都鲁，太宗宪宗之世，多著武功，为河东行省五路军万户"。"河东行省"系据金代制度。

②苔剌花赤，达鲁花赤之异译。当时尚无定制，译名不一。大小苔剌花赤

即各级达鲁花赤。

③姚小底，人名，管理不兰奚人畜的官员。"见管"即"现管"。逃遗流散的无主人畜由当地官府收系管理，故从中拣选丁壮一百人、牛二十头为修盖寺院服役。此令旨颁于元朝建国前，元世祖即位后陆续制定不兰奚人畜的收系管理制度，具见《元史·百官志》宣徽院条、《通制条格》卷二十八阑遗条。

④"为……上"，意为"因为……缘故"。"无得为与这文字上"即不得因为给与这文书的缘故。

⑤"歹"原作"酽"。

⑥"乙未年"当是乙巳年，刻石涉下致误。此令旨颁于（7）癸卯年令旨之后，（13）丁未年令旨之前。

13. 户县草堂寺碑

——阔端令旨（1247年）

皇太子于西凉府西北约一百里习吉滩下窝鲁朵处①，铁哥丞相②传奉皇太子令旨，教对金长老，道与铁哥都元帅、也可那衍、刘万户、和尚万户、抄剌千户等官③：

有草堂寺金长老告：不兰奚一百人并匠人一十五人缺少穿着粮食。你每觑当④，休教缺少者。逃走了底不兰奚人，你每却补与数者。钦奉如此。

丁未年四月初十日传奉⑤。

题解：

本文与（7）（12）同刻一石，在第三截，传奉阔端皇子令旨，仍是关于修整草堂寺事。

注释：

①"皇太子"指皇子阔端。"窝鲁朵"为斡耳朵之异译。此处专指阔端西凉府西北的一处行帐。

②铁哥丞相当是西凉府的官员。元世祖详定官制以前，汉人习称蒙古王府的断事官、执事官为"丞相"，故受命传旨。下文"教对金长老"之"教"，为上对下用语，犹言告谕，对即应对、答对，是对金长者告状的答复。

③"道与……等官"以下是令旨的正文。因金长老状告修寺的不兰奚缺少衣食，故令旨说与当地官员处理。铁哥都元帅即本碑第四截之帖哥火鲁赤都元帅，见下（14）文注释。也可那衍即耶律猪哥，刘万户即刘黑马，和尚万户即和尚八都鲁，俱见前注。抄剌千户不详，当是基层主管官员。

④"穿着"，习用的名词，即服装。"觑"原意为看，"觑当"，看待妥当，即好好照看，给予照顾。

⑤丁未年是定宗贵由即汗位的第二年（1247），阔端仍镇西凉。

14. 户县草堂寺碑

——帖哥钧旨（1247年）

谷与皇帝①福荫里帖哥火鲁赤②都元帅钧旨，道与朱哥那衍并京兆府达鲁花赤、管民官：

课税所官幺小的告（？）③：今年四月初十日有铁哥对帖哥火鲁赤、朱哥那衍、总管万户、爪难千户传奉皇太子令旨④："据草堂寺金长老：不兰奚一百人、匠人一十五人缺少穿着粮食，你每觑当，休交缺少者。逃走了的不兰奚，你每却补与数者。"除（？）钦依外，今据金长老告称：钦奉前项皇太子令旨处分事意，有各管官司并不曾应副，乞详酌事⑤。

仰朱哥那衍就便行下，令各管官司钦依前项皇太子令旨内处分事意，仰依理应副与者，无得迟滞。据此，须议指挥。右劄付金长老，准此⑥。

bulaqi u ulan（？）

丁未年十月廿八日⑦

题解：

碑文与（7）（2）（13）合刻一石，在第四截。上三截都是阔端令旨，此为帖哥火鲁赤都元帅钧旨，授予朱哥各管官司。时在丁未年（1247）十月，即（13）令旨半年之后。现管不兰奚的幺小的，因各官司仍未供给不兰奚人匠衣食，又向都元帅帖哥陈告，因而有此钧旨，令各官司办理。

注释：

①谷与皇帝即《元史》本纪之贵由皇帝，庙号定宗。元世祖以前诸帝铁木真、窝阔台、贵由、蒙哥都没有法定的译名，文献中多有异译，元人并不介意，更无所谓避讳。此钧旨颁于定宗二年（1247），故称"谷与皇帝福荫里"。

②帖哥火鲁赤，《元史》无传，生平事迹不详，草堂寺碑阔端（7）（12）两令旨均无此人。定宗二年（1247），阔端令旨始著其名，称"铁哥都元帅"，列于诸万户之首，帖哥又向朱哥等万户发布钧旨，其权位当在诸万户之上。镇

驻陕西诸路应在定宗即位前后。《元史》卷一三一速哥传载速哥父忽鲁忽儿原在木华黎麾下，"后更隶塔海、帖哥军"。甲寅（1254）宪宗命从都元帅帖哥火鲁赤等入蜀。《元史》卷一六五完颜石柱传又见中统三年（1262）"从都元帅帖哥攻嘉定有功"。

③课税所官幺小的即（12）现管不兰奚的姚小的，这里写入了官职身分。姓名下一字磨泐过甚，难以确认。本书原拟为"于"，不妥。国图所藏陆和九旧藏拓本，此字下方之"口"仍然可见。现据上下文义，改拟为"告"。以下为陈告内容，至"乞详酌事"而止。

④此令旨见上截（13）。朱哥那衍即耶律猪哥也可那衍。总管万户即刘黑马。《元史》卷一四九刘黑马传："辛丑改授都总管万户统西京河东陕西诸军万户。"爪难千户即抄剌千户之异译。

⑤"不曾应副，乞详酌事"。"应副"宋元间习用语，意即供应、供给。"详"意审察，"酌"即酌处，斟酌处理。

⑥此钧旨授予朱哥等管民官，交付草堂寺金长老知照，称"剳付"。徐元瑞《吏学指南》释剳付："刺著为书曰剳，以文相与曰付，犹赐也。"

⑦文末有蒙古畏兀字三字，杉山先生音译"Buragi u uqan"，第一字释不兰奚，第三字拟释"善果"，加问号存疑。我意此字也有可能是 ulan 的误刻，上石时漏刻 1 声母一笔，形同 qan 字。"兀兰"系匠人的通称，《事林广记·蒙古译语》人事门各类人匠，都作"兀兰"。若果如此，可释不兰奚人匠，姑备一解。

年月处有官印一方，四字篆书。前引杉山文释为"副元帅印"。据此可知，帖哥都元帅实为副职。

15. 周至重阳宫累朝崇道碑

—— 弥里杲带令旨（1250 年）

天地底气力里、大福荫里弥里杲带太子令旨①，道与宝童、忙兀歹②、黑马、和尚并京兆府答剌火赤、管民官、大小官员等：

据重阳万寿宫真人提点大师每差大师董志条、杜志玄、寄哥奏告，本宫起建玉［皇］阁、楼观、太平等处宫观，念经告天祈福祝寿事。准告，令旨到日仰钦依已降圣旨、令旨处分事意，率领道众诵经，与俺告天，祝延圣寿无疆者。但是过往使臣军人，并不以是何诸色人等，不得乱行搔扰③，强行取要物件。

你每为与了这金宝文字④，却隐匿做贼说谎歹人呵，不怕那甚么⑤。今后若有搔扰底人呵，这里说来者。准此。

庚戌年十一月十九日⑥。

题解：

弥里杲带令旨在重阳宫崇道碑第三截，阔端令旨左侧。内容通令陕西等路驻军将领及管民官等护持重阳宫修建宫观。

注释：

①弥里杲带即《元史·宗室世系表》之火里吉歹，阔端之长子。阔端逝后，承袭父位镇西凉，故有此旨。阔端卒年史无明文，有此碑令旨为证，当在已酉庚戌之间，即《元史》所谓"三岁无君"之际。

②宝童，耶律朱哥之子，见《元史》卷一四九耶律秃花传。太宗七年乙未（1235）朱哥随征四川，卒于军。"子宝童嗣，以疾不任事"。忙兀歹见《元史》同卷刘伯林传附黑马传："辛丑改授都总管万户，统西京河东陕西诸军万户，夹谷忙古歹、田雄并听节制。"忙兀歹即忙古歹。

③此句"但是"即凡是，"不以"即不论，"搔扰"即骚扰。

④金宝即朱印，此令旨末年月处加刻方印。磨泐过甚，不能辨识。

⑤"不怕那甚么"怕字磨泐，形似"歹"字，旧本误识为"反"，今参据同类公文可拟为"怕"。此语出自蒙古语，为反诘语气。意思是"不怕怎么着"，雅译"宁不知惧"。

⑥此庚戌年为 1250 年。此时定宗贵由已死，故令旨无"皇帝福荫里""皇帝圣旨里"等语而称"大福荫里"。

16. 安邑长春观剳付碑（1252年）

蒙哥皇帝圣旨里宣谕倚付汉儿田地里应有底①先生每底那延真人，悬带御前金牌，钦奉蒙哥皇帝御宝圣旨拣数勾当等事：

除钦依外，据解州安邑县长春观宁志荣、马志全先于壬寅年献到葡萄园七十亩充御用果木。为此，以曾行下本观看守去讫②。今来须合再下，仰本观李志玉等将前项葡萄园子务要在意看守，精勤起架，勿令分毫怠堕荒废。唯恐有悮御用果木，利害非轻。如至熟日，须当尽数制造干圆，秤盘数目，前去平阳府，速就道录院起发，前来长春宫送纳，准备□献。仍仰随处达鲁花赤、管民官员人等，照依钦奉皇帝御宝圣旨内节该："先生每大小差发、地税、商税、铺马都休与者。他每有底遮么甚么休强争夺要者。"③那上头与圣旨来。如有违犯之人，具姓名申来，以依故违圣旨治罪施行，不得违滞。须至剳付者。准此。

右下李志玉等。准此。

壬子年四月二十七日。

起架葡萄道众④邵志安　陶志隐　靳志夷　赵志坤　刘志铸　张志朗　贾志简　柴志和　陶德明　李德秀

安邑县长春观住持前解州道正赐紫金□明真大师介志微立石

同立石人李志玉

题解：

碑已不存，原在山西解州安邑长春观。今属运城。沙畹曾得拓本，刊于《通报》1908年。碑文不依汉字正体，而用行书，拓印不精，不易辨识。冯书据清胡聘之编《山右石刻丛编》卷二十四录文过录，仍多疑问。今据拓本及录文互校，不能确认者暂且存疑。碑文内容为全真掌教李志常剳付长春观李志玉等在意看守葡萄园，制造干圆送纳。

注释：

①"应有底"，《丛编》作"应为底"，校改。那延真人即全真掌教李志常。李志常在尹志平掌教时已为都道录，故称那延，即官长。此下到"拣数勾当等事"是表明得皇帝授命。"据"字以下才是劄文。

②"以曾行下"，"以"同"已"。元代平阳府地区盛产葡萄酒并入贡，见《元史·世祖纪》及忽思慧《饮膳正要》。但安邑县不制作葡萄酒。《丛编》曾引元好问《遗山集》葡萄酒赋序："刘邓州光甫为予言，吾安邑多蒲桃而人不知有酿酒法。"

"制造干圆"即制葡萄干。其法由来已久。《古今事文类聚》卷三十五有杨廷秀咏葡萄干诗："凉州博酒不胜痴，银海乘槎领得归。玉骨瘦来无一把，从来马乳太轻肥。""马乳"即葡萄之代称。"长春宫"系燕京太极观改名。丘处机西行返回燕京后，驻于此观，长春宫遂成为全真道的管理中心。安邑县制造的干圆经平阳府送长春宫再贡献朝廷。"须当尽数"之"当"字《丛编》作"官"，校改。"献"字上一字磨泐，不补。

③《丛编》"节该"作"节扶"，"先生每"缺"每"字，"差发"误作"莫发"，下文"他每有底"误作"他每有应"，今校改。"遮么甚么"即"这么甚么"，犹言无论甚么。

前录成吉思汗圣旨，道士免除差发，不免正税。太宗时沿袭旧制，《通制条格》僧道门太宗元年条画："其僧道种田作营运者，依例出纳地税商税，其余杂泛科差并行免放。"此碑李志常引录的蒙哥皇帝圣旨未见传世，免除地税商税等文字，不大可能是李志常擅作，很有可能是宫观道士刻石时增入，以逃避赋税。现存元代寺观刻石公文，经僧道增减之例所在多有。"铺马"即金代的"铺马钱"、元人所称"铺马祗应"的简称，系驿站税。

④劄文末附立石道众名氏，拓本间有失拓。据《山右石刻丛编》录文补入。道众，《丛编》误作"道象"，校改。

安邑长春观刘付碑（16）

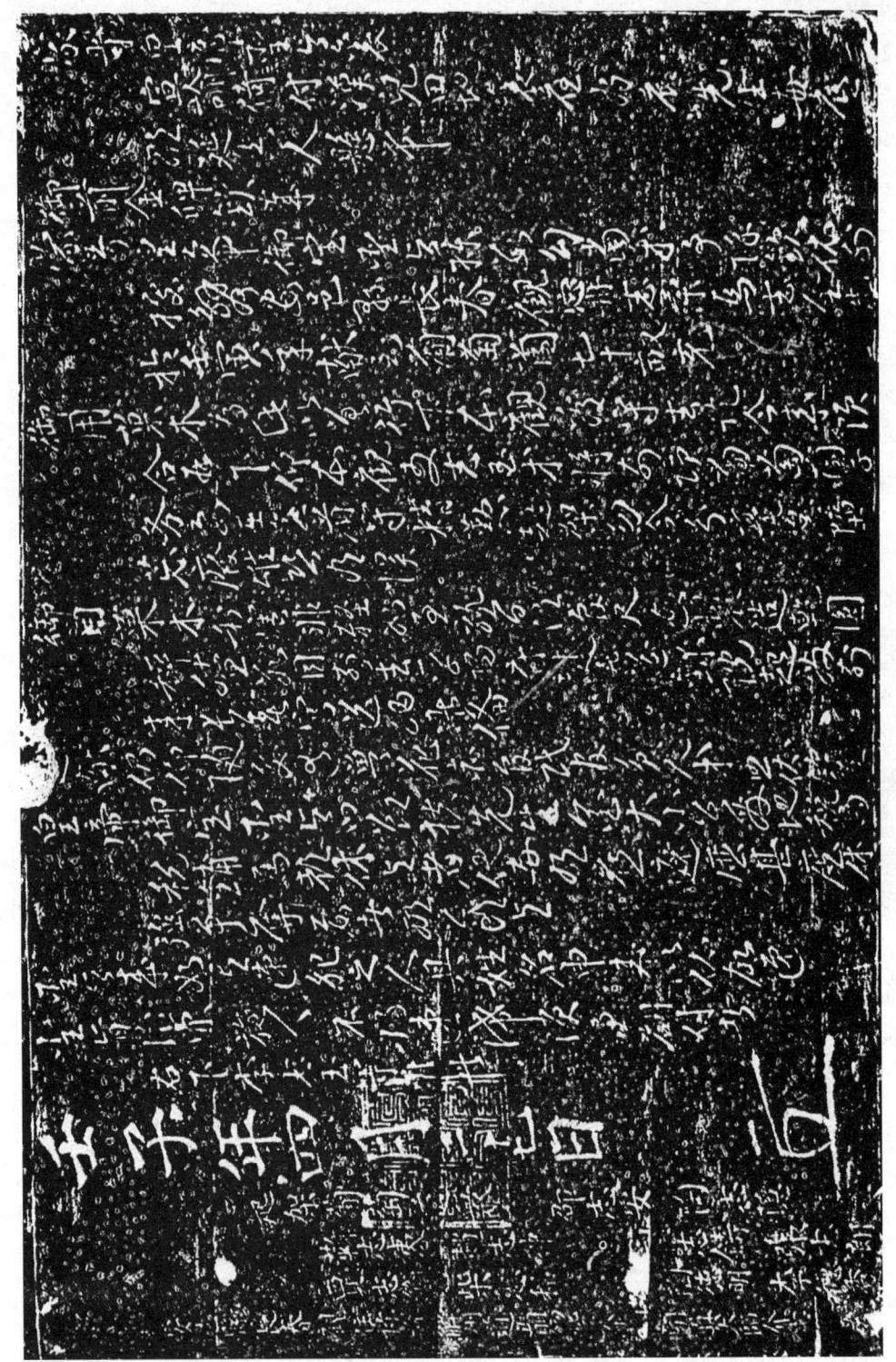

17. 平遥崇圣宫给文碑

——李志常给文（1252年）

蒙哥皇帝圣旨里宣谕倚付［汉］儿田地里应有底先生每底官人真人①，悬带御前金牌，钦奉蒙哥皇帝御宝圣旨，拣数勾当等事：

除钦依外，据太原府［平］遥太平崇圣宫提领燕志静状告："为（？）今年六月内②，蒙掌教宗师法旨该：清和大宗师法旨③自燕京领道众前来重修太平崇圣宫并张赵下院、玉清观住持勾当。道司将本宫并下院一切差使已行除免外，若不呈告，诚恐已后别无执凭，乞详酌出给文字事。"得此文状，除别行外，已将本宫并下院差使行下道司除免去讫。仍仰本宫道众照依前项清和大宗师法旨，在意兴修、住持勾当。所有执照，须至出给者。

右给付平遥县太平崇圣宫收执照用。准此。

壬子年七月初五日④。

题解：

碑在山西省平遥县，今存，碑文上下两截。上截为癸丑年（1253）正月，李志常为太平崇圣宫题写牌额发给的公据，见（18）。本文在下截，是前一年壬子（1252）重修本宫的执照。冯书据《山右石刻丛编》卷二十四录入。沙畹有此拓本，刊于《通报》1908年。今参据新拍照片校录。

注释：

①"官人真人"即（16）长春观碑之"那延真人"，李志常。"官人"蒙古语那延之意译。

②平遥县之"平"字磨泐，据《丛编》补。"状告"下断裂，残存半字似"为"。

③清和大宗师即前任掌教尹志平。蒙古太宗十年戊戌（1238）李志常嗣为掌教，尹志平退隐大房山清和宫，李志常仍遵其法旨行事。尹志平卒于蒙古宪宗元年辛亥（1251）。次年六月，李志常仍节引其法旨，照依实行。"法旨"为佛道领袖指令的通称。"道司"为路道录司、州道正司的简称。元承金制，设道司管理各地道教事务，道录、道正等官员，自道士中选任。法旨下文"一切差使"即一切差发。

④碑末"壬子年月日"等字为大字，"七"及"初五"为小字，当系后补。此壬子年为蒙古宪宗二年（1252）。

平遥崇圣宫给文碑（17、18）

18. 平遥崇圣宫给文碑

——全真道给文（1253年）

  蒙哥皇帝圣旨里宣谕倚付汉地先生头儿那延李真人悬带［御前］金牌，掌管教门事①：

  照得：钦奉到蒙哥皇帝御宝圣旨节文："汉儿田地里应有底先生每，都教李真人识者。"除钦依外，今据太原府路平遥县太平崇圣宫提点李志端状告："伏为本宫自唐朝以来，有元住道士薛守玄重修兴建，额曰太平观。后至宋朝元祐年间，改为清虚观。今自大朝兴国以来，为本宫兵革之后，殿宇房屋全无损坏，因此有本县长官梁瑜并万户梁瑛等经诣本府②，乞改名额为太平兴国观，各有已立碑记。近蒙掌教大宗师真人师父再更为太平崇圣宫名□志端依奉③，已于壬子年七月十五日安置牌额悬挂了当。在手别无文面，乞给赐凭验事。得此文状，为此取覆过。奉掌教大宗师真人师父法旨：前来已曾亲书太平崇圣宫名额付下去来。今既已建立名牌悬挂外，今准见告事，因合给与公据，付本宫主者，已久照用施行。仍仰提点李志端劝率道众依时念经告天，祝延圣寿万安者，以报国恩，无得分毫懈怠。须议出给者。

  右给付太平崇圣宫主者。准此。

  癸丑年正月日④。

题解：

  与（17）同刊一碑，此文在上，是碑文的主体。平遥太平崇圣宫，宋代名清虚观。蒙古太宗末年，地方官员改名太平兴国观。宪宗二年（1252）七月兴修后，李志常改名太平崇圣宫，亲自书写名额交下。又依道士的请求，出给此文为证。

注释：

  ①碑石右上角"里"字上破损，据《山右石刻丛编》补。"金牌"前依例补"御前"二字。

②梁瑜、梁瑛为兄弟。梁瑜曾任平遥县令,壬寅年(1242)卒。梁瑛太宗十三年辛丑(1241)授万户。《山右石刻丛编》卷三十一收录魏初撰《故征行都元帅五路梁公碑铭》记其生平,延祐元年(1314)其子天翔立石。

③"太平崇圣宫名"以下,碑石破损,"名"字以下当有缺字,得为"李"字,也得为"额"字,存疑不补。

④癸丑年为宪宗三年(1253)。石刻正月之"正"字用小字补入,《丛编》未录。

19. 亳州太清宫令旨碑（1257年）

长生天底气力里蒙哥皇帝福荫里海都太子令旨：

张元帅①俺根底奏告来，中都城里住底掌教张真人②、北京城里住底张真人③、王真人④、恁三个根底亳州有底太清宫里圣贤（缺），恁每圣贤底大宫阙见坏□也。（缺）这般说有。恁四个商议者。大圣贤底宫阙坏□也，这般上，凭根底倚付将去也。张（缺）众先生每尊长，蒙哥皇帝不倚付你来那甚么。这（缺）阙修盖了呵⑤，与蒙哥皇帝根底并俺每根底祝延祈（缺）。恁住持那甚么□道与黄河那（缺）底把军官每、管民官每、达鲁花（缺）行踏底军每，圣贤宫阙修盖（缺）休得搔扰者，休得强夺物件者。（缺）夺呵，怎生般教修盖底起，怎生（缺）祈福底成就。那底每这令旨听了已后搔扰呵，将那搔扰（缺）元帅于俺根底说来者，那宫阙（缺）里头教张元帅添气力护持者⑥。俺每文字⑦。

丁巳年□月初□日。彻彻里哥刺哈有底时分□来⑧。

题解：

令旨碑在鹿邑太清宫。鹿邑元代为亳州属县，今属河南。海都太子即蒙古太宗窝阔台之孙海都。碑文为海都丁巳年（1257）令旨全文，据张柔奏告修盖亳州太清宫事，颁旨护持。据《元史·宪宗纪》，宪宗三年（1252）迁海都于海押立，为其分地，在今伊犁河以西。亳州地区是否为海都头下食邑，无从确证。光绪《鹿邑县志》卷十录有碑文，依沙畹拓本互校，多有磨泐。

注释：

① 《元史》卷一四七《张柔传》："宪宗即位，换授金虎符，仍军民万户，甲寅移镇亳州。"乙未年（1259）"柔从世祖攻鄂"。太清宫令旨颁于丁巳年（1257），张柔适在亳州。镇驻军帅兼管民事，是当时通例，但仍受海都节制。"元帅"系泛称与尊称。

② 掌教张真人即李志常弟子诚明真人张志敬。宪宗六年丙辰（1256）继

李志常为全真掌教，居燕京长春宫。金燕京在海陵王时改名中都，蒙古宪宗时仍沿旧称，故称"中都城里住持"。

③"北京城里住底张真人"当指丘处机弟子张志素，原为燕京道教都提点，后去北京传教，奉调去亳州。事见《甘水仙源录》卷五《张尊师道行碑》。此"北京"也是金代旧称，治大定府，在今赤峰市南。

④王真人当指栖云真人王志谨。《宫观碑志》载王鹗《重修亳州太清宫太极观碑记》称："逮吾诚明之嗣教也，承海都太子之命，敦请崇道真人张志素栖云真人王志谨同办其事。"可与本碑令旨互证。王志谨，全真七真祖师郝大通弟子，从丘处机游。事见《甘水仙源录》卷四《栖云真人王尊师道行碑》。

⑤亳州太清宫始建于唐代。传说老子生于亳州，宫中供奉老子圣像，是道教的基地之一。"大圣贤"即老子，宪宗五年（1255），李志常与佛教少林寺僧在宪宗面前论道失败，僧众要求退还道教占据的佛寺。次年李志常病死，张志敬继承掌教，遂有重修太清宫之议，得张柔协助，争取海都皇子的支持，乃有此碑令旨。

⑥此碑石早经人为破坏，下方破损过甚，不宜多加意补。疑似缺字，入于注释，以供参考。"王真人"下字疑"恁二"。"见坏"下字疑"了"。"宫阙坏"下疑"了"。"祈"下疑"福"。"达鲁花"下疑"赤每来"。"将那搔扰"下疑为"的人张"。"那宫阙"下疑"修盖"，见《县志》。末行"来"字上缺字疑"写"。

⑦"俺每"下，《县志》补的"字"，拓本未见。"文字"即文书，译自蒙古语 bičik。也译为"令旨"，其例常见。"每"下不缺字，"文字"提行。与"令旨俺的"同义。

⑧丁巳年为蒙古宪宗七年（1257），月日字拓本磨泐。《县志》"初"字下补"十"字。"彻彻里哥刺哈"，地名，不详，似在海都封地海押立行帐一带。

亳州太清宫令旨碑（19）

20. 亳州太清宫圣旨碑（1261年）

长生天气力里皇帝圣旨：

据张真人奏告①："亳州太清宫住持道人每元受令旨，使臣军马宫观内不得安下，所有栽种树木诸人不得采斫，专与皇家告天祝寿。今将元受令旨已行纳讫，乞换授事。"②准奏，仰亳州太清宫道人每，照依旧例，宫观内使臣军马不得安下，所有树木诸人勿得斫伐，不选是何物色勿得夺要。仍仰张拔都儿③常切护持太清宫，令住持道众更为精严看诵，与皇家子子孙孙告天祝寿者。勿得怠惰。准此。

中统二年四月二十七日。

题解：

太清宫圣旨碑，是元世祖忽必烈即位后于中统二年（1261）颁布的护持圣旨刻石。宪宗八年（1258）佛道辩论道众失败，全真道遭到沉重打击。忽必烈即位后，海都自立。张柔退职致仕。全真道失去了强力支持。掌教张志敬上奏，交纳原受海都令旨，请求换授皇帝圣旨护持道观，获准，遂有此旨。此碑尚存，据2003年河南文史馆编《翰墨石影》拓本校录。

注释：

①张真人，全真掌教张志敬，已见前文。原通称掌教真人。中统三年赐号光先体道诚明真人。具见《甘水仙源录》卷五王磐撰《诚明真人道行碑铭》。

②"送纳""换授"是元代通行的公文制度。有多种类型，这里的"乞换授事"，是请将护持道观的诸王令旨换为皇帝圣旨。

③张拔都儿是张柔的蒙语称号。中统二年（1261）张柔年逾七十自请致仕，第八子弘略袭职。太清宫原为张柔告请重修。故圣旨中特为提出"仍仰张拔都儿常切护持"，意在抚慰与嘱托，并非授予职任。

20. 亳州太清宫圣旨碑（1261年）

长生天气力裹
皇帝聖旨谕张真人奏告元 …
皇家……人得不得安下……所有我每根著一樹不……諸……
……不……行……納祝壽告……告……將元……
……仰……舊例……安下……所有掛……道人……軍馬……
……毋得……所…………張……道人……進……
皇家……毋得……護持太清宫嚴……清進……
皇家子孫……毋得……清進……
天祝壽告者毋得……
中統二年四月十七日

21. 林州宝严寺碑

——元世祖圣旨（1261年）

长生天气力里、大福荫护助里皇帝圣旨①：

宣抚司根底，城子里、村子里达鲁花赤管民官人每根底，过往使臣每根底，把军底官人每根底宣谕底圣旨②：

成吉思皇帝圣旨："和尚、也里可温、先生、答失蛮，拣那甚么差发休当者，告天俺每根底祝寿有者。"③依着圣旨体例里，这林州④有底宝严禅寺、邢州有底乾明寺、龙兴寺，这寺里有底绍化大师梅庵长老、庆讲主为头儿和尚每根底，释迦牟尼佛道子不别了，天根底告者，俺每根底祝寿者。这般有底绍化大师梅庵长老根底把着行踏底圣旨与来。

这底每底寺里房子里⑤，使臣休安下者，拣那谁使气力休住者，官粮休顿放者。拣那甚么物休顿放者。寺院里休断事。铺马祗应都休与者。商税、税粮休纳者。但是属寺家底田地、水土、竹园、水磨有底，园林、解典库、浴堂、店、出赁房子根底，醋醅麹根底，拣那甚么人休强使气力里夺要者⑥。

这梅庵长老、庆讲主为头儿和尚每为道是有圣旨呵，无体例公事休行者。行呵，他每不怕那甚么⑦。

圣旨俺的。

鸡儿年⑧。

题解：

林州宝严寺碑原在河南林州，是本书所录碑文（8）的另一碑。三截刻。此文在第一截。汉字鸡儿年（1261）圣旨，译自蒙古语，原文当是蒙古畏兀字，未刊。第二截八思巴字蒙古文狗儿年（1298）圣旨，见《集释》[6]。第三截汉译狗儿年圣旨，见本书（43）。碑阴刻中书礼部禁约榜，题"大德十一年仲秋立石"。

注释：

①"大福荫"译自蒙古语，义近天赐洪福。元世祖忽必烈即位后，"长生天气力里、大福荫护助里"成为皇帝专用的颂称。皇后、皇子、诸王以下只能称"皇帝福荫里"，即托赖皇帝福荫。

②元世祖即位称帝后，于中统元年（1260）五月立十路宣抚司，见《元史》世祖纪及百官志。此碑圣旨颁于中统二年（1261）辛酉，故宣谕官员首称"宣抚司"。下文"把军底官人"，"把"义把守，即守军官员。前录亳州太清宫1257年令旨，见"把军官每"，同义。

③现存文献所见成吉思皇帝圣旨，只见免除道士差发，并无有关和尚、也里可温、答失蛮的记录，成吉思汗一生似也未曾接触佛教、基督教、伊斯兰教的教徒。前录蒙古太宗十年（1238）长春观公据引录窝阔台皇帝圣旨，并免和尚、也立乔、先生（道士）、达失蛮差发，并没有称引成吉思皇帝圣旨。看来，四教并免差发，当始于窝阔台时期。此碑所称"成吉思皇帝圣旨"，当是元初拟旨文人的依托，未必另有所据。后来圣旨，沿袭不改。

④林州为金代建置，蒙古太宗七年（1235）行县事，宪宗二年（1252）复为州。见《元史》地理志。此碑圣旨颁于中统二年（1261），故称林州。邢州也是金代建置，领邢台等县，元中统三年（1262）升顺德府。此碑仍称邢州。两州三寺由梅庵长老与庆讲主兼管，元代寺院系统多有其例。两人中又当以梅庵为主，故下文称已有圣旨给与绍化大师梅庵长老。

⑤"寺里房子里"指寺院内的房子，不应点断。"拣那谁"犹言"不拣是谁"，管他是谁，即不管是谁。下文"拣那甚么"即不拣甚么。"断事"指判断处理讼事。"商税税粮"事，参见本书（16）安邑长春观割付碑注及《集释》有关注释。

⑥"但是属寺家底"即凡是属于寺家的。下列寺家物业及经营的产业，"解典库"即后世的典当业。"解"与"质"同义。金代称质典库，宋代称解库或质库。抵押物品借钱，发给典帖，定期付利回赎。元代又称解典铺或简称"解库""典库"。"店"指店舍，即寺院经营的旅店。"出赁房子"是寺院出租的房子。"醋酵麴"指寺院经营的酒醋酿造，元代酒醋被视为同业，一起纳税，称"酒醋课"。此碑圣旨称"休使气力夺要"，尚未明言免除税赋。

⑦"无体例公事"指不合体例的不法之事。"不怕那甚么"系反诘词，"甚么"同"怎么"，义即"不害怕呀怎么着"。

⑧此鸡儿年当为世祖中统二年辛酉（1261）。

林州宝严寺碑（21、43）

22. 周至重阳万寿宫碑

——元世祖圣旨（1280 年）

长生天气力里、大福荫护助里皇帝圣旨：

管军官人每根底、军人每根底、管城子达鲁花赤官人每根底，过往使臣每根底宣谕的圣旨：

成吉思皇帝、哈罕皇帝①圣旨里"和尚、也里可温、先生、达失蛮，不拣甚么差发休着，告天祝寿者"么道有来②。

如今依着已前的圣旨体例。不拣甚么差发休着，告天祝寿者么道，这李道谦③，高真人替头里做提点④，陕西五路西蜀四川有的先生每根底为头儿⑤行者么道。这李提点把着行的圣旨与来。

这的每宫观里房舍里，使臣休安下者，不拣甚么人倚气力休住坐者。宫观里休断公事者，休顿放官粮者，不拣甚么休放者。铺马祇应休与者。地税商税休着者。但属宫观的水土、竹苇、水磨、园林、解典库、浴堂、店舍、铺席⑥、麹醋等，不拣甚么差发休要者。更没俺每的明白圣旨推称诸投下⑦，先生每根底不拣甚么休索要者，先生每也休与者。更先生每不拣有甚么公事呵，这李提点依理归断者。你每这众先生每，依着这李提点言语里，依理行踏者。更俗人每，先生每根底休理问者。先生每与俗人每有争告的言语呵，倚付了的先生每的头儿与管民官一同理问归断者。不依先生体例行，做歹勾当的、做贼说谎的先生每，管城子达鲁花赤官人每根底分付与者⑧。

这李提点倚付来么道，无体例勾当休行者。行呵，俺每根底奏者。不拣说甚么呵，俺每识也者。

圣旨俺每的。

龙儿年十一月初五日，大都有的时分写来。

题解：

此为周至重阳宫另一碑委付全真道李道谦的圣旨和令旨。三截刻。第一截上为八思巴字蒙古文圣旨，下为汉语白话译文。第二截左为元世祖圣旨，右为安西王令旨,均为八思巴字译汉与汉字并书。第三截左为汉字安西王令旨,右为八思巴字译汉圣旨,无译文。三截碑文俱已收入《八思巴字碑刻文物集释》(2),附有译注,可供参阅。

本文为第一截,译自八思巴字蒙文的汉语白话圣旨。龙儿年,旧本《集录》误订为至元五年(1268)。《集释》考订为至元十七年庚辰(1280),今据以改订。编序与编号仍旧。

注释:

①哈罕皇帝即元太宗窝阔台,即位后仍沿用蒙古部落联盟长旧称哈罕,不另立尊号。汉译又加"皇帝"二字,遂成为窝阔台的专称。已见前文。元朝建立后,历代皇帝均称哈罕。"哈罕皇帝"一词不再沿用。蒙古语文献直称其名"窝阔台",又有月阔台、月古歹等多种异译。汉语文献用庙号太宗。

②"么道有来","么道"即"说着""这样说着",略可与汉语的"云云"相当。"有来"为蒙古语助动词"有"的过去时,"么道有来"意即"曾经这样说过"。

③李道谦,字和甫。全真道马钰传人于志道之弟子。定宗时提点重阳宫事。至元九年(1272)至大都,为诸路道教提举。辞归。至元十四年(1277),安西王忙哥剌署为提点陕西五路西蜀四川道教兼领重阳宫事,见本碑第二截令旨。忙哥剌卒于至元十五年(1278)十一月,王位虚悬。十七年(1280)正月,元世祖以皇帝名义颁旨,授任李道谦陕西等路提点兼领重阳宫事,即本碑第二截所刊圣旨。《道家金石略》有宋渤撰《玄明文靖天乐真人道行碑》记其生平。

④高真人替头里做提点。高真人名道宽,也是于志道弟子,署知重阳宫。中统二年(1261),全真掌教张志敬荐为提点陕西兴元等路道教兼领重阳万寿宫事。至元十四年(1277)正月卒。《甘水仙源录》卷八有姚燧撰《洞观普济圆明真人高君道行碑》记其事迹。"替头里"为元代习用的口语,意即替代。"高真人替头里做提点"即接替高真人做提点。

⑤"为头儿"元代习用的口语,此处意为做首领。陕西等路道教提点即这些地区道士们的"头儿"。"把着行的圣旨与来",已给与收执圣旨,即本碑第二截至元十七年(1280)正月的授命圣旨。

⑥"铺席"即商业店铺。唐宋以来习称铺席,又称"铺面"。

⑦此碑"投下"一词译自上方八思巴字蒙古文 aimaq 音译爱马,直译"各枝儿",即各宗支。参见《集释》(9)碑注释。

⑧此圣旨对道俗事务的处断作出明晰的区分。道士之间的事务,由李提点

归断，俗人事务道士休理问，道俗之间的争端，由道教官员与地方官员共同理问归断。道士有不法行为，交付地方官员归断。"归断"，元代公牍用语。徐元瑞《吏学指南》："归断，谓事应究竟致罪者。""究竟"即查究原委。《元典章》刑部卷一"先生每犯罪"条延祐四年（1317）正月圣旨，对正一道道俗事务处断区分办法，与至元十七年（1280）付全真道的这一圣旨规定，大体相同，但晚三十七年。

64　元代白话碑集录

周至重阳万寿宫碑第一截（22）

23. 龙门建极宫碑

——安西王令旨（1276年）

长生天气力里皇帝福荫里皇子安西王①令旨：

道与管军官人每并军人每、州城县镇达鲁花赤、官人每、来往行踏的使臣每，遍行省［谕］令旨②。

成吉思皇帝、匣罕皇帝圣旨里，和尚、也里克温、先生、达失蛮，地税［商］税、不拣甚么差发休着者③，告天祈福者，那般道来。

如今照依［先］前圣旨体例，地税、商税、不拣［甚么］差发休着者，告天祈福者，那般。这平阳府有的尧庙、后土庙、禹王庙④里住的姜真人，替头里董真人⑤，交先生每根底为头儿祈福者⑥，那般，收执行踏的令旨［与了］也。

这的每宫观房舍里，使臣每休安下者。铺马祗应休要者。田产物业休夺要者。

这先生每休倚［令旨］做没体例勾当者。没体例行呵，他每不怕那甚么。［令］旨俺的

鼠儿年正月二十六日，京兆府住时分写［来］⑦。

题解：

本碑原在山、陕交界处的龙门禹王庙。元代属平阳路河津县，清代属陕西韩城。禹王庙是民间俗称，正名为建极宫，中统三年（1262）元世祖赐名。乾隆《韩城县志》"碑版考"著录"建极宫蒙古字圣旨"，"在龙门建极宫"。孙星衍《寰宇访碑录》也作"龙门建极宫圣旨碑"，在"陕西韩城"。此碑后被毁。1907年，沙畹（Ep. chavannes）在韩城访得，被用作厨案，请人摹拓带回，在1908年《通报》（Toung Pao）刊布。碑阳上截为八思巴字音译至元十二年汉文圣旨，下截为汉字文言圣旨原文。碑阴上截为八思巴字蒙文至元十三年（1276）令旨，下截为汉语白话译文。此碑为已知最早的八思巴字碑文，而且译汉译蒙同在一碑，实属少见。《八思巴字碑刻文物集释》已全文收录。

本文为建极宫碑阴汉语白话令旨。碑石断裂磨损过甚。据沙畹拓本，与北大图书馆、国家图书馆藏拓对照互补，参据八思巴字蒙文原文校录。拟补之字以 [ ] 标示。

注释：
①安西王，元世祖忽必烈第三子忙哥剌，至元九年（1272）十月受京兆分地封安西王，出镇长安。平阳府归其管辖。

②遍行省谕令旨"省"下一字脱落。冯书作"遍×行省令旨"。旧本《集录》沿袭其误。细检拓本，"遍""行"之间并未脱字。"省"下脱字有残存笔画，拟释为"谕"字。八思巴字蒙文此处作 du ulqaquè，意为晓谕、告谕。元代公文，皇帝称宣谕，诸王以下习称省谕，多有其例。"令旨"，蒙文原作"文书"（bičig）。译为令旨，也是依据汉制。

③"地税商税，不拣甚么差发休着者"凡两见。两处八思巴字蒙文在地税商税后均有"buši"一词，意为"除外"。忠实的译法应作"除地税商税"或"地税商税外"一切差发休着者。上石令旨译文删略"除"或"外"字，当是道士擅做手脚，以图逃避纳税。

④尧庙，在平阳府临汾。始建于唐代，金元间渐就倾圮。至元元年（1264），全真道士姜善信奏准重建，道俗协力，募化建成。至元五年（1268），诏赐名光宅宫。后土庙即地祇庙，在平阳府荣河县。汉代初建，唐、宋、金祭祀不绝。金末毁于战乱。至元间由姜善信及其弟子董若冲修建（起盖），见碑阳至元十二年圣旨。禹王庙即龙门建极宫，始建于北魏，金元间毁于兵。定宗时，姜善信聚众重建，中统三年建成。

⑤"姜真人，替头里董真人"，姜真人即靖应真人姜善信。乾隆《韩城县志》收有王鹗《龙门建极宫记》称其人是"全真道士"，"师莲峰靳贞常"，即华山莲花峰道士靳道元。靳殁，继承法席传道。定宗元年（1246）往龙门修建禹庙，宪宗九年（1259）曾被忽必烈召见。王鹗又记忽必烈"即位之初，三见征聘，公奏对平实，中多裨益，陛辞，敕赐宫曰建极"。时在中统三年（1262）四月。此后即住建极宫传道，是全真道在平阳地区的中枢。至元十年（1273），奉世祖谕，去长安会见出镇的安西王忙哥剌，辞归龙门。至元十一年（1274）正月病逝，年七十八。成化《山西通志》卷十五收有李樊撰《敕赐靖应真人道行碑》记其行迹。董真人即姜善信弟子董若冲，继承姜善信管领庙事，并见碑阳至元十二年（1275）二月圣旨。

⑥本令旨所称由姜、董"住持的"尧庙、后土庙、禹王庙原为汉族传统的祠祀，并不是道观。由于是姜善信等"聚众重建"，故得诏准住持。"住持"

原为释家语，见于元初《敕修百丈清规》。主持管领寺院称住持，住世持法，为道教沿用。前引王鹗《龙门建极宫记》称宫内"别为道院，殿则有四，方丈云斋，无一不具"。可知重建的禹王庙中，别有道院，道士们常住。安西王令旨援引前旨免除差发，令先生们告天祈福，也是视同道观。

⑦鼠儿年当为碑阳至元十二年之次年丙子，忙哥剌至元九年开府京兆，至元十五年（1278）改京兆府为安西府，见《元史·世祖纪》。此令旨颁于至元十三年（1276）仍为京兆府。

龙门建极宫碑（23）

24. 莱州石真人墓令旨碑（1279年）

皇帝福荫里势都儿大王①令旨：

今有本投下分拨到莱州神山长生万寿宫②石真人，依旧加九阳保德纯化真人，诸人不得使气力欺负者③。若有违犯底人呵，莱州官司与添气力问当，要罪过者。准此。

至元十六年七月十三日，察罕恼儿④有时行。

蒙古字一行⑤。

题解：

碑文据北京大学图书馆藏艺风堂旧藏拓本过录。《缪目》卷十五题"万寿宫圣旨碑"，"在山东掖县"。钱大昕曾自友人处得此拓本。《十驾斋养新录》卷十五"势都儿大王令旨碑"条称"此碑在掖县城东三十里道士石之温墓上，掖县为莱州附郭县"。乾隆《掖县志》"冢墓"门称石之温墓在寒同山下，有墓表碑记。此碑文为加号石真人之令旨。立石墓上，以志生前的荣显。碑石不在宫中，改题为石真人墓令旨碑。

注释：

①势都儿大王是成吉思汗弟拙赤哈撒儿之后裔。《元史·宗室世系表》哈撒儿位下，长子淄川王也苦，次子移相哥大王。势都儿列于移相哥位下，视为其子。拉施特《史集》第二编（中译本第一卷第二分册第61页）记势都儿为移相哥之孙。屠寄《蒙兀儿史记》卷二十二从其说。两书所记世系不同，但都记为移相哥之后。势都儿继承其封邑，故泛称为王或大王。

②本投下分拨到莱州神山长生万寿宫云云，《元史·太宗纪》：太宗八年丙申（1236）分赐中原诸州民户，野苦（即也苦）"益都济南二府户内拨赐"。"府户"即诸路总管府所辖民户。莱州原属益都路，淄州原属济南路。中统五年（1264）设淄州路。次年又改淄莱路，领淄川等四县、登莱二州，具见《元史·地理志》。淄川系淄州设路后改名，仍为首县。故后人称也苦为淄川

王，非正式封号。此碑令旨明白说"本投下分拨到莱州"云云，可证野苦的投下封邑是自淄莱路民户分拨。《元史·食货志》岁赐条淄川王位下"五户丝，丙申年分拨般阳路二万四千四百九十三户"。般阳路即淄莱路，至元二十年（1283）改。

长生万寿宫在掖城南十里许。金亡后，全真道宋德方率弟子石志温等创建。元世祖即位后，全真掌教祁志诚奏报，赐名神山万寿宫。益都路宣慰使乐实等又启请势都儿大王，定名无量洞天神山长生万寿宫，赐号石志温九阳葆德真人。具见《道家金石略》第 668 页所收"神山无量洞天长生万寿宫碑铭"（至元二十七年立石）。此碑令旨之石真人即石志温，前引钱大昕文及乾隆《掖县志》作"石之温"。

③ "欺负"义同"欺侮"，此指恃强侵扰。下文"问"意审问，"当"意处断。此句大意是：如有违犯，莱州官司出力审断治罪。

④ "察罕恼儿"为蒙古语音译地名，原意白湖，或译白海、白泺。同名地有两处。一为皇子忙哥剌驻夏地，在今伊克昭盟地带。一为元世祖行宫所在地，地在滦河上游，今沽原县北，囫囵诺尔。辽金以来均为夏季避暑胜地。势都儿令旨发布地当是后者。世祖行宫建于至元十七年（1280）。此令旨颁于至元十六年（1279），当是在避暑行帐。有关地望参见周清澍《内蒙古历史地理》第二章第三节。"察罕脑儿"建造行宫后用为固定译名，《元史》及有关文献均作"脑"。此碑令旨写作"恼"。同名异译。

⑤ "蒙古字一行"系立石人因蒙古字不便刻石，用汉字标示。元代汉字碑文往往在碑末写几个蒙古字以示出于蒙古，文字内容并无定制。

24. 莱州石真人墓令旨碑（1279年）

皇帝福廕裏
勢都兒大王令旨有本投下分撥到萊州
都兒大王令旨有本投下分撥到萊州
神山長生萬壽宫石真人依著加八陽
保德純化真人諸人不得使氣力欺負
者若有違犯底人呵萊州官司與添氣
力問當要罪過者准此
　　　至元十六年七月十三日
　　　　　　　　祭罕惱兒有時行

蒙古字一行

莱州石真人墓令旨碑（24）

25. 莱州长生万寿宫令旨碑（1280年）

皇帝圣旨里势都儿大王令旨①。

莱州有底无量洞天神山长生万寿宫、武官灵虚宫两［处］院子②是长生刘师父③置下底徒弟披云真人有来。披云真人徒弟掌教祁真人并石真人住持。有石真人为他开洞好修行底上头④，与了令旨，加九阳保德纯化真人，依旧管领住持也。但是俺底地面里有底先生每，都听从教道⑤，依时告天，与皇帝、皇后、太子、大王子子孙孙根底祝延圣寿者。俺每根底也祝愿与者，么道。依着已前成吉思皇帝圣旨、哈罕皇帝圣旨、蒙哥皇帝圣旨、今上皇帝圣旨里："和尚、先生、也里可温、达失蛮，不拣甚么差发休着者。这底每宫观里房舍里，使臣休安下者。不拣是谁，休倚气力住坐者。宫观休断公事者。官粮休顿放者。铺马祇应休着者。地税商税休与者。但属宫观田地、水土、竹苇、碾磨、园林、解库、浴堂、店舍、铺席、醋酢，不拣甚么差发休要者。索要呵，也休与者。"钦此。俺每依着大圣旨体例里，石真人根底把着行的令旨与了也。先生每、诸色俗人等，照依圣旨体例里，石真人根底休欺负者。别了呵，不怕那甚么。

这石真人有令旨么道，祁真人根底不商量了呵⑥，没体例勾当行呵，俺根底说将来者。怎生行底，咱每识也者。

令旨俺底。

蒙古字一行⑦。

至元十七年□日。

题解：

莱州长生万寿宫令旨碑，今已不存。《集录》据北大藏艺风堂旧藏拓本过录。国家图书馆另有旧拓，近年已刊布。碑文为势都儿大王令旨，原文为蒙文，未刻石。译文出自投下王府，与中书译发的圣旨译语互有异同。今据两拓本校录。

注释：

①前一令旨称"皇帝福荫里"，此称"皇帝圣旨里"，用意略同。"皇帝福荫里"即托皇帝的福。"皇帝圣旨里"即依奉皇帝圣旨行事。此后，皇后、诸王、帝师以至中书机构发布文告称"皇帝圣旨里"形成习用的惯例，并非另有圣旨。

②无量洞天神山长生万寿宫为全称。宫在掖县"神山"，"长生"为刘处玄之法号。冠于宫名，与周至重阳万寿宫同例。参见前碑（24）注释所引《神山无量洞天长生万寿宫碑铭》。武官灵虚宫为金章宗时刘处玄在其家乡掖县武官村创建，见《甘水仙源录》卷二秦志安撰《长生真人刘宗师道行碑》。光绪《三续掖县志》古迹门著录"灵虚宫石刻"，在城东二十里武官村，未见。

③刘师父即刘处玄，是全真道所称"七真"祖师之一。在丘处机之前掌教。事迹见前引《刘宗师道行碑》。披云真人即宋德方，是刘的弟子。"置"本义放置，此言传授。"置下"犹言"门下"。所建两处院子，由祁真人、石真人住持。祁真人即祁志诚，元世祖至元八年（1271）授为诸路道教提点。次年为全真掌教。《道家金石略》收有柳风堂原藏李源撰《洞明真人祁公道行碑》记其事。石真人即石志温。

④"石真人为他开洞好修行底上头"系指石志温开洞建观事。宋德方率领众弟子在神山修七洞，建观。石志温受命开寒同山，立功居多。乾隆《掖县志》卷五仙释门称石志温"开寒同山洞，造观宇数处，益都路宣慰使乐实上其事"即指此事。石志温因此获得封号，住持宫观，死后即葬于寒同山下。

⑤"俺底地面里"系指势都儿投下封邑，此译少见。"教道"即教门之道，或译教法、教规。

⑥令旨称两宫由祁真人并石真人住持，实为石志温管领，向祁志诚"商量"即请示。宫观产业两人都有份。

⑦艺风堂拓本"年"字以下磨泐。国家图书馆拓本残存"日"字。纪年右上侧有汉字小字"蒙古字一行"五字，系刻石人刊入。

皇帝懿旨裏
汾都兒大王令旨菜州有底無量桐天補山長生萬壽宮武官當
是長生劉師父蓋下底徒弟披雲真人有來披雲真人榮花
真人住持有底名真人為池剛洞好修行底上頭與少令
人依驀管領住著也俺是俺底地面裏有底先生每都撩除教道依時告
天興
皇帝皇后太子大王子子孫孫根底況延
聖旨哥哥俺每根底也札願與者瓶道依著已前
成吉思皇帝聖旨
哈罕皇帝聖旨
今上皇帝聖旨裏和尚先生也裏可温達失蛮不揀是誰休侍養力住坐者宮觀
房舍裏使臣休下者不揀是誰休侍養力住坐者宮觀
頒放者鋪馬祗應休甚麼差發休者地永土竹木等磨碾園
林解庫浴堂店舍鋪席酒醋竹葦如此俺
大聖吾帝體例先生每諸色人根底
令旨體例了也先生真人根底休敢奪要
聖行體例不揀甚麼別又呵別了也休與者
令旨麼道卻真人根底把把
令旨俺底
令旨俺底
至元十七年

26. 蔚州飞泉观碑

——道士具结文书（1281年？）

  蔚州灵仙县飞泉观①见当观门道士阎志进，伏为先有故师爷爷侯先生元占浮图山古寺场盖庵观，次后耿志明复占住坐。到戊午年间②，有僧使慈提点赍奉到皇帝圣旨节该："据将先生每占了和尚每寺院四百八十二处内，断定回付与和尚每二百三十七处者。钦此。"照得浮图山已在吐退数内，其耿［志］明依奉圣旨当官写了吐退文状，其寺院水土未曾回付，占住到今。至正月初九日有宣德府等处都僧录判赍奉到至元十七年二月廿五日大都［悯］忠寺开读讫皇帝御宝圣旨抄录前来，本州解宇内开读讫。内该：马儿年已曾将先生每占了和尚每四百八十二处寺院内回付与和尚二百三十七处者。有未曾回付来的寺院并属寺家的田地、水土一处回付与者。别了断定的言语不肯回与，相争的人每有罪过者。钦此③。志进今将元占到浮图山飞泉观一所并但有堂殿房舍及属寺家的田地、水土、园林、树木、口锺④，依奉见降圣旨处分事意，写立吐退文状，依旧改正为寺。分付见告僧人收管，依旧为寺住坐，祝延圣寿者⑤。如吐退已后却有隐漏地土及不行分付，志进情愿招当故违圣旨罪犯不□。所退执结是实，伏取处分。东至（下缺）

  至元十八（？）年正月⑥

题解：

  刻石今存，在河北省蔚县玉皇阁。形近横方。左方此文为飞泉观道士退还所占寺院的具结文书。右方为抄录至元十七年（1280）二月诏命各地道观吐退所占寺院的圣旨。见（27）。光绪《蔚州志》收录两文，不无误识。《集录》据艺风堂藏拓校录，仍多疑问，2009年出版《蔚县碑铭辑录》收入此碑拓影，底部磨泐，缺两三字，但摹拓较精，字划清晰。今据两拓本互为证补，参据《蔚州志》录文校录。碑阴僧众题名不录，末署至正八年（1348）十月二十有八日立石。

注释：

①蔚州灵仙县飞泉观，《集录》误书"灵"为"虚"，今为校改。元至元间灵仙县为蔚州治所，即今蔚县。

②文中占据蔚州浮图山古寺建观的侯先生及先后占住的耿志明、阎志进，事迹俱不详。以志字命名，当属全真系统。定宗时，全真道徒散发《道藏》中的《老子化胡经》，引起佛道之争。戊午年即宪宗八年（1258）；佛道驳辩，全真道败北。宪宗降旨焚毁《老子化胡经》，并命道士退还所占寺院，事见《至元辩伪录》卷五焚毁诸路伪道藏经之碑。不具引。参见陈垣《南宋初河北新道教考》全真篇"焚经之厄"。

③此圣旨即右方录刊的至元十七年（1280）二月圣旨。"悯"字磨泐，拟补。元廷颁发各地寺观的圣旨，例由奉使官员在大都悯忠寺听宣，抄录持送各地，随路开读。各地寺院主持僧人到官廨听宣。见《元典章》礼部卷一"使臣就路开读"等条。参见《集释》平谷兴隆寺碑有关注释。本碑"本州廨宇"之"廨"作"解"，是当时通用的简字。

④"但有"即凡有，凡属所有。"口锺"含义不详，待考。

⑤"分付"即交付。此刻石文书是道士阎志进写立吐退文状，将飞泉观及其产业交付僧人之后，再次确认"所退执结是实"，写立具结文书。僧人刻石立碑作为永久的见证。碑阴立石年月为至正八年（1348）十月，可见直到元朝末季，产业归属犹有纠葛。"东至"二字以下磨泐，当是标示地界。

⑥文书署年月字在碑阳左侧边缘，磨损滋甚。《艺风堂金石文字目》卷十五题"玉泉寺圣旨碑"署"至元十七年正月"，《集录》沿袭其误。今案"十七年"得为十八年或更晚，"正月"之"正"字也已残损，不能确定，姑且存疑。"玉泉寺"碑题系据碑阴有"玉泉寺前住持"题名，碑阳文书并无此寺名，只称"分付见告僧人"。玉泉寺名当是归还后立寺建额，后世相沿不改。此碑所在地今为玉皇阁。

蔚州飞泉观碑（26、27）

27. 蔚州飞泉观碑
——抄录世祖圣旨（1280年）

长生天气力里、大福荫护助里皇帝圣旨：

宣慰司每根底、城子村子里达鲁花赤每根底、官人每根底、祁真人为头先生每根底宣谕底圣旨①：

马儿年和尚与先生每对证佛修，赢了先生每上头，将一十七个先生每剃了头发，交做了和尚。［已］前属和尚每根底，先生每占了四百八十二处寺院内，将二百三十七处寺院并田地水土一处回付与和尚每么道。真人为头先生每与了退［状］文书来②。更将先生每说谎捏合来的文书每根底，并将印文书底板烧了者。石碑上，不拣甚么上，他每镌来底、写来底都交毁坏了者么道。更在前先生每三教里释迦牟尼佛系当中间里安置，老君底、孔夫子底像左右安置着来。如今先生每别了在先体例，释迦牟尼佛在下安置有么道，说来底上头，依着在前三教体例里安置者。若有释迦牟尼佛次下安置来底有呵，毁了者么道，已断定。如今总统每和尚每等奏③："有那回与来底寺院内，一半不曾回付，已回付了底再争有。更说谎捏合来底经文每印板每，一半不曾烧了。三教也不依在前体例安置有。"么道。言语每是实那虚？若是这底每言语是实呵，一遍经断了底了，怎生宜？只依在前断定底，不曾回付来底寺院并属寺家底田地水土，一处回付与者。将说谎捏合来底经文并印板，不曾毁坏了底，交毁坏了者。更将三教依在前体例安置。俺底这圣旨这般宣谕了呵，别了在前断定底言语，寺院并田地水土不肯回与，相争底人每，有罪过者。

更和尚每，俺有圣旨么道，在前断定底别做呵，不干自己底寺院田地水土争呵，他每不怕那不有罪过那甚④。

圣旨俺底。

至元十七年二月廿五日⑤，大都有时分写来。

题解：

此圣旨与（26）同刊一碑。抄录前颁圣旨以证退还寺产之由来与依据。

此旨并非专为蔚州飞泉观而发，而是诏谕道士的通令。《元史·世祖纪》至元十七年（1280）二月"丙申诏谕真人祁志诚等焚毁道藏伪妄经文及板"，即此刻石圣旨。刻石文字多有别体俗字及磨泐处，仍据两拓本及《蔚州志》校录。

注释：

①宣慰司为各行省所属地方官署，"分道以总郡县"，见《元史·百官志》七。祁真人即祁志诚，已见前注。

②宪宗八年戊午（1258）佛道辩论时，全真道由李志常弟子张志敬掌教，为头真人即张志敬。《至元辩伪录》卷二收录中统二年鸡儿年（1261）圣旨追记此事称"张真人为头儿先生每退状文字与来"。张志敬号诚明真人。《甘水仙源录》卷五有王磐撰诚明真人道行碑记其生平。

③总统每、和尚每，均直译蒙古语的复数形，两者并称，又加等字。刻石"等"字系俗体简字，两见。"总统"泛指各地管理佛教事务的官员。

④"在前断定底别做呵"，意思是：若是违背断定行事。"别"义不是"不要"而是背离，元代习用。上文"别了在前断定底言语"，同义。"他每不怕那"译自蒙古语的反诘词 eulu'u。"不……么"，公文常见。此译文又加入"不有罪过那甚么"申明其意，与汉文雅译"国有常宪，宁不知惧"更为接近。参见《集释》有关注释。

⑤至元十七年（1280）二月二十五日干支纪日丙申，与前引《元史·世祖纪》记事相符。

28. 户县东岳庙令旨碑（1282 年）

长生天气力里、皇帝福荫里阿难答秦王令旨①：
（缺）每根底，城子［达鲁］花赤每根底（缺）令旨：
成吉思皇帝的、皇帝的圣旨里②：和尚、也里可温、先生、答失蛮每，不以是何差发休当，告天祝寿与者道有来。
如今依着在先圣旨体例里，不以是何差发休当，告天祝寿与者。那般。这安西府有的（缺）华阳谷③东岳庙名子庙里住的④（缺）为头先生每根底，赍擎的令旨与了也。
这的每宫观里房子里，使臣休安下。铺马祗应休当者、园林、水磨、店舍、铺席、解典库，不拣他每（缺）物色休夺要者。
这牟志通为头先生（缺）令旨么道，不属自己的人夹带，做没体例勾当行呵，他每不怕那甚么。
令旨俺的。
马儿年四月二十二日，开成府有时［分］写来⑤。

题解：

《集录》原据艺风堂藏拓录入。不详所在。拓本前部数行失拓，碑石文字磨泐。2005 年户县文物专家刘兆鹤、吴敏霞编印《户县碑刻》由三秦出版社出版，收录此碑拓影。说明："原立于户县庞光乡化羊庙正殿前院，后因殿毁碑倒，委弃草莽而运至县城。1986 年竖于文庙大成殿东侧碑廊。"碑额"令旨之碑"汉字篆书。上截为八思巴字蒙古文令旨。照那斯图、道布、刘兆鹤曾有音译，刊于《民族语文》1998 年第 3 期。《户县碑刻》未录。下截为汉语白话译文，《户县碑刻》全文录入，据音译补出缺字。

案上截八思巴字译写汉语专名，不能区别同音字与声调，如无文献印证，不宜推测拟补。现依《户县碑刻》所录碑拓与《集录》原拓互校收录。磨泐文字，仍从缺略。

注释：

①阿难答父安西王忙哥剌，受京兆为分地，至元十年（1273）加封秦王，至元十五年（1278）卒。阿难答袭。至元二十四年（1287）十一月"诏以阿难答嗣为安西王，仍置王傅而上秦王印"。见《元史·世祖纪》。此碑令旨颁于此前，仍称秦王。《元史·诸王表》误作至元十七年（1280）袭封安西王。《集释》碑［2］阿难答条注已予订正。

②"皇帝的"系蒙古语合罕的意译，这里是元太宗窝阔台的专称。

③华阳谷今地名化羊谷，系同音的俗称，但由来已久。《户县碑刻》收有明景泰三年（1452）《重修东岳庙记》称"西安府户县终南山化羊峪东岳庙"。又嘉靖十一年（1532）《化羊峪补修东岳庙记》称户县东南二十里余，南山空处为化羊峪，峪口连东岳庙。华阳峪当是元代的原名。"谷"是峪的简写俗字。

④东岳庙奉祀泰山东岳帝，与尧庙、后土庙同为汉族传统的祠庙，并非佛教寺院，不在敕令道士退还的占寺之列。所以，至元十八年（1281）元廷再次严斥道士退寺之后，东岳庙仍由"先生每"占住，给予优遇和保护。这也表明，占住祠庙是全真兴建宫观的途径之一。

⑤马儿年即至元十九年壬午（1282），在忙哥剌逝世之后阿难答嗣为安西王之前。忙哥剌出镇长安，驻兵六盘山，"其府在长安者为安西，在六盘者为开成，皆听为宫邸"。见《元史·诸王表》，又见同书《地理志三》开成州条，开府在至元十年（1273）。

户县东岳庙令旨碑（28）

29. 永寿吴山寺执照碑（1283 年）

皇帝福荫里皇太子安西王令旨里①蒙古奥鲁千户所②：

据僧人永辉状告："年三十六岁，无疾，系乾州僧正司所管僧人，见在永寿县吴店村西吴山寺住坐。伏为状告：委于至元十九年七月初五日，有安西府长安县八里荒住人奥鲁百户③答烈赤迭卜歹等为直此出征勾当，将原分到拨乾州永寿县吴店村西吴山寺周回平子末地一段，东至古庄直北湾沟北边南北崄，南至寺前东西崄，西至南北小路西边崄，北至塔凹北边东西崄，四至界畔地土相连。答烈赤等情愿舍施永辉永远用充常住赡寺地土，修建寺院，祝延皇帝圣寿、太子千秋无穷者。中间并无他人地土相连，一舍已后，如有争查，并不干永辉之事，舍地土人答烈赤等一面承当。永辉思忖得，今来若不状告，缘永辉在手无凭，切恐已后有人争讼，临时卒难分诉④。乞执照事。"使所得此，重审得前项地土并无违碍。合行给付本人执照。中间却不得因而将其余地土乱行耕种，勿得违错。须至出给者。

右给付僧人永辉收执。准此。

至元二十年四月二十三日执照⑤。

题解：

碑在陕西省永寿县。碑文是安西王封地蒙古奥鲁千户所发给吴山寺僧人的土地执照。立碑刻石以为凭证。有关奥鲁纪事无多，此刻石文字可供研究参考。据北大图书馆藏柳风堂旧藏拓本校录。

注释：

①世祖第三子忙哥剌至元九年（1272）十月封安西王，赐京兆分地，驻兵六盘山。至元十五年（1278）卒。其子阿难答嗣为安西王，在至元十七年（1280），具见《元史·世祖纪》。此碑文称"安西王令旨里"，译自蒙古语，犹言依奉，与诸王称"皇帝圣旨里"同义，即安西王属下蒙古奥鲁千户所。

②奥鲁译自蒙古语 auruq，《元朝秘史》旁译"老小营"。《国朝文类》卷

四十一《经世大典》军制："军出征戍，家在乡里曰奥鲁。"蒙古建国后，出征地区不断拓展。出征军士家属留居各地，设奥鲁官（奥鲁赤）管领。原隶各路总管府。至元九年（1272）二月"诏诸路奥鲁勿隶总管府，别设总押所官，听枢密院节制"，见《元史·世祖纪》。奥鲁官纳入枢密院军事系统。蒙古奥鲁千户所即安西王属下的奥鲁官所，依军制称千户。

③长安县住人奥鲁百户当是奥鲁千户所治下的奥鲁赤。任职期间，分拨到（原作"到拨"疑为刻石倒误）永寿县土地一段，出征离职时交出，施舍给寺院。碑文"崄"字，原义为险要之地，民间用为地段的俗称。

④"临时"意即临到那时。临到那时总难分辨，故乞给执照。

⑤艺风堂旧藏拓本，纪年脱"二"字。《集录》拟补。今检柳风堂藏拓，刻石原作"贰拾年"无磨损，据录。

年月后有八思巴字蒙古文三行，当是立石人增加，并非执照本文。立石僧人不习蒙文，从常见的蒙文禁约公告中摘录字句上石，以示出于蒙古官府，抄录字句错乱，不能成文，内有"使臣不得索要铺马""秋季仲月"等字可识，不具录。参见拓影。

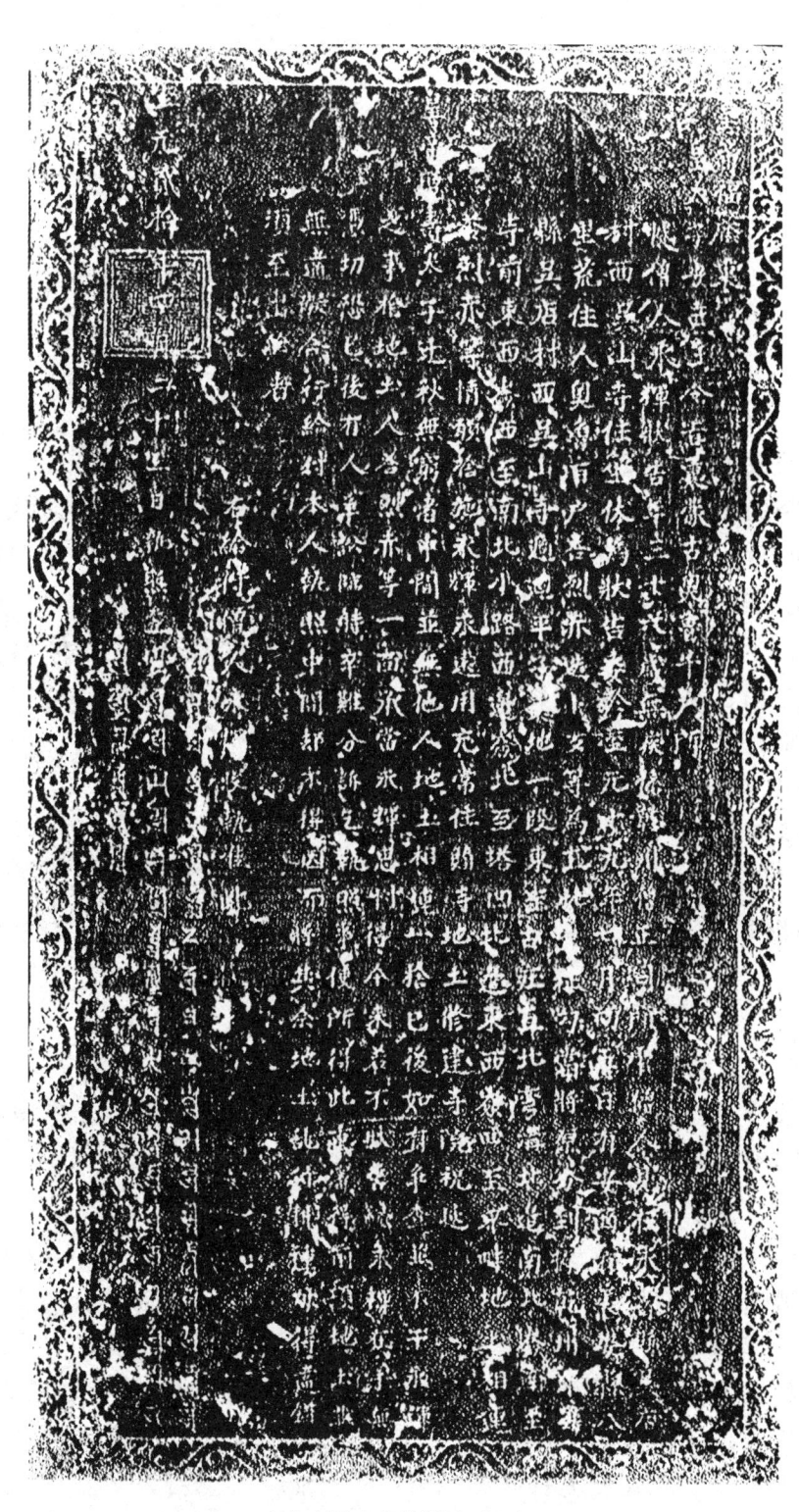

永寿吴山寺执照碑（29）

30. 大都崇国寺文书碑

——总制院劄付（1284年）

皇帝圣旨里总制院照得①：

大都路蓟州遵化县般若院②壹所，元系先生占住二百三十七处数内寺院。钦奉圣旨回付，依旧为寺。今为无僧住持，有本院官桑哥③、玉都实经历④奏："大都遵化县般若院是先生每根底回将来的院子，如今与崇国寺⑤，交差和尚每住呵，怎生。"奉圣旨：那般者。钦此，除外，使院合下⑥，仰照验据般若院并所属庄田、水碾等物，钦依圣旨处分事意，委僧修理住持施行。须议劄付者。

右给付崇国寺，准此。

照会崇国寺。

至元二十一年二月十九日。

众官印押⑦。

题解：

碑在北京市西城区护国寺。汉字两截刻。上截即本文总制院劄付。元制，劄付需用蒙古字。本碑未刊蒙古字原文，只刊汉语白话译文。下截执照，见（31），是汉文公牍。诸家金石目多有著录，不备引。据艺拓过录。

注释：

①总制院，元初设置的中枢机构，管理全国佛教事务兼治吐蕃之事。至元二十五年（1288）改名宣政院。见《元史》"百官志"及"桑哥传"。

②般若院，佛寺名。般若，释家语，原义大智慧。遵化般若院大殿等处，曾被道士拆除，建道观开阳观，见《至元辩伪录》卷三。故列于应退占寺二百三十七处之内，由道士遵旨退还。

③桑哥，《元史》入"奸臣传"。藏族。藏文史籍《汉藏史集》说他是由八思巴派往忽必烈皇帝处供职。《元史·桑哥传》说他是"胆巴国师弟子"，

"至元中擢为总制院使"。碑文称"本院官"。

④玉都实，人名，不详。"经历"，官职名。《元史·百官志》记宣政院设经历二员，当是总制院原设官职，经管佛寺事务。

⑤崇国寺，元大都有南北两寺，或称东西两寺。城东南之崇国寺是前代的古寺。《永乐大典》卷四六五〇天字引《元一统志》："崇国寺在旧城，唐为金阁寺，辽时改名崇国。"赵孟頫撰《大元大崇国寺佛性园明大师演公塔铭》说僧人定演"七岁入大崇国寺，事隆安和尚为弟子"，见《松雪斋文集》卷九。时在元太宗九年（1237），即金亡后三年。城南崇国寺是辽金旧寺，并非新建。隆安和尚即隆安寺讲主善选。崇国北寺是元朝新建的大寺，明成化时改名隆善护国寺。本碑原存寺内大殿。碑文中所说崇国寺即是北寺无疑。关于北寺兴建的年代，众说纷纭。前引赵孟頫塔铭说是"至成宗时，别赐地于大都，建大崇国寺"。明刘侗《帝京景物略》说："寺始至元，皇庆修之，延祐修之，至正又修之。"至正十一年（1351）沙门雪硐法稹撰大都崇国寺重建碑，作前至元乙酉（1285）开创。沈榜《宛署杂记》卷十九说是元皇庆元年（1312）建，兹名崇国寺。光绪《顺天府志》卷十六说是"至元二十四年，别赐地大都，乃兴建兹寺，故崇国有南北寺焉"。此碑至元二十一年（1284）劄付确证，崇国北寺建于至元之初。其他记载均出于推测，不可信据。

⑥"交差和尚每住"，交同教、叫，差意差遣、派遣。"怎生"即"如何"，请示语。"那般者"批示同意，就那么着。"除外"是"除钦依外"的省略语。"合下"合当下达。"照验"查照。下文"修理"意为修缮治理，与今语修理有别。

⑦原有印押不便刻石，故概书"众官印押"四字。

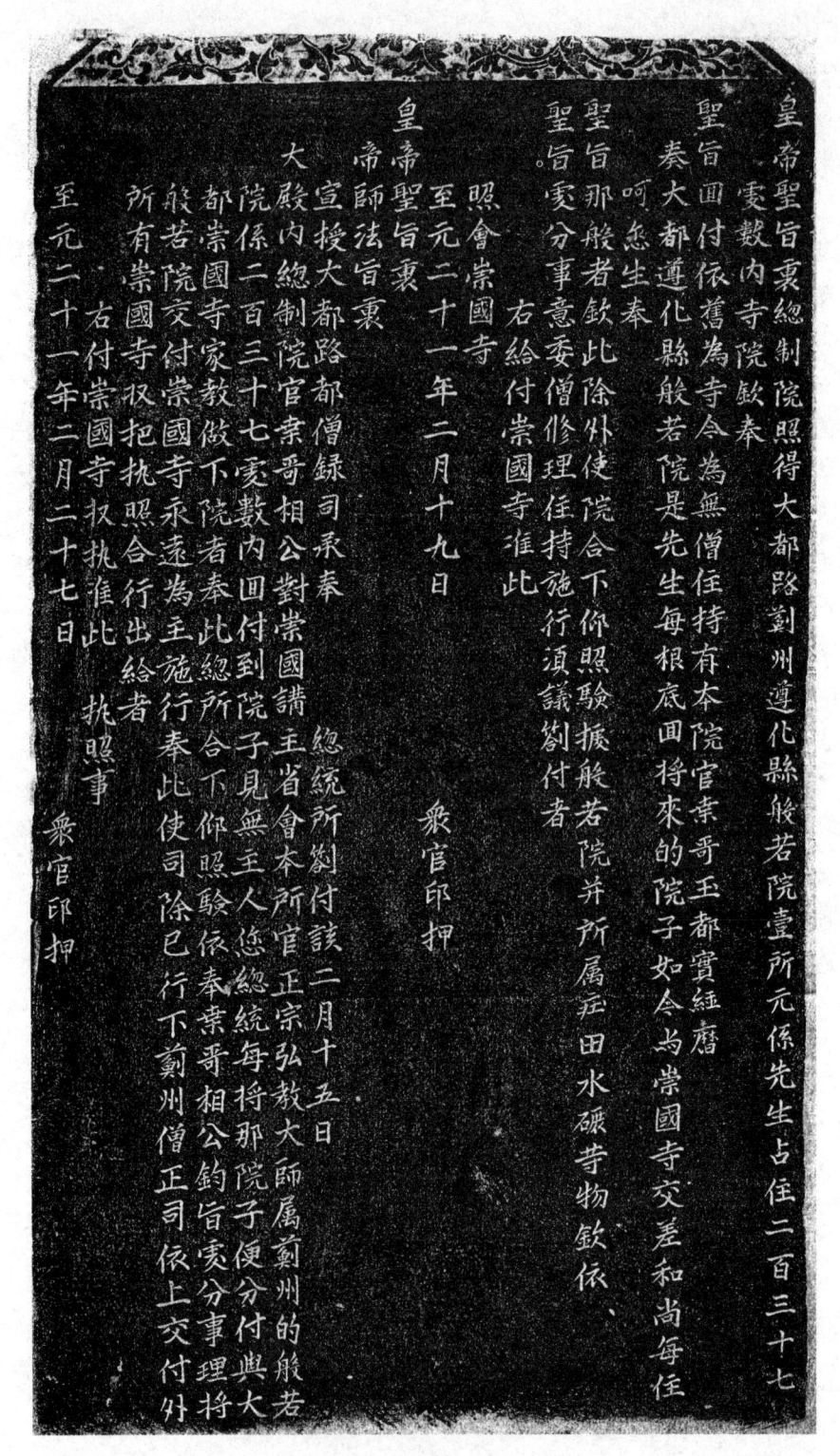

皇帝聖旨裏總制院照得大都路薊州遵化縣般若院壹所元係先生占住二百三十七
處數內寺院欽奉
聖旨囬付依舊為寺今為無僧住持有本院官泰哥玉都實絰磨
奏大都遵化縣般若院是先生每根底囬將來的院子如今為崇國寺交差和尚每住
呵怎生奉
聖旨那般者欽此除外使院合下你照驗撥般若院并所屬莊田水磑寺物欽依、
聖旨意委僧修理任持施行須議劄付者
　　　　　　　　　　　　　右給付崇國寺准此
皇帝聖旨裏
　照會崇國寺
　至元二十一年二月十九日
　　　　　　　　　　　　　乘官印押

大殿宣授大都路都僧錄司奉
師法旨裏
總制院官泰哥相公對崇國講主省會本所官正宗弘教大師屬薊州的般若
院內總數者回付到院子見你總統每將那院子便分付與大
都崇國寺家教做下院丞遠為主奉此總所合下你照驗依奉崇哥相公鈞旨憲分事理將
所有崇國寺付崇國寺收把執照合行出給者　挑照事
至元二十一年二月二十七日　　　　　　　　　　　　　　乘官印押

崇國北寺地產圖

大都路薊州遵化縣豐稔鄉蘇家莊般若院常住應有房舍莊田水碾磨寺物花名下項

一東至駙馬寨廟西水渠為界南至河南山頭為界西至鴉山為界北至鳴山為界內

一上下水碾二盤石家莊子一變東至自已水嶺為界西至神樹分水嶺為界北至棲子河水碾一盤內

一河為界北至苔安分水嶺為界東水碾一盤內

一為界內贈碾地二十畝隔城口

一贍地約二十餘畝

大元至元二十一年　月　日三剛寺立石

特賜佛性圓融崇教華嚴傳戒大師演吉祥

31. 大都崇国寺文书碑
——僧录司执照（1284年）

皇帝圣旨里、帝师法旨里宣授大都路都僧录司①，承奉总统所②劄付该：

二月十五日大殿内，总制院官桑哥相公对崇国讲主省会本所官正宗弘教大师③，属蓟州的般若院，系二百三十七处数内回付到院子。见无主人，您总统每将那院子便分付与大都崇国寺家，教做下院者④。奉此，总所合下，仰照验，依奉桑哥相公钧旨处分事理，将般若院交付崇国寺，永远为主施行。奉此，使司除已行下蓟州僧正司⑤依上交付外，所有崇国寺收把执照，合行出给者。

右付崇国寺收执。准此执照事。

至元二十一年二月二十七日。

众官印押。

题解：

与（30）同刻一石，此文在左方，为汉文公牍。上文是总制院给崇国寺的劄付，署至元二十一年二月十九日。本文署至元二十一年二月二十七日，是在八天之后，由大都路都僧录司发给崇国寺的执照。

注释：

①《元史·百官志》宣政院条："至元初，立总制院而领以国师。"国师八思巴于至元十一年（1274）返藏，由其弟亦怜真袭位。《元史·世祖纪》至元十三年（1276）九月见"命国师益怜真作佛事于太庙"。亦怜真至元十六年（1279）卒（《元史·释志传》误作十九年）。八思巴于至元十七年（1280）去世（见陈庆英《雪域圣僧帝师八思巴传》。《元史·释志传》作十六年），元廷在他死后加号帝师。十九年（1282）养子答耳麻八剌合吉塔（又译达玛巴拉）袭帝师位，仍领总制院。此碑执照由大都路都僧录司于至元二十一年（1284）出给，故称"帝师法旨里"。

②总统所，总制院所属机构，总管佛教事务。

③职名总制院使，泛称总制院官。汉代以来为相者封公，故称相公，后世演为官员的尊称。"崇国讲主"即崇国寺讲主定演，又称演吉祥、演公。据前引赵孟頫《演公塔铭》，原为崇国南寺隆安善选弟子，北寺建立后遂为此寺讲主。碑阴寺产图署"特赐佛性圆融崇教华严传戒大师演吉祥"。正宗弘教大师为元初名臣阿鲁浑萨里之父乞台萨里。畏兀人。至元二十年（1283）入为释教都总统，同知总制院事，见《元史》卷十七阿鲁浑萨里传。加号正宗弘教大师，见赵孟頫撰《乞台萨里神道碑铭》（《佛祖历代通载》卷三十）。碑文称"本所官"当是管领总统所事。这句的大意是桑哥当着定演的面，知会总统所主管官员。

④"您"字元人习用为人称代名词的复数，即你们，也用为敬语。"教做下院"是接管后作为崇国寺的下院。尔后又自立为寺，称般若寺。本书（90）至正十四年（1354）圣旨将"南北两崇国寺"与"遵化般若寺"并称。《日下旧闻考》卷一四三补遗"遵化县有般若寺"，当据元季以来的寺名。

⑤"使司"即大都路都僧录司下属蓟州僧正司。

32. 无锡庙学圣旨碑（1288年）

长生天气力里、大福荫护助里皇帝圣旨：
据尚书省奏江淮等处秀才乞免杂泛差役事①，准奏。今后在籍秀才，做买卖纳商税，种田纳地税，其余一切杂泛差役，并行蠲免②。所在官司，常切存恤，禁约使臣人等毋得于庙学安下，非理搔扰。准此。
至元二十五年十一月日。
至元二十六年正月十九日到无锡县开读讫③。

题解：
此碑原在江苏无锡庙学，据柳风堂藏拓收录。拓本原题"庚子四月二十二日拓于无锡学"，下钤"湘舟"小印。柳风堂封套又钤"顾湘舟旧藏""缪目无"二印。碑刊汉字圣旨原文，无蒙文音译。浙江绍兴府学亦有同一内容的圣旨碑，上为八思巴字音译汉语，下为汉语原文。增订本《八思巴字与元代汉语》收入拓影。阮元《两浙金石志》卷十四录入绍兴碑汉字圣旨，称"当时诸学皆有，今所传惟此耳"。无锡此碑为阮氏所未见，较绍兴碑文多出开读年月一行小字。此文又见《庙学典礼》卷一、《元典章》礼部卷四。

注释：
①尚书省奏文，见于《四库全书》辑本《庙学典礼》卷二，题为"江南儒户免横枝儿差发"，至元二十五年（1288）十月十八日上奏，十一月尚书省咨江淮等处行尚书省。
②商税地税外免除杂泛差役，是太宗时优遇僧道寺观的定例，中选儒士依例蠲免。世祖至元十六年（1279）河西地区秀才也依例不当差发、徭役，俱见《庙学典礼》。至元二十五年（1288）尚书省奏请江南秀才依此例办理。获准。此碑圣旨内称"做买卖纳商税，种田纳地税，其余一切杂泛差役，并行蠲免"，是沿袭元廷蠲免寺观差发的旧制及世祖中统五年（1264）正月重申的圣旨。
③无锡碑末刊有小字圣旨开读日期，绍兴碑无。圣旨书于至元二十五年（1288）十一月，无日期。次年正月十九日，传到无锡县开读，约经两月左右。无锡原为常州属县，成宗元贞元年（1295）升为州。

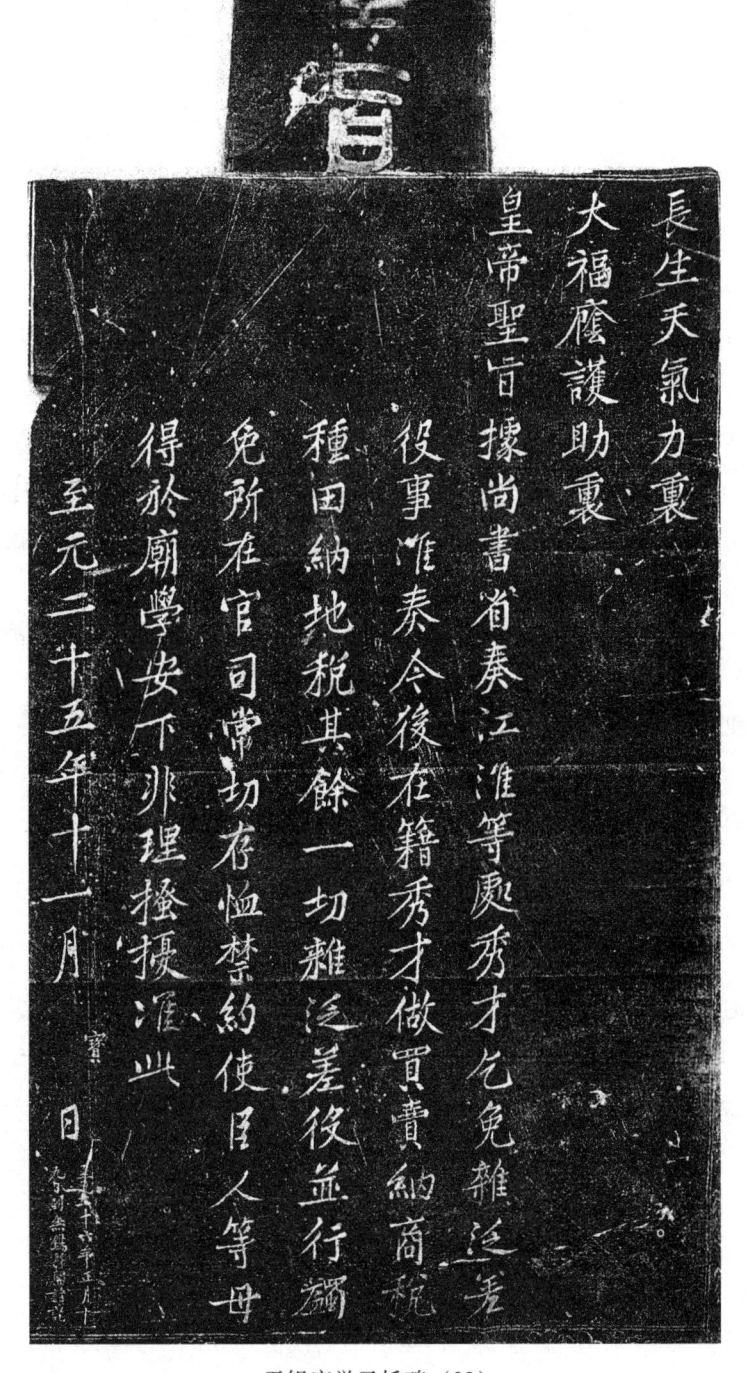

32. 无锡庙学圣旨碑（1288年）

长生天气力里
大福荫护助里
皇帝圣旨谕尚书省奏江淮等处秀才乞免杂泛差
役事准奏今后在籍秀才做买卖纳商税
种田纳地税其馀一切杂泛差役并行蠲
免所在官司常切存恤禁约使臣人等毋
得于庙学安下非理搔扰准此
至元二十五年十一月　　日

无锡庙学圣旨碑（32）

33. 赵州柏林寺圣旨碑

——世祖圣旨（1293年）

长生天气力里、大福荫护助里皇帝圣旨里①：

军官每根底，军人每根底，城子里达鲁花赤、官人每根底，往来使臣每根底，宣谕的圣旨：

成吉思皇帝、皇帝圣旨里②："和尚每、也里可温每、先生每，不拣甚么差发休要者，告天祈福祝寿者。"么道来。如今依在先圣旨体例里，不拣甚么差发休要者，告天祈福祝寿者么道。赵州有底但属柏林禅寺③住底长老圆明普照大禅师元朗根底，执把行底圣旨与了也。

这底每寺里房舍里，使臣每休安下者。铺马祗应休要者。税粮休与者。属这寺家底水土、园林、碾磨、店铺、浴房，不拣甚么休夺要者。

更，这圆明普照大禅师元朗有圣旨么道，无体例勾当休做者，做呵，他不怕那。

圣旨俺的。

蛇儿年七月初四日④，上都有时分写来。

题解：

原在河北赵州（今赵县）柏林寺。汉字三截刻。此为第一截至元三十年（1293）。第二截元贞二年（1296）见（35），第三截皇庆元年（1312）见（61）。均为禁约公告圣旨。碑阴宣政院公文体劄付。《赵州石刻全录》收录此碑全文。《集录》原借陈垣先生藏拓校录。拓本今归国家图书馆收藏。

注释：

①此句原为圣旨标题，"里"字刻石误衍。

②"皇帝圣旨里"之"皇帝"译自蒙古语 qaan，为太宗窝阔台专称，非泛称。音译"哈罕"。

③赵州柏林寺系依东汉古寺观音院改建为禅寺。晚唐时期，禅宗南宗创始

人慧能的五世法孙从谂住持此寺，成为南宗的北方基地。从谂法号"真际"，寺内原存真际禅师塔，有铭记其事。民国二十八年（1939）修《赵县志·坛庙门》称"柏林寺在州城东门内路北，咸丰三年毁"。同书"古迹一览表"称墙垣圮毁，殿宇犹存。

④蛇儿年应是元世祖至元三十年癸巳（1293）。是年二月世祖去上都，九月返回。七月适在上都。

赵州柏林寺圣旨碑（33、35、61）

34. 荥阳洞林大觉寺碑

——成宗圣旨（1295年）

长生天气力里、大福荫护助里皇帝圣旨：

军官人每根底、军人每根底，城子里达鲁花赤、官人每根底，来往使臣每根底，宣谕的圣旨：

成吉思皇帝、月古歹皇帝、先皇帝圣旨里，和尚每、也里可温每、先生每，不拣甚么差发休当，告天祝寿者么道有来[①]。

如今依着在先圣旨体例里，不拣甚么差发休当，告天祝寿者么道。属雪堂总统[②]的郑州大觉禅寺住持的玮长老、祥提点、福监寺、璨监寺[③]，这的每四个根底，执把行的圣旨与了也。

这的每寺院房舍里，使臣休下者。铺马祗应休要者。地税商税休与者。但属专家的水土、园林、碾磨、店、铺席、浴堂、解典库，不拣甚么物体，官每的休扯拽夺要者。

更，这和尚每有圣旨么道，没体例的勾当休做者。做呵，他每不怕那甚么。

圣旨俺的。

羊儿年正月二十七日[④]，大都有时分写来。

题解：

碑在郑州市荥阳县贾峪镇，今存。近刊《荥阳文物志》（中州古籍出版社出版）所收碑目著录。碑文五截刻，此圣旨在第一截，署羊儿年（成宗元贞元年乙未，1295）。第二截为仁宗皇庆元年壬子圣旨。第三截右为皇太后懿旨，左为帝师法旨。第四截右为武宗至大二年壬子仁宗即位前令旨，左为晋王令旨。第五截右为仁宗延祐元年晋王令旨，左为小薛大王令旨。一碑之上，汇刻三朝八旨，甚为少见。八件文书均为汉语译文，无蒙文原文。碑阴为洞林大觉寺刻书的序言及官员僧众题名。至正二年（1342）立石。

《金石萃编补正》卷四收录此碑五截全文，但误记为洞林寺藏经记碑之碑阴。当是据拓本编录，导致误植。《荥阳文物志》碑目已改正。《补正》所录文字自"寺院房舍"以下漏六行。今据荥阳市文物保护管理所藏拓本校补。

注释：
①此处引据圣旨文字是成宗即位后新颁的护持宗教圣旨。《元典章》礼部卷六收录至元三十一年（1294）五月十六日中书省钦奉圣旨节文，与本碑节录的圣旨文字完全相同，同是一旨无疑，参见《集释》[4]碑注。元世祖卒于至元三十一年正月，四月十四日甲午成宗颁诏即位，五月初七日戊午奉上庙号世祖，蒙语谥号薛禅。翰林院拟写此旨应在奉上庙号之前，依即位诏书的书例称"先皇帝"。

②"雪堂总统"见李谦撰《洞林寺藏经记碑铭》，《金石萃编补正》卷四收入。名普仁，字仲山，原为许昌张氏。幼年出家，修临济宗，为临济宗十八世传人，自号雪堂。《藏经记》称为佛慧圆鉴雪堂大禅师。又称："诸方同派法属倾仰依向。若京师之开泰、大名之临济、汴梁之慧安、嵩阴之罗汉、丰州之法藏、洛阳之发祥、潞邑之胜觉、京兆之开元、西京之护国、郑州之洞林，皆礼请住持，书疏迭至，辄忻然受之。"雪堂一人统领同派十寺，被奉为临济宗师。又见《金石萃编补正》卷四所收洞林刻书序诸文。《藏经记》又记："至元三十年诏授江淮福建隆兴等处释教总统，力辞不就。"大约只是加授称号，并无实任。此后即被称为"雪堂总统"。所谓"属雪堂总统的"寺院，即所统临济宗十寺。

③大觉禅寺全称为洞林大觉禅寺。临济宗出于禅宗，故称禅寺。"长老"为住持僧之尊称，"提点"为职名，"监寺"即寺主，地位次于长老。荥阳洞林大觉禅寺为临济宗之大寺。第一代宗师西堂宝公，金大定间名重一时，至雪堂为第五代。雪堂住持十寺，洞林寺由四寺僧以不同名义共同管理。寺院经画，向雪堂禀报（关白）。碑中所称给与收执的圣旨，当即前注五月十六日中书奉到的护持圣旨，传送到寺，又经过一段时日。

④此羊儿年为成宗元贞元年乙未（1295）。署正月二十七日，在上年授予护持圣旨数月之后，复颁这道禁约骚扰的公告圣旨，当是基于寺僧的申请。碑文年月旁有"宝"字，以示原有御玺，遵制不刻。元世祖时定制，碑上不得镌宝，见《元典章》礼部六杂例。

荥阳洞林大觉寺碑全拓

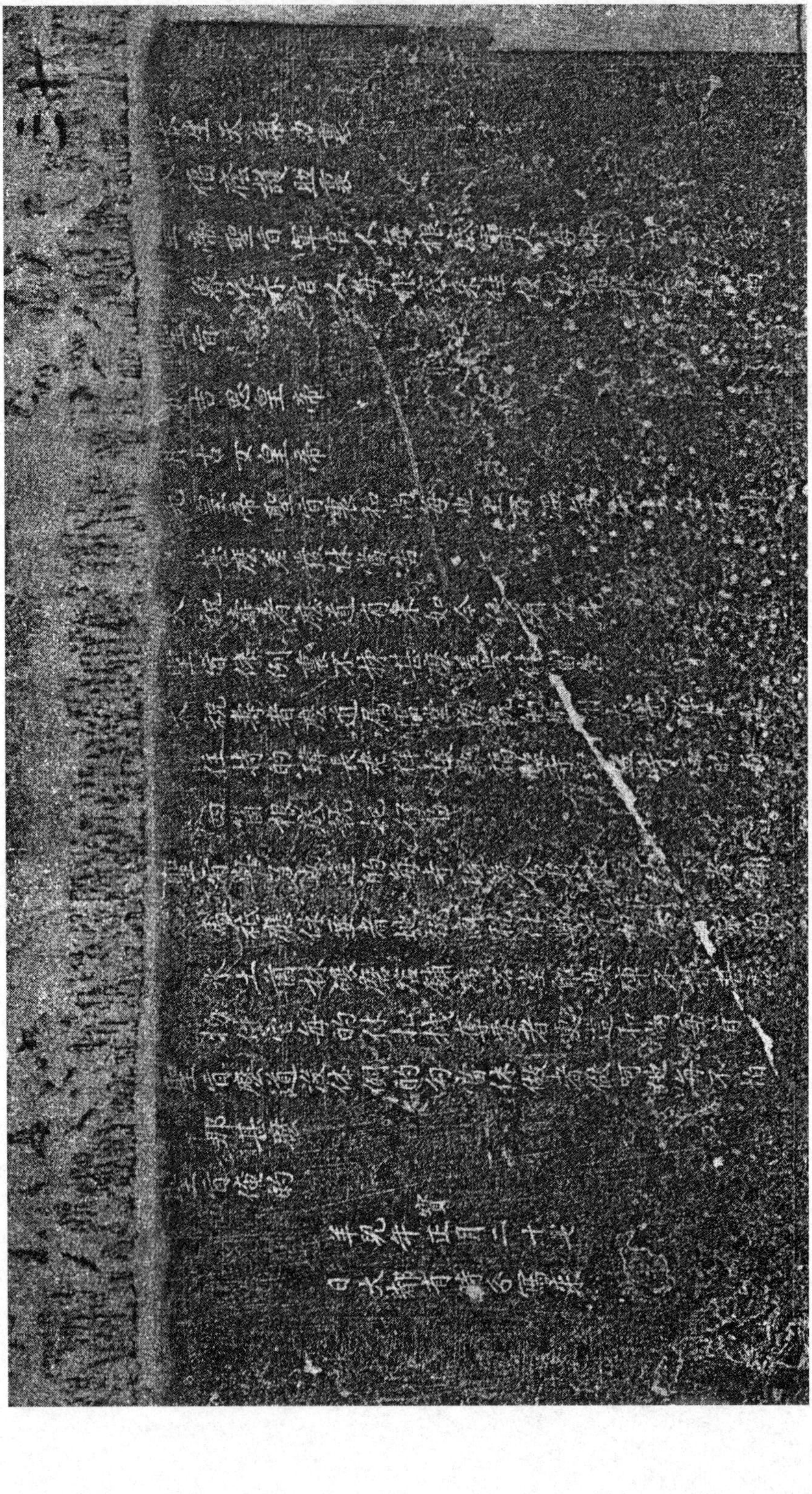

荥阳洞林大觉寺碑第一截（34）

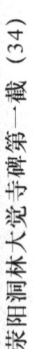

35. 赵州柏林寺圣旨碑

——成宗圣旨（1296年）

长生天气力里、大福荫护助里皇帝圣旨：

军官每根底，军人每根底，城子里达鲁花赤、官人每根底，往来使臣每根底，宣谕的圣旨：

成吉思皇帝、月阔歹皇帝底、薛禅皇帝圣旨里[①]："和尚每、也里可温、先生每，不拣甚么差发不着者，告天祈福祝寿者。"么道有来。

如今呵，依着在先圣旨体例，不拣甚么差发休着者，告天祈福祝寿者么道。属真定路里的赵州有底但属柏林禅寺里住底圆明普照月溪大禅师元朗长老根底，执把着行底圣旨与了也。

这底每寺院里他底房舍每，使臣每休安下者。铺马祗应休当者。税粮休与者。但属寺家底田地、水土、葡萄园林、磨房、堂子每、解典、店铺，他底不拣甚么休夺要者[②]。

更，这圆明普照月溪大禅师元朗长老有圣旨么道，无体例勾当休做者。做呵，他不怕那。

圣旨俺的。

猴儿年二月十五日，戏出秃打有时分写来[③]。

题解：

与（33）同刻一碑，在第二截。

注释：

①薛禅，元世祖谥号。元朝历代循例颁发寺观护持圣旨，减免差发，为皇帝祈福。皇帝去世，皇权易代，则需换授新旨，将已故皇帝谥号补入称引前帝之列，形成惯例。至元三十一年（1294）四月成宗即位，五月初颁护持圣旨，称"先皇帝"，见（34）碑。此禁约公告写于元贞二年（1296）二月，补入元世祖谥号。

②磨房为寺院经营的产业，八思巴字蒙文作 terimed，上截圣旨译为"碾磨"，此译磨房，更为确切。"堂子"系浴堂的俗称，"解典"为解典库的简称，"店铺"为店舍铺席之省。本碑第三截皇庆元年（1312）禁约公告圣旨（61）用全称，作"浴堂、解典库、店舍、铺席"。此旨在前旨（33）园林之前多出"葡萄"二字。园林系译自源于波斯语的蒙古语汇 bag。《华夷译语》释"巴黑"为"园"。此处"葡萄园林"当指寺庙经营的葡萄园产业而非园林别业，标明"葡萄"以示区别。

③此猴儿年为成宗元贞二年丙申（1296），戏出秃打所在地不详。《元史·成宗纪》是年二月并无成宗远行的纪录，戏出秃打或在京畿某地。

36. 彰德上清正一宫圣旨碑

——世祖圣旨（1260 年）

长生天底气力里皇帝圣旨，道与随州城县镇村寨达鲁花赤每，大小官员每，去的来的使臣每①：

已先底圣旨里："脱因②、也里克温、先生、答失蛮，不拣那个，大小差发休着者，天根底祷告祈福祝愿者。"道来的圣旨体例里，彰德府咱每的上清正一宫有的李大师为头先生每根前③，太上老君的道子休别了者，告天与咱每祝愿祈福者。为这般上头，把着行踏的圣旨与来。

这先生每的宫观房子里是他每的，使臣休下者。铺头口祗应休要者。地税商税休与者。这的每田地水土，不拣是么东西，拣那阿谁休倚气力夺要者④。这的每休道有圣旨御宝呵，俺每圣旨根底别个底没体例勾当休做者⑤，做呵，更不怕那甚么。

圣旨俺每的。

猴儿年六月十四日，开平府有的时分写来⑥。

题解：

碑在元彰德府，今河南安阳。《安阳金石录》卷九收录，称"碑在今西关白龙王庙"。冯书据录。上清正一宫为太一道宫观。《元史·释老传》："太一教者，始金天眷中，道士萧抱珍传太一三元法箓之术，因名其教曰太一。"陈垣《南宋初河北新道教考》有专篇考述。碑分四截，第一截中统元年猴儿年六月汉译圣旨。第二截至元九年猴儿年汉译圣旨。第三截至元二十二年鸡儿年汉译圣旨。均为白话汉语。第四截大德三年汉文骈体圣旨。《集录》原收录三通白话圣旨，拟订年代沿袭冯书之误，今为改正，编序仍旧。据北大藏柳风堂拓本及沙畹拓影校录。

注释：

①元世祖忽必烈于中统元年（1260）四月在开平宣告即位，五月建元中

统。此圣旨颁于当年六月。皇权初建，诸事未备。汉译圣旨尚无定例，遣词用句与后来汉译多有不同。

②此碑只刊汉译，无蒙文原文。"脱因"是蒙古语的汉语借词"道人"的别译，指佛教教徒。意译为"和尚"，音译还原为"脱因"，以免与"道士"（先生）混误。

③李大师当是太一道五祖李居寿。王恽《秋涧先生大全文集》卷四七《太一五祖演化贞常真人行状》记其生平。卫州汲县人。宪宗二年壬子（1252），随其师四祖中和真人萧辅道往见忽必烈，请传嗣为五祖，赐号贞常大师。其年冬，承嗣。中统元年（1260）九月，诏赴阙下，赐号太一演化贞常真人。此碑圣旨颁于中统元年六月，故仍称大师。他并非上清正一宫的住持，而是太一掌教。"李大师为头儿先生每"乃泛称此宫道士。此时似尚无敕命的住持。下文只称"这的每"，不著名氏。

④"铺头口"即铺马。"是么"即"甚么"。"拣那阿谁"即不管是谁。

⑤此句译文与后来不同，意为：违背圣旨的不法之事不要做。

⑥开平府在桓州东滦水北，今内蒙古正蓝旗。宪宗六年丙辰（1256）忽必烈命刘秉忠在此建开平府城，营建宫室为藩府。中统四年（1263）升开平府为上都。此旨猴儿年为中统元年（1260）庚申，李大师称号与开平府名号均可为证。《元史·世祖纪》中统元年七月"帝自将讨阿里不哥"，六月仍在开平。

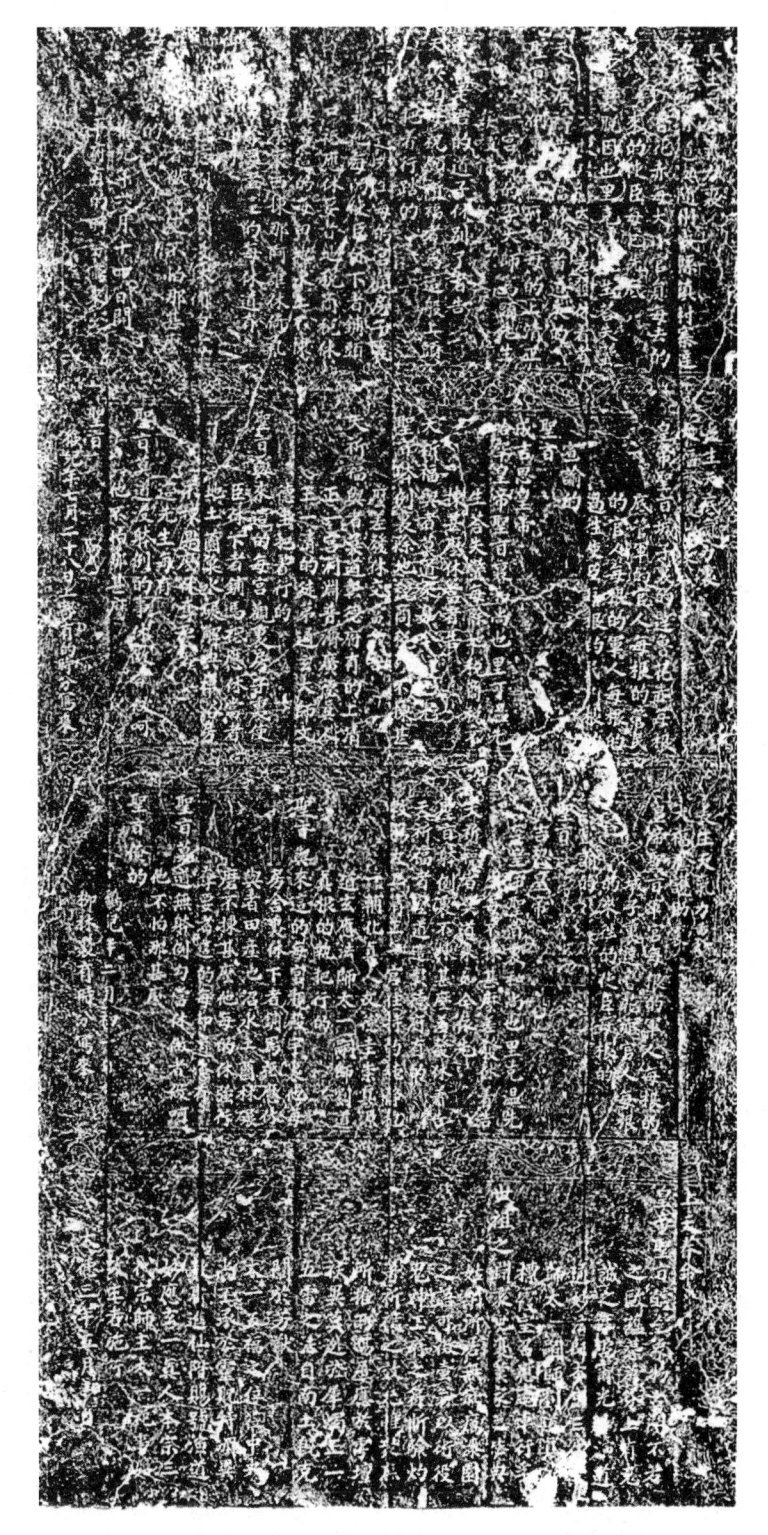

彰德上清正一宫圣旨碑（36、37、39）

37. 彰德上清正一宫圣旨碑
——世祖圣旨（1272年）

长生天底气力里、大福荫护助里皇帝圣旨：

城子里的达鲁花赤每根底，管军的官人每根的，管民的官人每根的，军人每根的，过往使臣每根的，民户根的宣谕的圣旨①：

成吉思皇帝、哈罕皇帝圣旨里："和尚、也里可温、先生、答失蛮每，除地税商税，不拣甚么休当者。告天祈福与者。"莫道来。

如今依在先圣旨体例里，除地税商税，不拣甚么差发休交当者，告天祈福与者，莫道②。彰德府有的上清正一宫洞渊普济广德真人王一清的徒弟通玄大师文德圭③，把着行的圣旨与来。

这的每宫观里房子里，使臣休下者，铺马祗应休当者。地土、园果、水碾、解典库、浴房，不拣是么休夺要者。这先生每有圣旨莫道，没体例的事休做者。做呵，他不怕那甚么。

圣旨。

猴儿年七月二十八日，上都有的时分写来④。

题解：

圣旨碑文与（36）同刊一石，此在第二截。

注释：

①"根的"即"根底"，碑文中两种写法并用。

②此汉译圣旨两见"除地税商税"，是对蒙文原旨的忠实汉译。《通制条格》卷二十九载太宗元年（1229）己丑年十一月条画："其僧道种田作营运者，依例出纳地税商税，其余杂泛科差并行免放。"世祖中统五年（1264）正月中书省奏准，重申此意。本书（23）至元十三年（1276）龙门建极宫碑蒙文令旨，汉译将除地税商税之"除"字删除以避税。太一道此旨系如实刻石。文中"莫道"即么道，俗写。

③王一清见王博文撰《创建开平府祭告济渎记》,《道家金石略》第865页收录。内称"岁丙辰（蒙哥六年1256）诏开府于岭北滦水之阳"。"遂命上清大洞法师王一清作醮五昼夜，昭告上帝"。复命一清祭五岳四渎。忽必烈南征，驻军鄂州（今湖北武汉），曾命王一清去信州（今江西上饶）与正一道天师会晤。返回武昌，被宋军杀害。此碑改称上清大洞法师为"洞渊普济广德真人"，当是元朝初年追赠。碑文圣旨指明上清正一宫住持文德圭是王一清的徒弟，表明这一宫观属于太一道同一宗系。

④圣旨末署"猴儿年"应为至元九年（1272）壬申。《元史·世祖纪》至元九年（1272）八月己巳（二十日）"车驾至自上都"。此旨写于七月二十八日，世祖时在上都。文中说明已颁给上清正一宫通玄大师文德圭护持圣旨，故又有此宣谕官员人等的圣旨，禁约骚扰。

38. 周至太清宗圣宫圣旨碑

——成宗圣旨（1296年）

长生天气力里、大福荫护助里皇帝圣旨：

军官每根底，军人每根底，城子里达鲁花赤、官人每根底，往来的使臣每根底宣谕的圣旨：

成吉思皇帝、月古台皇帝、薛禅皇帝圣旨里："和尚、也里可温、先生每，不拣甚么差发休当，告天祝寿者。"么道有来。

如今依在先圣旨体例里，不拣甚么差发休当，告天祝寿者，么道。安西路盩厔县终南山有的道祖古楼观①太清宗圣宫里住持的本宗提点葆真大师赵志元、明德大师李志元②，提举显真葆和大师［张道进］③这先生每根底，钦赍（?）行的圣旨与了也。

这的每宫观房舍里，使臣每休安下者。铺马祗应休拿者、税粮休与者。属这的每宫观里的庄田、地土、园林、水磨、浴堂、解典库、店铺、船只、竹苇、醋麹货，不拣甚么他每的，休夺要者。不拣谁休倚气力者。

这先生每有圣旨么道，没体例的勾当休做者。做呵，他每不怕那。

圣旨。

元贞二年猴儿年④十一月初七日，大都有时分写来。

题解：

宗圣宫在今陕西周至楼观，尚存古迹，碑已不存。《金石萃编未刻稿》收录碑石全文，题"大元玺书"。三截刻，成宗、仁宗、文宗禁约圣旨三道，文字多有缺失。近年陕西省古籍整理办公室刊王忠信编《楼观台道教碑石》不见此碑，附录"佚碑存文"也未收入。不知金石家是否仍有拓本收藏，有待寻访。此文为第一截成宗元贞二年（1296）圣旨，据《未刻稿》过录，参据楼观有关刻石校注。

注释：

①古楼观，道教传为老子传经之处，奉为道祖圣地。中统四年（1263）

《大元重修古楼观宗圣宫记碑铭》略称：唐高祖武德三年（620）诏改楼观为宗圣观。宋端拱元年（988）赐观额曰顺天兴国之观。原属道教正一宗派。金元之际废毁。全真道掌教尹志平、李志柔等倡导重修，遂为全真道观。"中统元年夏六月，以朝命易观为宫，仍旧宗圣之名"（《楼观台道教碑石》第120页）。

②本宫住持赵志玄，又见此前至元三十年（1293）立石的《楼观先师传碑》立石人"提点赵志玄"。此后大德四年《重建会灵观记》见"宗主提点赵公志玄"。《未刻稿》"玄"字作"元"，当系避清圣祖讳而改作，今未还原。李志元亦见《楼观先师传碑》立石人"知宫李志元"。此后又见大德七年《大元重建文始殿记》立石署名仍称"知宫"。俱见《楼观台道教碑石》。

③李志元以次的另一住持，《未刻稿》所据碑拓姓名磨损，只拟一"这"字。检此碑第三截1330年文宗至顺圣旨见"显真葆和纯静大师提举张道进"。称号相同应是一人，据以拟补。

④此碑三旨纪年均先署年号纪年，后署生肖，当是沿用汉文年号纪年附署干支之书例，改干支为生肖，与前此诸碑不同。

39. 彰德上清正一宫圣旨碑

——世祖圣旨（1285年）

长生天气力里、大福荫护助里皇帝圣旨：

军官每根的，军人每根的，城子里达鲁花赤、官人每根的，来往的使臣每根的宣谕的圣旨：

成吉思皇帝、哈罕皇帝圣旨里："和尚、也里克温、先生每，不拣甚么差发休着①，告天祈福者。"莫道来。如今依先圣旨体例里，不拣甚么差发休着，告天祈福者，么道。这彰德府有的敕赐大上清正一宫住持的纯静抱一辅化真人文德圭②、崇真源道玄应法师太一嗣师刘道真根的③执把行的圣旨与来。

这的每宫观殿宇里，他每房舍里休下者，铺马祗应休与者，田产、池沼④、水土、园林、碾磨，不拣甚么他每的休强行夺要者。这的每却道俺有圣旨莫道，无体例勾当休做者。做呵，他不怕那甚么。

圣旨俺的。

鸡儿年二月初一日，柳林里有时分写来。⑤

题解：

此禁约圣旨与（36）（37）合刻一石，在第三截。

注释：

①"不拣甚么差发休着"只免差发，不包括地税商税在内，符合成吉思皇帝和哈罕皇帝圣旨原意。

②文德圭其人曾见（37）第二截圣旨，称"王一清的徒弟通玄大师"，继为本宫住持。此旨称"纯静抱一辅化真人"，当是加赐封号。

③刘道真见《元史·世祖纪》至元十八年（1281）十一月乙亥"召法师刘道真，问祠太乙法"。《元史》载至元二十年（1283）、二十一年（1284）两次祭祀太一，似即由刘道真主持。此碑至元二十二年（1285）圣旨仍称法师，加"崇真源道玄应"称号。列于真人文德圭之次同为住持，又称"太一嗣

师"。本碑第四截为大德三年（1299）五月加封刘道真的圣旨，"赐号演道妙应玄一真人，本宗三代宗师，主太一祀事如故"。学者或以"本宗三代宗师"为费解。我意"本宗"非指太一道，而是指上清正一宫这一宗支。王一清、文德圭、刘道真是为三代，长于符箓祀事，奉李大师（居寿）为头儿。王一清、刘道真得元世祖倚重，独树一帜，名垂一时。本碑的四道圣旨反映出太一道元初四十年间的发展脉络。

④"池沼"不见于其他寺观的护持圣旨，当是上清正一宫特有的产业，故为列入。

⑤此鸡儿年当为至元二十二年（1285）乙酉。《元史·世祖纪》至元二十二年"二月乙巳，驻跸柳林"。陈垣《二十史朔闰表》订是年二月初一朔日为甲辰。本纪作"乙巳"当是源于《实录》的次日记录。柳林在今北京市通州南，是大都近畿元帝游猎之所。至元十七年（1280）十月设营田提举司，十八年（1281）二月"辛未车驾幸柳林"，"丙申车驾还宫"，俱见《元史·世祖纪》。《日下旧闻考》卷一一〇谓："柳林在郭县（今通州郭县镇）西，元时行宫遗址无考。"

40. 邹县孟庙文书碑
——断事官劄付（1237年）

皇帝圣旨里札鲁火赤①也可那演胡都虎②、斡鲁不③、众札鲁火赤那演言语：

今准袭封衍圣公孔［元］措申④，曲阜县见有宣圣祖庙，其亚圣子孙历代并免差发，目今兖国公后见有子孙八家，邹国公后见有子孙二家事⑤。除已行下东平府照会⑥，是亚圣之后，仰依僧道一体蠲免差发去讫，并不得夹带他族。仰各家子孙准上照会施行。奉到如此。

右劄付亚圣兖国公、邹国公之后子孙。准此。

劄付兖国公、邹国公子孙事。

丁酉年十二月二十六日⑦。

题解：

本碑上下两截刻。上截本文为札鲁火赤断事官的劄付，署丁酉年一月，考为元太宗九年（1237），原订年代有误，应予改正。下截为户部关文，见本书（68），署延祐元年（1314）十月。至顺二年（1331）立石。下截关文准免孟子后人地税，是此碑的主体。上截刻入太宗时代免除差发的劄付，以为依据。

碑在邹县孟庙，原误为曲阜文庙，现予改订。《缪目》卷十六著录，题为"蠲免亚圣后差发劄付"，"在邹县本庙"。又见光绪《邹县续志》卷十金石志下。此碑现存，邹城市文物局藏有拓本，底部略有损失。参据艺风堂旧拓校录。

注释：

①札鲁火赤又译札鲁忽赤、札鲁花赤。《元朝秘史》卷八记成吉思汗建国委付失吉忽秃忽为"古儿迭额列因札儿忽"，旁译"普上的断事"。《元史·百官志三》："初未有官制，首置断事官曰札鲁忽赤，会决庶务。"元朝建立中书之前，札鲁忽赤总管民事、财政、司法等多项事务，大断事官近似大总管。

②胡都虎即《元朝秘史》之失吉忽秃忽，又译胡土虎、忽都虎，原为塔塔儿部人，幼时被成吉思汗母诃额仑收为养子，随成吉思汗征战有功。太宗灭金，任为中州断事官札鲁火赤总管汉地户口赋税及司法等事，汉人称为"胡丞相"。故请免差发需向他申请。"也可那演"蒙古语"大官"，为荣显称号，汉语文献又作"大官人"。

③斡鲁不，列于众札鲁火赤之前，地位仅次于胡都虎。宪宗即位，忽必烈领治汉地，曾遣斡鲁不往燕京抚谕军民，充燕京行尚书省事，见《元史·宪宗纪》。

④孔元措，孔子五十一代孙，《金史》卷一五孔璠传附记元措事。金承安二年（1197）正月"诏元措兼曲阜县令，仍世袭"。后入朝任事，职太常卿。蒙古太宗六年（1234）灭金。耶律楚材奏准元措回曲阜袭封衍圣公，管理孔林宣庙事。故有此申请。

⑤宣圣祖庙，汉平帝追封孔子为"褒成宣尼公"，后世因称孔子为"宣圣"。汉代以来，对不足以称"圣"者，习称"亚圣"，不是封号，也不是专称。唐玄宗开元二十七年（739）加封孔子为文宣王，颜回为兖国公。宋神宗元丰六年（1083）追封孟子邹国公。均称"亚圣"。

⑥东平府为宋金旧制。蒙古太祖十五年（1220），东平严实降蒙，领州县五十四。曲阜原为兖州领县，属济州。太宗七年（1235）割属东平府，具见《元史·地理志》。此劄付写于太宗九年丁酉（1237），故行下东平府照会。

⑦丁酉年为太宗九年（1237），碑文中人物事实均可为证。下截末署至顺二年（1331）十月立石，距丁酉年已近百年，是将旧文重刻，借以自重。

邹县孟庙文书碑（40、68）

41. 灵寿祁林院碑

——成宗圣旨（1298年）

　　长生天气力里、大福荫护助里皇帝圣旨①：

　　管军的官人每根底，军人每根底，城子里达鲁花赤、官人每根底，来往行的使臣每根底，宣谕的圣旨：

　　成吉思皇帝、月古歹皇帝、薛禅皇帝圣旨里："和尚每、也里可温、先生每，不拣那里系官差发休交出者，只交拜天祈福祝寿者。"么道。五台山里有大寿宁寺里②，花严顺吉祥为头儿③和尚执把行的圣旨与来。

　　这的每寺院里房舍里，使臣休安下者。铺马祗应休与者，仓粮商税休与者。大寿宁寺但属他每的，大明川寨头村里有的祁林院三尊佛为头儿的下院④，田地，水例、园林、碾磨、店舍、铺席、浴堂、解典库他每的，不拣甚么呵，遮么是谁休倚气力夺要者么道。

　　这和尚每倚着圣旨么道，没体例勾当休做。做呵，他每不怕那甚么。

　　圣旨俺的。

　　狗儿大德壹年春二月二十七日，大都有的时分写来⑤。

题解：

　　碑在河北省灵寿县。额题"皇帝圣旨碑、皇太后懿旨、皇后懿旨、帝师法旨"共十八字。四旨俱为汉语白话译文，无蒙文、藏文原文。内容基本一致，都是保护祁林院的禁约公告。合刻一石，大德六年（1302）二月立石。清沈涛纂《常山贞石志》卷十七全文收录，附有说明。今据河北省文物局所藏碑拓校录。碑文四旨自右向左直行排序，其例罕见。

注释：

　　①此系大德二年（1298）二月二十七日发布的元成宗圣旨，较左方皇太后懿旨仅差二日，内容基本相同。当是皇太后颁发懿旨前以皇帝名义颁发此旨。

②大寿宁寺系五台古寺。元沙门明亮撰《祁林院历代圣主恩慧抚护碑铭》："所谓清凉山者即今之五台也。中台之下有古名刹,扁曰寿宁,其寺始于高齐,中罹兵火,悉成煨烬。""合罕皇帝登于寰极,普雨大师受圣旨,抚护山门。"寿宁寺重建,渐变旧观,下院祁林院庄田种收粟物,供送寿宁上寺。

③据前引"碑铭",花严顺吉祥幼习华严经,世称"华严菩萨",住持寿宁寺。元世祖至元间因僧众不睦,发生田地纠纷。大德元年(1297)丁酉十月,皇太后召见入宫,乘间诉告。皇太后颁懿旨,遣使至真定府僧录司开读,将灵寿县大明川三尊佛祁林院一宗田地,尽行分付与五台山寿宁寺为主,见《祁林院碑记》(《常山贞石志》卷十六)。

④祈林院即祁林院,旧名幽居寺,又名祇林院、祁林寺。在灵寿县祁林山下大明川。康熙《灵寿县志》地理卷称:"北齐赵郡王高睿历选太行胜概,得朱山之阳,建祁林寺。齐亡寺亦荒废。"前引沈志《祁林院碑记》注云:所云三尊佛者,当因北齐赵郡王高睿所造释迦像、无量寿像、阿閦(音 chu,佛名)像得名。殿后毁于火,元初重修,三尊古佛是祁林院特有的圣迹。

⑤狗儿年为大德二年戊戌(1298)。蒙古以辰属纪年。碑文"大德壹"三字当系译者补入,干支推算有误。

灵寿祁林院碑上部（41、42、45、47）

灵寿祁林院碑下部（41、42、45、47）

42. 灵寿祁林院碑

——皇太后懿旨（1298年）

长生天气力里、皇帝福荫里皇太后懿旨①：

军官每根底，军人每根底，城子里达鲁花赤、官人每根底，过往使臣根底，众百姓每根底，宣谕的懿旨：

皇帝圣旨里："和尚，也里可温、先生，不拣甚么差发休着者，告天祝寿有。"道来。圣旨体例里，不拣甚么差发休着者，告天祝寿者有，么道。五台山里有的大寿宁寺里住持的花严顺吉祥，执把行的懿旨与了也②。

这的每寺院里房舍里，使臣休安下者。铺马祗应休拿者。税粮休与者。但属寿宁寺的大明川有的三尊佛祁林院为头儿下院，田地、水土、园林、碾磨、店舍、铺席、浴堂、解典库，不拣甚么物件他每的休夺要者。

这的每更有懿旨么道，无体例勾当休做者。做呵，他每更不怕那甚么。

懿旨俺的。

狗儿大德壹年春二月二十九日③，大都有的时分写来。

题解：

懿旨刊于（41）成宗圣旨左方。

注释：

①皇太后即裕宗真金裕圣皇后伯蓝也怯赤，成宗铁穆耳之生母。成宗即位，奉上尊称皇太后。元贞元年（1295）为皇太后建佛寺于五台山，大德元年（1297）三月建成。此后曾三次宣召五台山大寿宁寺住持顺吉祥入内，十月发布懿旨将祁林院一宗田地给与大寿宁寺，已见（41）碑注。随后又向大寿宁寺颁发护持懿旨和这篇保护祁林院禁约骚扰的公告懿旨。

②此句表明，在此以前已颁给大寿宁寺护持懿旨。右方皇帝圣旨称依照先帝旨意，皇太后懿旨则需称依照当今皇帝旨意，故须在圣旨之后颁发。

③原文大德壹年，与前文圣旨同为大德二年（1298）之误。二月二十九日较圣旨晚两日。

43. 林州宝严寺碑

——成宗圣旨（1298 年）

长生天气力里、大福荫护助里皇帝圣旨：①

军官每根底，军人每根底，城子里达鲁花赤、官人每根底，往来使臣每根底，宣谕的圣旨：

成吉思皇帝、月古䚟皇帝、薛禅皇帝圣旨里：和尚、也里可温、先生，不拣甚差发休着者，告天祝寿者道［有］来。

如今依着在先圣旨体例里，［不］拣甚［么］差发休着者，告天祝寿者么道。林州［里］有的宝严禅寺、太平禅寺里住持［玉峰］茂长老根底②，执着行的圣旨与了也。

这的每寺院房舍里，使臣每休安下者。铺马衹应休拿要者。税粮商税休与者。但属寺家有的地土、园林、碾磨、店、铺席、浴堂、解典库，不拣甚么的休夺要［者］。

更这玉峰茂长老有圣旨么道，无体例的［勾］当休做［者］。做呵，他更不怕那。

圣旨俺的。

狗儿年三月初三日，七十个井儿有时分写来③。

题解：

此碑原在河南安阳林州岬峪宝严寺废址，今已不存。据北京大学藏艺风堂旧藏拓本收录。三截刻。第一截世祖中统二年（1261）圣旨，见本书（21）。第二截八思巴字蒙古文成宗大德二年（1298）圣旨。见《集释》［6］。本文在第三截，汉字直译。碑阴为禁约榜及僧众题名。仁宗延祐三年（1316）立石。本文间有剥蚀，据第二截蒙文原文，在［　］内拟补。

注释：

①此禁约圣旨写于成宗大德二年戊戌（1298）。在此以前，世祖中统二年

（1261），已有颁给宝严禅寺的护持圣旨和禁约公告。成宗即位，皇权递嬗，住持僧人易人，故又颁此旨，补入薛禅皇帝谥号，改写僧名。

②林州，至元二年（1265）改为林虑县，六年（1269）又称为林州。宝严寺又称岄峪寺，为北齐古寺。金大定年间禅宗曹洞宗僧人宝公，改建为禅寺。蒙古太宗时重修。由勋公禅师住持，日渐兴盛。有《大朝第一代勋公禅师塔铭》记其事，见民国《重修林县志》。塔铭称勋公于宪宗七年丁巳（1257）卒于太平寺。旨中所称太平禅寺当是宝严寺的属寺。"玉峰茂长老"玉峰两字磨泐，据蒙文及下文补，其人为成宗时的住持。

③"七十个井儿"，八思巴字蒙文作"dalan bulag"，原意为七十个泉。音译答兰不剌，见《元典章》兵部五。"七十个井儿"未见记载。据《元史·成宗纪》成宗于大德二年（1298）二月乙酉（二十八日）启程赴上都，此旨写于三月初三日，为启程之第五日。

44. 平山永明寺碑
——成宗圣旨（1300年）

长生天气力里、大福荫护助里皇帝圣旨：

军官每根底，军人每根底，城子里达鲁花赤、官人每根底，来往使臣每根底，宣谕底圣旨：

成吉思皇帝、月古歹皇帝、薛禅皇帝圣旨里："和尚每、也里可温每、先生每，不拣甚么差发休交着与，告天祝寿者。"道来。

如今也，则依着在先圣旨体例里，不拣甚么差发休交着与①，告天祝寿者么道。真定路平山县慧日永明禅寺住持长老圆吉祥根底②护持的圣旨与了也③。他每的寺院房舍里，使臣休安下者。铺马祇应休拿者，商税地税休与者。但属寺家的水土、园林、碾磨、店、铺席、解典库、浴堂，不拣甚么他的休夺要者。

这长老圆吉祥道有圣旨，无体例的勾当休做者。做呵，他不怕那甚么。

圣旨俺的。

鼠儿年七月二十一日，上都有时分写来④。

题解：

今河北平山元代属真定路，永明寺全称慧日永明禅寺。碑上方刻禁约公告圣旨两道。右为大德四年鼠儿年（1300），左为至大四年猪儿年（1311）。下方刻"慧日永明禅寺第二代住持佛光普照大禅师云峰长老圆公道行之碑"。翰林国史院编修官孙世友撰文，翰林学士承旨致仕王思廉书丹。皇庆元年（1312）八月。道行碑上刊列圣旨以示荣显兼可保护。《集录》所收两白话圣旨原借陈垣先生藏拓过录。拓片今存国家图书馆，据影本校订。

注释：

①"如今也"又作"如今呵"，义同。"休交着与"，交同教，休着（承担）与休与（给与）并用。

②据下刻圆公道行之碑可知，永明寺经营于唐代，金元之际战乱后重建。临济宗二十代孙庆寿住持，以僧思圆承嗣。思圆即本碑之圆公，圣旨中之圆吉祥，系禅宗万松老人行秀之玄孙。碑记称大德庚子胆巴上师引进廷对称旨，特赐圣旨并授予帝师法旨护持本寺及所属寺院。

③"护持的圣旨与了也"即已授予护持圣旨。引述此事作为下文禁约骚扰的依据。元代各寺观此类公告圣旨多循此例。近人著述或将宣谕官军人等禁约骚扰的公告圣旨误解为授予僧道免减差发的护持圣旨，不免混淆。永明寺此旨直言"圆吉祥根底护持的圣旨与了也"，甚为明白。

④鼠儿年即大德四年庚子（1300），思圆廷对之年。道行碑所称"特赐圣旨"应即本碑引述"护持圣旨"。《元史·成宗纪》载是年八月庚子"车驾还大都"。

平山永明寺碑上部（44、58）

45. 灵寿祁林院碑

——皇后懿旨（1301年）

天地的气力里、皇帝福荫里皇后懿旨①：

管军的官人每根底，军人每根底，城子里达鲁花赤、官人每根底，来往行的使臣每根底，众百姓根底，宣谕的懿旨：

圣旨里："和尚每、也里可温、先生每，不拣甚么那里系官差发休着者，只交拜天祈福祝寿者。"么道。这的每如今依着圣旨体例里，不拣甚么系官差发休交出者，只交拜天祈福祝寿者，么道。五台山里有的大寿宁寺华严顺吉祥寺主②为头儿的和尚每，执把行的懿旨与来。

这的每寺子里房子里，使臣休安下者。铺马祗应休要者。仓粮商税休与者。但［属］寺家的下院，真定路大明川寨头村里有的三尊佛祁林院为头儿下院，各路里有的但属寿宁寺家的下院③，田地、水例、园林、碾磨、店舍、铺席、解典库、浴堂，拣那甚么，不拣阿谁休倚气力夺要者。

这的倚着懿旨么道，没体例勾当休做者。做呵，他每更不怕那甚么。

牛儿大德五年春三月十四日，叩列有的时分写来③。

题解：

皇后懿旨刊于灵寿祁林院碑圣旨（41）、皇太后懿旨（42）左方，据拓本与《常山贞石志》卷十七录文校录。

注释：

①此皇后是成宗后卜鲁罕，无谥号。《元史》卷一一四有传，略称"元贞初，立为皇后，大德三年十月授册宝。成宗多疾，后居中用事"。又称"大德之政，人称平允，皆后处决"。大德四年（1300）皇太后病死，生前发给大寿宁寺和祁林院的懿旨，依制度换授皇后懿旨。新旨内容基本上沿袭旧旨。译文有一些调整。

②皇后懿旨发给寿宁寺住持顺吉祥，"寺主"以下沈志录文作残文，细检

拓本，似刻石原有剥损，并无缺字。

③"各路里有的但属寿宁寺家的下院"是皇后懿旨新增，值得注意。上文已发的护持旨仍只发给寿宁寺，禁约骚扰则不限下院祁林院一处而扩大到寿宁寺所属各地的下院，这当是由于各地下院也因受到骚扰请求保护。

④"牛儿大德五年"生肖与年号并用，"牛儿"下不能无"年"字。依（41）（42）两文大德二年误作大德壹年之例，也当出于刻石译者。"叩列"系地名，地望无考。

46. 荥阳洞林大觉寺碑

——帝师法旨（1301年）

皇帝圣旨里帝师吃剌思巴斡节儿法旨[①]：

军官每根底，军人每根底，使臣每根底，城子里达鲁花赤、官人每根底，镇守每根底，通事每根底，站赤每根底[②]，来往科差的每根底，百姓每根底，教谕的法旨：

上位与了的圣旨体例里[③]，属雪堂总统的郑州大觉禅寺里住持的玮长老、祥提点、福监寺、璨监寺四个执把，告天祝寿住坐有。

寺院房舍里，使客休安下者[④]。差发、铺马祗应、税粮、商税休要者。属寺家田地、水土、园林、碾磨、店铺、浴堂、解典库，不拣甚么休争夺要者。休因而取要东西者。休倚气力者。交安稳住坐者[⑤]。么道。执把行的法旨与了也[⑥]。见了法旨，别了呵，追问者[⑦]。

这的每倚有法旨么道，无体例勾当休做者。

牛儿年三月十八日，大都大寺里有时分写来[⑧]。

题解：

此法旨刊于洞林大觉寺碑第三截左方。汉语译文译自藏文，原文未刊。《金石萃编补正》录文间有误字，据拓本校录。

注释：

①吃剌思巴斡节儿为西藏萨迦派八思巴的第四代传人，属萨迦派康萨饮波部松巴家族。《元史·世祖纪》至元二十八年（1291）十二月，"授吃剌思八斡节儿为帝师，统领诸国僧尼释教事"。成宗元贞元年（1295）赐玉印，文曰大元帝师统领诸国僧尼中兴释教之印，见《元史·释老传》。此印现存拉萨，八思巴字译写汉语。我曾有考释，收入《八思巴字碑刻文物集释》。关于此僧的事迹，参见陈庆英《雪域圣僧帝师八思巴传》附录二"八思巴以后的历任帝师"。

②"镇守每"指各地镇守官，蒙文汉译或作把军官，义同。"站赤"之站又作"蘸"，蒙古语音译，或谓出自波斯语 yam，或谓波斯语源于汉语"驿"，其说不一。驿站古已有之，为交通要道停息之所。元朝遍设于全国，供使臣往来，站设官员管理，括站户供役。"赤"是名词后缀，意为"人""者"。"站赤每"即管站的人们。《元史·兵志》站赤条称："元制站赤者，驿传之译名也。"此解出于明初修史汉人，释"站赤"为驿传制度的译名，并非确解。《永乐大典》站字有"站赤"一目，也视为站制。本碑法旨汉译"站赤每"。（71）碑第五截小薛大王令旨汉译"管站的每"。以站赤作为人称，是符合原意的直译。参见《元典章》兵部站赤、站官诸条。

③"上位"系藏传佛教僧人对世俗皇帝的称谓，并见（47）灵寿祁林院法旨。汉人公文也可用此称，见《元典章》。

④译自蒙文的圣旨，多译作"使臣"，源于音译"乙里只"。此法旨自藏文转译，作"使客"。

⑤"安稳"原碑作"安隐"，显然是刻石之误，今校改。

⑥"执把行的"，《金石萃编补正》误作"执把行者"，刻石不误，据拓本改。

⑦"追问"即追究。此句的意思是，见了法旨，如果违背，将要追究。帝师统领释教，有保护寺院不受骚扰之责，但无对官民治罪之权。故此处只称追问，不说罪过。

⑧"大都大寺"，曾见于藏文《萨迦世系史》，内称八思巴及后来的帝师在大都的住处为大都的大寺。藏语称"梅朵热哇"，意为"花苑"，见陈庆英前引书第 147 页。此大寺应即大都城西高粱河的大护国仁王寺，是八思巴在大都时修建。《元史·世祖纪》载至元七年（1270）十二月"建大护国仁王寺于高良河"。至元十一年（1274）三月"建大护国仁王寺成"，历时三年有余。"高良河大护国仁王寺"又见本书（50）长清灵岩寺碑法旨。

此牛儿年为大德五年辛丑（1301）。《元史·释老传》载帝师吃剌思巴斡节儿卒于大德七年（1303）可证。年月旁石刻"宝"字。

荥阳洞林大觉寺碑第三截（46）

47. 灵寿祁林院碑

——帝师法旨（1301年）

皇帝圣旨里吃剌厮巴斡节儿帝师法旨①：

军官、军人、断事官、使臣每，僧官每，本处官人根底，怯列麻赤②、收敛过往众百姓根底③晓谕：

上位与的圣旨体例里：五台山有的大寿宁寺住持的华严顺吉祥为头儿众和尚每告天，依体例坐地。这的每寺院房子里，差发、饮食、铺马、商税休要者。但属寿宁寺的下院，大明川寨头村祁林院三尊佛为头儿下院，水土、园林、碾磨等物，但属他每的休夺要者。休倚气力拿要。交他每的僧人安稳坐地者④，么道。执把的法旨与来。见了法旨，无体例做呵，俺不问那甚么。

这的每有法旨呵，不依体例勾当休做。

牛儿大德五年四月二十八日，五台山写来⑤。

虎儿大德六年二月初八日，住持华严僧立石⑥。

题解：

帝师法旨刊于此碑的左侧，是四旨中最后一旨，末署立石年月。

注释：

①吃剌厮巴斡节儿已见前荥阳洞林寺碑（46）注引《元史·世祖纪》至元二十八年（1291）十二月"授吃剌思八斡节儿为帝师，统领诸国僧尼释教事"。五台山寿宁寺属佛教华严宗，帝师因受命统领诸国释教，故颁此法旨。法旨原为藏文，汉语译文与译自蒙语的此类禁约文书遣词用字或有不同。

②怯列麻赤，又作怯里马赤，蒙古语音译，意译"通事"，即口头翻译，《至元译语》作"乞里觅赤：通事"。叶子奇《草木子》杂俎篇："立怯里马赤，盖译史也，以通华夷语言文字。"案元制"译史"系官方文书的译员，与"通事"是两种官职。《元史·百官志》蒙古翰林院有通事一人、译史一人。

③"收敛"一词译自藏语 sdud。长清灵岩寺法旨碑（50）刊有藏文原文

可证。藏语此字原有聚集、收聚等义。此句意为集聚的（聚居的）和过往的众百姓。

④此法旨，禁约骚扰，只列祁林院，无其他下院。"坐地"即住坐。

⑤荥阳洞林大觉寺碑（46）此帝师的法旨，大德五年牛儿年（1301）三月写于大都大寺。此碑法旨同年四月写于五台山。可知此僧此时去五台山巡视而有此法旨。

⑥此法旨与圣旨、懿旨合刻一石，列于碑末。生肖与年号并用，生肖均无年字，与此碑前三旨当出自同一译史。末署大德六年（1302）二月华严僧立石，不署名。

48. 河中栖岩寺圣旨碑（1302年）

　　长生天气力里、大福荫护助里皇帝圣旨：

　　管军官人每根底，军人每根底，管城子的达鲁花赤、官人每根底，过往使臣每根底，宣谕的圣旨：

　　成吉思皇帝、月哥台皇帝、薛禅皇帝圣旨里："和尚每、也里可温、先生每，不拣甚么差发休当者，告天祝寿者。"道来。

　　如今依在先圣旨体例里，不拣甚么差发休当，告天祝寿者么道。河中府有的栖岩寺里①住持的定长老②根底，钦赉着行的圣旨与了也③。

　　这每的寺院里房舍里，使臣每休安下者。铺马祗应休当者。税粮休与者。但属寺家的水土、园林、磨房、店舍、铺席、解典库、浴堂、竹园，不拣甚么他每根底休夺要者。

　　这定长老却倚着有圣旨么道，无体例的勾当休做者。若做呵，他不怕那甚么。

　　圣旨俺的。

　　虎儿年八月二十四日，上都有时分写来④。

　　　　　　　　大德九年二月二十五日监寺怀能立石。匠人古舜贺直刊。

题解：

　　元河中府治今山西永济县。栖岩寺在中条山。此碑为汉字译文，无蒙文。《山右石刻丛编》卷二十九全文收录。艺风堂有此拓本，今归北大图书馆。沙畹所得拓本刊于1908年《通报》。

注释：

　　①河中栖岩寺为禅宗古寺。成化《山西通志》卷五寺观志："栖岩寺，在蒲州（元河中府改置）东南二十里中条山后。周建德中敕建，初建号云居。""隋仁寿初改题延兴，后改今名。"寺中有至元十一年（1274）立石《重修十方栖岩寺之碑》，陈庚撰，王恽书，内称北魏时禅宗达摩老祖航海而来在北方

传法，北周时建此禅寺。金元之际毁于战火，元初重建（《成化通志》误为"至正"）。寺中立有达摩祖师石刻像。像赞作者署名栖岩老人可楫。

②定长老事迹不详。栖岩寺重建后首任住持为楫公即可楫，时在蒙古太宗五年（1233）。两年后病死，继任者为瑞峰钦公，名法钦。前引《成化通志》称寺内有"请钦长老住山石刻四片，陷壁间"。此四片请疏，《山右石刻丛编》俱全文收录，时在乃马真后执政四年乙巳（1245），同书又收有至元三十年（1293）五月劝请通公长老住持疏刻石，其人不详。定长老是他的后任。

③"钦赍着行的"即"执把着行的"雅译。钦赍即敬执，"行的"表示动作的持续。

④此虎儿年为大德六年壬寅（1302），是年四月成宗去上都，十月还大都。

河中栖岩寺圣旨碑（48）

49. 济源紫微宫圣旨碑（1304 年）

长生天气力里、大福荫护助里皇帝圣旨：

军官每根底、军人每根底，城子里达鲁花赤、官人每根底，来往使臣每根底，百姓每根底，宣谕的圣旨：

成吉思皇帝、月古歹皇帝、世祖皇帝圣旨里①："和尚每、也里可温每、先生每，不拣甚么差发休交着，告天祈福祝寿者。"说来。

如今依在前圣旨体例，不拣甚么差发休着，告天祈福祝寿者么道。怀孟路孟州济源县王屋天坛山十方大紫微宫清虚小有洞天里住持的提点体窥履真大师陈志忠为头先生每根底②，与了执把行的圣旨也。

这的每宫观内房舍里，使臣休安下者，铺马祇应休要，仓税休着者。但属这的每宫观里的，庄田、事产③、园果、碾磨、船只、竹园、林木、解典库、浴堂、铺席、店舍、醋酵麹货，不拣甚么差发休要者。不以是何人休使气力，但系他每的休夺要者。

若这先生每说有圣旨么道，无体例的勾当休做者。做呵。他每不怕那甚么。

圣旨。

大德八年六月初五日，上都有时分写来。

题解：

碑石今存。与（6）碑同在一地。汉语白话译文，无蒙文。《集录》原据艺风堂藏拓收录。今据河南省文物局拓本校订。

注释：

①"世祖皇帝"蒙文原文可以是蒙语谥号薛禅，也可以是音译庙号世祖。

②济源原属平阳路沁州，见（6）碑。宪宗时改属怀孟路孟州。世祖至元初王屋县并入济源。王屋天坛山小有洞天旧有清虚宫。宫观古迹二处卑隘，成宗时，宋德方再传弟子陈志忠等重加修建，迁道众居住修道。陈志忠，道号贞靖，世居绛阳。成宗赐号体窥履真大师住持天坛紫微宫清虚小有洞天，事见《道家金石略》收《清虚宫碑铭》拓本。

③事产即产业，或作事业、物业。

聖旨

長生天氣力裏
大福廕護助裏
皇帝聖旨軍官每根底軍人每根底城子裏達魯花赤官人每根底來往使臣每根底
百姓每根底宣諭的

聖旨俺和尚每也里可温每先生每不揀甚麼差發休交首告天祈福祝壽者麼道
成吉思皇帝
月古歹皇帝
世祖皇帝聖旨裏如今依在前
聖旨節該來俺甚麼差發休首告天祈福祝壽者麼道懷孟路孟州濟源縣玉屋天壇
山十方大紫微宮清虛小有洞天裏住持的提點履真大師陳志忠為頭
生每根底與了執把行的
聖旨有的每宮觀内房舍裏誰是休安下者鋪馬祗應休要倉稅休納典庫浴堂鋪席店舍酩醋邊
聖旨宣造的每宮觀裏的在的事產園林樹木解
聖旨體例裏使他每休奪要者不揀是何人休氣力但係他每的休等更者若這般
聖旨廝道有麼道無躱例的勾當休做者俺阿他每不怕那甚麼
聖旨賞不揀甚麼差發休者

大德八年三月初五日上都有時分寫來

济源紫微宫圣旨碑（49）

50. 长清灵岩寺法旨碑（1341 年）

皇帝圣旨里管着儿咸藏大元国师法旨里①：

军官每根底，军人每根底，断事官每根底，来往使臣每根底，管城子达鲁花赤、官人每根底，本地面官人每根底，来往收捡和尚、俗人、百姓每根底省谕的法旨②：

泰安州长清县大灵岩寺住坐的僧人定岩长老③，端与上位祝延圣寿，依体例里住坐者。在前但属寺家的田地、水土、园林、碾磨、店铺、解典库、浴堂、人口、头足等物，不拣是谁休倚气力夺要者。休谩昧欺付者。休推是故取问要东西者④。交他安稳住坐者。执把行的法旨与了也⑤。见了法旨，别了呵，依着圣旨体例里⑥，恁不怕那么么。

这的每有法旨么道，无体例的勾当休做者。

蛇儿年三月二十三日，高良河大护国仁王寺里有时分写来⑦。

题解：

碑在山东济南长清县灵岩寺，今存。诸家碑目多有著录。两截刻，上截为粗同体（tshugs-thug）藏文。下截为汉语白话体译文。沙畹曾将此拓本刊于《通报》（Tung Pao），未能识读。王尧教授将藏文碑文逐字旁译并加注释刊于《文物》1981 年第 11 期。法旨蛇儿年，沙畹拟为 1341 年，冯书订为大德九年（1305），王尧仍考为至正元年辛巳（1341）。今改从王说，编序仍旧。

注释：

① "管着儿咸藏"为藏语僧名的音译。王尧云："意译为宝幢。藏文本《释迦世系史》《法师译师人名录》诸书均未截，事迹待考。"《元史·顺帝纪》载至元二年（1265）见灌顶国师囊哥星吉，至元三年见灌顶国师西域加刺麻，与宝幢有无关涉，无从稽考。"法旨"藏文原作"言语"，依汉译蒙古语公文之例，译为法旨。国师统领各地佛教事务，所以可向地方官民颁布法旨，禁约骚扰寺院。

②"来往使臣",藏文作"金字使者"。元代使臣持有金字圆牌或银字圆牌,以为凭证。"金字使者"原意为持有金字圆牌的使臣,实为泛指持牌的使臣。银字圆牌已在西藏地区发现遗存,金字圆牌未见传世。参阅拙编《八思巴字碑刻文物集释》有关释文。汉译"来往收捡",藏文原作"收捡往来"。"收捡"译自藏文 sdud,原有集聚之意。此句大意为:来往的与集聚的(聚居的)僧俗人户。

③长清县元属泰安州,灵岩寺在县东九十里方山灵岩峪,因而得名。寺中存有历代刻石多种。道光《长清县志·祠祀志》据有关文献概述其沿革称:元魏时竺僧朗公说法之所。正光中法定修建,唐开元十三年(725)重修。宋景德中赐今额。案禅宗祖师南天竺人菩提达摩,梁武帝时来江南,又偕门徒北上在北魏传法,创建禅宗。北魏明帝正光年间禅师法定创建的灵岩寺应是最早建立的禅寺之一。县志末附"灵岩志略",记元代仍为禅宗名寺,士人多有题咏。定岩长老元末为灵岩寺住持。王尧文引国图藏《大元泰山灵岩寺创建龙藏殿记》碑拓,丙记师张姓,世为保定之定州人,至元乙亥(1335年)嗣主法席。

④"谩昧欺付"源于古代汉语"谩欺"。谩昧即瞒昧,"欺付"同欺负。意指蒙骗欺人。"休推是故取问要东西者"即不得借故盘问勒索。

⑤"执把行的法旨与了也"与上文"在前"呼应,即在此以前,已授予常住收执的法旨。上文自"但属"至"住坐者"即是已授法旨的主要内容。下文接如有违背(别了),依法处置。

⑥"圣旨体例"即朝廷法规。"不怕那是么"为元代公文习用的反诘词。

⑦蛇儿年应为至正元年辛巳(1341)。定岩长老至元乙亥(1335年)住持可证。高良河大护国仁王寺,为元世祖时创建的藏传佛教寺院,始建于至元七年(1270)十二月,至元十一年(1274)三月建成。前后历经三年四个月。元初曾盛极一时,后渐衰落,但仍是藏传佛教在大都的主要寺院。参见(46)碑注。

50. 长清灵岩寺法旨碑（1341年）

皇帝聖旨裏
晉者兒咸藏
大元國師法軍首母根底當
使官人每根底斷事官每根底往
來官人每根底達魯花赤
每根底來往的地面官俗人
百姓人每根底宣諭和尚人
京泰安州長清縣大靈巖寺住
坐的僧人長老端具往持
但属聖壽寺依例
前碩家的田地水土園在
林碾磑鋪解典庫浴
頭氣力等物不揀是誰休
休推是故不揀是誰
安穩坐着不問交者休
他安穩坐着也
法旨與了也呵依着
法旨別了呵
聖旨躲倒裏不怕那麼道了
法旨麻道無躲例的勾當休做者
蛇兒年三月二十三日
有時
護國仁王寺裏有時

长清灵岩寺法旨碑（50）

51. 长清灵岩寺下院榜示碑（1306年）

皇帝圣旨里帝师下诸路释教都总统所①：

据泰安州灵岩寺监寺僧思川状告："有长清县南一乡净然神宝寺系灵岩寺下院②，时常有一等不畏公法僧俗人等③，往往于寺家山场内置立炭窑，砍伐树木，损坏常住产业，久而荒废。搔扰僧众，有碍念经告天祝延圣寿祈福等事。乞详状禁治事。"得此，会验钦奉圣旨节该④："寺院房舍里，使臣休安下者。铺马祗应体着者，税粮商税休要者。但有属寺院底地土、园林、碾磨、店铺、解典库，不拣甚么休夺要者。"钦此。今据见告，总所合行出榜省谕诸人，钦依圣旨事意。如有违犯之人，仰所在官司就便痛行治罪施行。须议榜示者。

　　　　　　大德十年岁次丙午四月八日。灵岩禅寺山门监寺思川等立⑤。

题解：

榜示碑原在长清灵岩寺。毕沅、阮元等编《山左金石志》卷二十著录，题"灵岩寺下院圣旨碑"。略称："大德十年四月立，并额俱正书，碑高三尺一寸，广一尺七寸，在长清灵岩寺"，"思圆书"。思圆即平山永明寺第二代住持，能文善书，参见（44）碑注。《山左金石志》又称："碑额题皇帝圣旨四字，横列。"案元代皇帝圣旨例冠"长生天气力里"，即依托天助，雅译"上天眷命"。皇后、诸王、帝师以下官署发文称"皇帝圣旨里"即奉旨行事，意即宣命。碑文"皇帝圣旨里帝师下诸路释教都总统所"即宣授帝师属下诸路释教都总统所，是发布榜示的官署。额题"皇帝圣旨"当是立石僧人有意提高榜示的权威，《山左金石志》引为碑题，《寰宇访碑录》卷十一、《捃古录》卷十八俱沿袭其误。道光《长清县志》附《灵岩志略》注神宝寺已废，碑石仍存，也题"大德十年圣旨碑"。碑文实为榜示，并非圣旨。冯承钧书据《岱览》卷二十六录文收录，题"长清灵岩寺榜示"，甚合实际。碑今不存，拓本未见，暂依冯书校录。

注释：

①帝师未著名氏。立石在大德十年（1306）。《元史·成宗纪》大德九年

（1305）三月"以吃剌思八斡节儿侄相加班为帝师"。同书《释老传》记乞剌思八斡节儿大德七年（1303）卒。"明年以辇真监藏嗣。又明年以相家班嗣"。此帝师应是相加班。"下"即下属诸路释教都总统所。

②"长清县南一乡净然神宝寺"，原神宝寺因下有神宝泉得名。北魏时法定禅师所建，与灵岩寺同为禅宗初创时的古寺。元初并入灵岩寺为属寺，习称下院。神宝寺受到骚扰，故由灵岩寺监寺僧状告。

③"一等"即一种。寺僧状告，一等不法之徒在寺家山场置立炭窑、砍伐树木、损坏常住产业等事，颇为具体。可知寺家遭受侵扰确有其事。由此推知，各地寺观请颁禁约公告立石，并非偶然。

④此处节引圣旨文字，出自原奉一般保护寺院的护持圣旨。"会验"即查证。得此状告后，查证原奉圣旨，已有明文。所以下文称总所合行出榜省谕诸人遵旨行事，违者治罪。"总所"即"诸路释教都总管所"之省。

⑤立石人即状告人思川，时为灵岩寺山门监寺，获准榜示禁治，故为立石。

52. 曲阜加封孔子致祭碑（1308年）

　　至大元年七月内，朝廷差官钦赍圣旨加封祭祀事。
　　先于大德十一年五月二十一日，今上皇帝正位宸极。当月二十八日，集贤院官①特进大司徒太子太傅集贤院使香山、集贤大学士资德大夫赵也先、荣禄大夫平章政事太子少傅集贤大学士王颙奏：唐宋以来，累朝代孔夫子封赠的名儿与来。今日皇帝初登宝位，孔夫子的名号教众学士商量与着呵宜的。一般。奉圣旨：商量了名儿，我行再奏者②。钦此。六月初八日，香山司徒、幹（斡）赤大学士、赵大学士、王大学士、安大学士奏："如今众学士商量定，加封孔夫子作大成至圣文宣王③。大都、上都、孔林，差人依旧致祭，牲加太牢④，赍制词、香、祝文、酒去呵，怎生。"奉圣旨准。钦此。七月十九日，中书省奏："孔夫子加封名号，翰林集贤院官人他每的言语是的。一般。降与圣旨，差人祭祀去呵，怎生。"奉圣旨准。钦此。至大元年三月二十三日，怀莱东壁⑤，集贤院使御史大夫脱脱丞相、集贤学士通议大夫师著奏："加封孔夫子，与了词头宣命。如今与课银叁锭，表里段子壹拾叁匹，并合用祭祀物件，差本院学士骑坐铺马前往孔林祭祀去。更，大都、上都合用祭物交与呵，怎生。"奉圣旨：教省家与者。钦此。差遣本院学士嘉议大夫王德渊于七日钦赍宣词祭物到于孔林，卜于十一日丁卯，与守土官奉训大夫兖州知州马禧、孔氏家长抚行三献礼。王德渊亲为祝文，宣赐银币，珍藏庙库⑥。
　　五十二代曹州教授□明书。
　　五十代孙孔氏家长抚立石⑦。

　　　　　　　　　　　　　　　　　　　鲁人石匠张德、石聚。

题解：
　　碑在山东曲阜孔庙，今存。据艺风堂缪氏旧藏拓本过录。《缪目》卷十六题"加封孔子圣旨致祭碑，在山东曲阜"。碑文记述加封孔子过程及奉旨祭祀事，出于集贤院，文中称"本院"可证。今沿《缪目》碑题，删略"圣旨"二字，以免误会。

注释：

①集贤院掌国子监及祭祀等事。至元二十四年（1287）自翰林国史集贤院分出，置院使管领。见《元史·百官志》。院使及学士等人身世，不再详考。

②"一般"又作"这般"，犹言"如此""云云"，与"么道"意近。"我行"之"行"字与俗译"根底"相当。即再对我陈奏。

③唐宋以来累朝加封孔子名号，唐高宗封"大师"，唐玄宗始封王号，称"文宣王"。宋真宗加封"至圣文宣王"。《元史·武宗纪》：大德十一年（1307）七月辛巳（十九日）"加封至圣文宣王为大成至圣文宣王"，此后不再加封。明嘉靖时去文宣王号，称大成至圣先师。

④祭祀用牛为太牢，羊豕为少牢。"牲加太牢"是最高规格的祭祀。

⑤怀莱即今怀来，武宗时怀莱属上都路奉圣州。《元史·武宗纪》至大元年（1308）三月"戊寅（二十一日）车驾幸上都"，是启程的纪事，二十三日途经怀来东部行帐，驻跸听政，脱脱等在此奏事。此集贤院使脱脱丞相系康里脱脱，《元史》卷一三八有传。

⑥"词头宣命"即加封孔子诏书，翰林学士阎复撰文，《国朝文类》卷十一收录，题"在大德十一年九月"。曲阜孔庙有此诏书碑，八思巴字音译。蒙汉文均作九月。见《八思巴字与元代汉语》。拟诏颁布在降旨加封之后，是习见的常例。

⑦此碑为集贤院记事，由孔氏家长立石，以昭告后世。未刊立石年月。碑夹隙间有小字三行，摘录文言体祝文及祭颜子、孟子文字，显系后人补刻。本书不录。书人"明"上一字磨损。

曲阜加封孔子致祭碑（52）

53. 荥阳洞林大觉寺碑

——晋王甘麻剌令旨（1297年）

长生天气力里、皇帝福荫里晋王令旨[①]：

管军官每根底，军人每根底，管城子达鲁花赤、官人每根底，过往使臣每根底，省谕的令旨：

大圣旨里[②]："和尚、也里可温、先生每，不拣甚差发休着，告天祝寿者。"宣谕的圣旨体例里，不拣甚么差发休着，告天祝寿者么道。郑州有的属雪堂总统的大觉寺里住持的玮长老、福首座、璨监寺为头和尚每根底执把行的令旨与了也。

这每寺里房子里使臣休安下者[③]。铺马祗应休拿者，税粮休与者。水土、园林、水磨，不拣甚么他的，不拣谁休夺要者。

再，这和尚每这般省谕了呵。别了经文体例，寺里无干碍的水土争竞行呵[④]，他每不怕那甚么。

圣旨俺的。

鸡儿年正月十四日[⑤]，大都有时分写来[⑥]。

题解：

令旨在洞林寺碑第四层左方。全碑合刻文书八通，上下位置依皇帝（34）（60）、皇太后（55）、帝师（55）、诸王（56）（53）（67）（71）排列，不以年月为序。此令旨年月在前，位置在后。《集录》误订发布令旨之鸡儿年为至大二年己酉（1309），今改订为元贞三年即大德元年丁酉（1297），编号不改。考见注释。

注释：

①此晋王应是世祖子真金长子、成宗长兄甘麻剌。《元史》卷一一五有传，谥显宗。至元二十九年（1292）封晋王，镇北边。前引元贞二年（1296）李谦撰《洞林寺藏经记》称雪堂大禅师来游京师，储闱王邸争先尊礼。"今皇

兄晋王、驸马高唐王皆乐为外护"。驸马高唐王即汪古部阔里吉思，《元史》卷一一八有传。"外护"即教外护持，皇兄晋王"乐为外护"故有此护持令旨及禁约公告。旨中所见洞林大觉寺住持玮长老等僧人名氏，均见于元贞元年（1295）圣旨（34）。甘麻剌卒于大德六年（1302），子也孙帖木儿袭封，嗣为晋王。本碑第五截刊有此嗣王令旨，刻石特为标明"也孙帖木儿晋王"，以区别于上截初封的晋王。

②以皇帝名义颁布的此类护持圣旨和禁约公告，多引述前代帝旨为据。此宗王令旨概称为"大圣旨"。

③"这""每"之间刻石误脱"的"字。"寺里房子里"即寺内的房子。

④这句话的意思是"如果争竞寺里无关的水土"。这是一般禁约公告所少见。表明荥阳洞林大觉寺在当地有土地纠纷，令旨特为禁约。

⑤鸡儿年，应是成宗大德元年丁酉（1297）。是年二月改元，《元典章》诏令卷一载大德元年（1297）二月改元诏书，内称"可改元贞三年为大德元年"。《元史·成宗纪》此年纪事，径书"大德元年"，不著"元贞三年"。此碑晋王令旨颁于鸡儿年正月十四日，实为元贞三年（1297）正月。

⑥晋王甘麻剌受命出镇北边，但大都仍有王府，故得以与来游京师的雪堂禅师结识。此令旨是留居大都王府时写来。

荥阳洞林大觉寺碑第四截

54. 济源紫微宫圣旨碑（1309年）

长生天气力里、大福荫护助里皇帝圣旨：

军官每根底，军人每根底，城子里达鲁花赤、官人每根底，来往使臣每根底，百姓每根底，宣谕的圣旨：

成吉思皇帝、月古歹皇帝、世祖皇帝圣旨里[①]："和尚每、也里可温每、先生每，不拣甚么差发休交着，告天祈福祝寿者。"说来。

如今依在前圣旨体例，不拣甚么差发休着，告天祈福祝寿者么道。怀孟路孟州济源县王屋天坛山十方大紫微宫清虚小有洞天里住持的提点慈惠栖玄远尘大师傅道宁为头先生每根底与了执把行的圣旨也[②]。

这的每宫观内房舍里，使臣休安下者。铺马祇应休要。仓税商税休着者。但属这的每宫观里的庄田、事产、园果、碾磨、船只、竹园、林木、解典库、浴堂、铺席、店舍、醋醙麹货，不拣甚么差发休要者。不以是何人休使气力，但系他每的休夺要者。

若这先生每说有圣旨么道。无体例的勾当休做者。做呵，他每不怕那甚么。

圣旨。

至大二年三月初八日，大都有时分写来[③]。

题解：

碑在本宫，今存。汉字白话译文，无蒙文原文。原据艺风堂旧拓。河南文史研究馆近刊《翰墨石影》收录拓影。

注释：

①"世祖皇帝"称汉语庙号，与（49）碑大德八年（1304）圣旨同。此碑圣旨写于武宗至大二年（1309），称引前帝未列入完者笃皇帝或成宗，也与大德八年（1304）圣旨完全相同。此旨当是因住持易人而换授，据原旨改写住持名字，例行公事。此碑"仓税商税休着者"句，"大德八年圣旨"无"商税"。

②傅道宁事迹不详。《道家金石略》据《道藏》《天坛王屋山圣迹记》收录《特赐玉天尊之记》，见"本宫提点傅道宁"。时在至大二年（1309）八月，与本碑圣旨署年相同，略晚五月。

③碑石纪日磨损，原释为"初六日"。细审碑拓，应是初八日。

54. 济源紫微宫圣旨碑（1309年）

济源紫微宫圣旨碑（54）

55. 荥阳洞林大觉寺碑

——皇太后懿旨（1309年）

长生天气力里、皇帝福荫里皇太后懿旨①：

管军官每根底，军人每根底，城子里达鲁花赤、官人每根底，来往的使臣每，百姓每根底，宣谕的懿旨：

成吉思皇帝、月古歹皇帝、薛禅皇帝、完者都②皇帝、皇帝圣旨③里："和尚、也里可温、先生每，不拣甚么休着，告天祝寿者。"道来。依着圣旨体例里，不拣甚么差发休当者，告天祝寿者么道。郑州有的属总统雪堂长老的洞林大觉禅寺、普照禅寺④，寺里住的为头儿长老、提点、监寺每执把行的懿旨与了也。

这的每寺里房舍他的，使臣休安下者。铺马休拿要者。商税休纳者。但属寺家的水土、园林、碾磨、店铺、解典库、浴堂，不拣甚么他的，不拣是谁休使气力夺要者。

这和尚每有懿旨么道，没体例里的勾当做着行呵，他不怕那甚么。

懿旨。

鸡儿年八月十五日，五台行的时分写来⑤。

题解：

懿旨在碑第三截右方。汉字译蒙语，无蒙文。

注释：

①此皇太后为武宗、仁宗生母，真金次子答剌麻八剌之妻答己。武宗即位，尊为皇太后。《元史》卷一一六《后妃传》有传。大德十年（1306），成宗卜鲁罕后遣答己及子爱育黎拔力八达（仁宗）出居怀州（今河南沁阳）。十一年（1307），成宗病死，答己母子返回大都，五月，自北边迎武宗在上都即帝位。答己信奉佛法。怀州与郑州接境。在怀州时或已与洞林寺有过交往。此护持懿旨当是基于寺僧的申请。

②完者都为成宗蒙语谥号，原意为"有福的"，《元史·成宗纪》作完泽笃，译名无定字。

③"皇帝圣旨"即当今皇帝圣旨。皇太后发布懿旨须遵依皇帝圣旨。武宗护持圣旨未见。懿旨引文与第一截成宗圣旨相同。

④普照禅寺，据碑阴题名是大觉寺的属寺，列入"本寺法属派出寺名"。

⑤鸡儿年为武宗至大二年辛酉（1309）。《元史·武宗纪》至大元年十一月"皇太后造寺五台山"。同书后妃传答己传，至大二年正月"太后幸五台山作佛事"。本纪作"三月"。本纪又见至大二年二月皇太子（仁宗）幸五台寺。此令旨署八月十五日写于五台。两日后又见仁宗在五台发布令旨。见本书（56）。是可知答己仁宗母子八月间同在五台佛寺。

荥阳洞林大觉寺碑第三截右（55）

56. 荥阳洞林大觉寺碑

——"皇太子"令旨（1309 年）

长生天气力里、皇帝福荫里爱育黎拔里八达令旨[①]：

军官每根底，军人每根底，城子里达鲁花赤、官人每根底，各投下官人每根底，往来使臣每根底，宣谕的令旨：

成吉思皇帝、月古歹皇帝、薛禅皇帝、完者笃皇帝、皇帝圣旨："和尚、也里可温、先生每，不拣甚么差发休当，告天祝寿者。"么道有来。

如今依着圣旨大体例里[②]，不拣甚么差发休当者，告天与皇帝、皇太后咱每根底祝寿者么道。郑州有的属总统雪堂长老的洞林大觉禅寺、普照禅寺寺里住的为头儿长老、提点、监寺和尚每，执把行的令旨与了也。

这的每寺院房舍里，使臣休安下者。铺马祗应休拿者。地税商税休纳者，但属寺家的水土、园林、碾磨、店舍、铺席、浴房、解典库，不拣甚么他的，不以是谁休倚气力夺要者。

再，这和尚每有令旨么道，没体例勾当休做者。做呵，他不怕那甚么。

令旨。

鸡儿年八月十七日，五台行时分写来[③]。

题解：

本文为仁宗爱育黎拔力八达即位前的令旨，刊于本碑第四截右方。仁宗即位后的圣旨刊于第二截（60）。

注释：

①爱育黎拔力八达，元仁宗蒙古语名。大德十年（1306）随母答己被遣居怀州。次年正月成宗病死。答己母子返回大都。遣使迎接答己长子、领兵镇守北边的海山（武宗）在上都即皇帝位。母子兄弟协议，武宗即位后，尊答己为皇太后，封弟爱育黎拔力八达为"皇太子"（继承人），兄终弟及。至大二年（1309），皇太后在五台山建造佛寺，皇太子随太后在五台奉佛，因而有

此令旨。此令旨发布于至大二年（1309）八月十七日。据碑阴题名，晚至至正二年（1342），由住持僧德观等立石。皇子诸王令旨直署其名，向无此例。原文应是"皇太子令旨"。立石僧人因仁宗后来是皇帝，不便再称皇太子，又不能直称皇帝，遂援窝阔台（月古歹）之先例，改为直署其名。元代寺观护持文告刻石，经僧道擅改，每有其例。

②令旨须遵依圣旨体例，故称"圣旨大体例"，即大法规，或译"大圣旨体例"，意同。

③此令旨颁于至大二年己酉（1309）八月十七日，也写于五台。前引《洞林寺藏经记》称雪堂大禅师成宗初年得"储闱王邸"的"尊礼"，即曾与皇子诸王交结。临济宗自宋代以来即广交贵族文士。答已崇尚佛法，仁宗随其母在怀州，也信奉佛教，与郑州寺僧交结是可能的。母子同在五台各颁护持洞林寺令旨，又各颁禁约公告，相距不过两日。

57. 平遥太平崇圣宫圣旨碑（1309年）

长生天气力里、大福荫护助里皇帝圣旨：

军官每根底，军人每根底，城子里达鲁花赤、官人每根底，来往的使臣每根底，宣谕的圣旨：

成吉思皇帝、月哥台皇帝、薛禅皇帝、完泽笃皇帝圣旨里："和尚、也里可温、先生每，不拣甚么差发休当，天根底祷告祈福祝寿者。"那般道有来。

如今依着在先圣旨体例里，不拣甚么差发休当，天根底祷告祈福祝寿者么道。于道渊授通玄微如静照大师冀宁路平遥县太平崇圣宫住持、本宗提点[①]，通义中和大师本宫提点高道陟、栖远常妙大师提举赵道恒，这先生每根底执把行的圣旨与了也。

这的每宫观内他每的房舍，使臣休安下者。铺马祗应休拿者。商税地税休与者。但属宫观的庄田、水土、园林、碾磨、解典库、店舍[②]、铺席、浴堂、船只、竹苇、醋麹货，不拣甚么差发休要者。不拣是谁，休倚气力者。不拣甚么他每的休夺要者。

更，这的每道有圣旨么道，没体例的勾当休做者。做呵，他每不怕那。

圣旨俺的。

鸡儿年九月初五日，龙虎台有时分写来[③]。

题解：

碑在山西省平遥县清虚观即元代的太平崇圣宫。今存。两面刻。碑阳为八思巴字蒙古文，碑阴汉字译文，清光绪时已磨损甚多。沙畹、冯书均据《山右石刻丛编》卷二十四汉文录文收录。磨损之字，由编者拟补。《集录》据录。顷检光绪八年（1882）刊《续修平遥县志》卷十古迹志，曾将此圣旨碑文全文录入。此书成书较早，《丛编》某些缺补之字尚存。平遥县博物馆藏拓本磨损甚多，可供参考校证。

今参据拓本及诸书录文校录。碑题酌改。

碑阳蒙文圣旨，见哈斯巴根、乌力吉《平遥清虚观八思巴字蒙古文圣旨碑考释》(《内蒙古大学学报》2000 年第 6 期)。

注释：

①于道渊事迹不详。常见书例名号职衔，均在人名之前，此在名后，法号前多一"授"字，当是新授。"本宗提点"应是全真道在平遥的一个宗支，位在"本官提点"之上。太平崇圣宫为李志常更名，见（17）（18）碑文。元代以后又恢复宋代旧名清虚观。前引《县志》称碑在清虚观三清殿内。

②各书皆作"店仓"，应是"店舍"误识。

③鸡儿年为武宗至大二年辛酉（1309），龙虎台见《析津志辑佚》昌平县古迹："在昌平县西北居庸山南，高平宽敞，有虎踞龙蟠之势。大驾每来幸，往还驻跸于此"（《顺天府志》引《析津志》）。杨允孚《滦京杂咏》："纳宝盘营象辇来，画帘毡暖九重开。大臣奏罢行程纪，万岁声传龙虎台。"原注："龙虎台，纳宝地也。车驾行幸宿顿之所，谓之纳宝，又名纳钵。"

57. 平遥太平崇圣宫圣旨碑(1309年)

平遥太平崇圣宫圣旨碑(57)

58. 平山永明寺碑

——仁宗圣旨（1311年）

长生天气力里、大福荫护助里皇帝圣旨：

军官每根底，军人每根底，城子里达鲁花赤、官人每根底，来往底使臣每根底，宣谕的圣旨。

成吉思皇帝、月古歹皇帝、薛禅皇帝、完者都皇帝、曲律皇帝圣旨里①："和尚每根底，也里可温每根底，先生每根底，不拣甚么差发休着者，告天祝寿者。"么道，道来。

如今呵，依着在先圣旨，不拣甚么差发休着者，与咱告天祝寿者么道。属真定路平山县里有的慧日永明禅寺里住持长老圆吉祥②，执把着行的圣旨与了也。

他每寺院房舍里，使臣休安下者。铺马祗应休与者。差发税粮休着者。但属寺家水土、园林、碾磨、店、铺席、解典库、浴堂、人口、头疋，不拣甚么他的，不拣是谁休倚气力夺要者。

更，这的每道有圣旨，无体例的勾当休做者。做呵，他不怕那甚么。

圣旨俺的。御宝四颗③。

猪儿年闰七月初三日，上都有时分写来。

题解：

此圣旨与（44）成宗圣旨同刻一碑，此在上方左侧。原据陈垣藏拓集录。拓本今存国家图书馆，经年辗转，略有折损。

注释：

①曲律皇帝为元武宗海山的蒙文谥号。武宗于至大四年（1311）正月逝世。三月，仁宗即位，五月上庙号武宗，蒙语谥号曲律，见《元史·武宗纪》。此圣旨颁于是年闰七月，故称引先帝谥号曲律。

②住持长老圆吉祥于大德四年（1300）住持本寺。见（44）碑注。据本

碑下方圆公道行之碑，大德十一年丁未（1307），诸路释教都总统庆寿改命思圆住持南阳紫玉寺与汝宁天目寺。至大四年辛亥（1311）又奉旨再住永明寺，故再授护持圣旨，并颁禁约公告。

③"御宝四颗"是刻石文字。因皇帝御宝不能上石，刻此四字以示原旨用印。

④禁约公告圣旨末署猪儿年即至大四年辛亥（1311）闰七月初三日。授与护持圣旨在此前。

59. 大理崇圣寺圣旨碑（1311 年）

长生天气力里、大福荫护助里皇帝圣旨：

军官人每根底，军人每根底，管城子达鲁花赤、官人每根底，来往使臣每根底，宣谕的圣旨：

成吉思皇帝、月吉（古？）歹皇帝①、薛禅皇帝、完泽笃皇帝、曲律皇帝圣旨里："和尚、也里可温、先生，不拣甚么差发休着者，告天祝寿者。"道来。

如今依在先圣旨体例里，不拣甚么差发休着者，告天祝寿者么道。哈剌章②有的大理崇圣寺里有的释觉性③、释主通和尚根底，执把的圣旨与了也。

这的每的寺院房舍，使臣休安下者。铺马祗应休与者。税粮休与者。但属寺家的产业、园林、碾磨、店、铺席、浴房、人口、头疋，不拣甚么休夺要者。

更，这和尚每拟着有圣旨么道④，无体例的勾当休做者。若做呵，不怕那甚么。

圣旨。

猪儿年闰七月初五日，上都有时分写来⑤。

题解：

云南大理崇圣寺圣旨碑两面刻，碑阳是这篇禁约骚扰的圣旨，碑阴是李源道撰"大崇圣寺碑铭并序"。晚清以来，诸家金石目录多有著录。但据所得拓本编目，未见原石，或误认碑阳、碑阴为两碑。晚出的《捃古录》卷十八著录至大四年猪儿年（1311）大理"崇圣寺圣旨碑"，卷十九又有泰定二年（1325）李源道撰大理"崇圣寺碑"及"崇圣寺碑阴"，前后重出。此碑原在大理崇圣寺，近年被毁，断为碑片。沙畹所得拓本影刊于 1908 年《通报》。冯书据录。原北京图书馆藏陆和九旧藏拓本影刊于《北图汇编》第 49 册。艺风堂也藏有此碑拓本，见《艺风堂金石文字目》卷十六。《新纂云南通志》卷九三"金石考"收有圣旨碑全文，方龄贵有校注，收入所著《元史丛考》"云南元代白话碑校证"（民族出版社 2004 年版）。今参据各书校录。

注释：

①月吉歹：太宗译名无定字，月古歹译名为元人习用。此碑作"月吉歹"，未见其例。疑误。

②哈刺章：元人习称云南大理，也泛称今昆明、大理一带，又译哈刺张、阿刺章。音译亦见于《史集》。关于此名之语源，《元史·兀良合台传》记："世视入大理国城。甲寅秋，复分兵取附都善阐（今昆明），转攻合刺章水城，屠之。合刺章盖乌蛮也。"释地名源于族名。近人对此多方探索，尚无定议。方龄贵释"章"为"幺L"（音札）的异译，可备一解（见《元明戏曲中的蒙古语》克剌张条）。

③碑阴泰定二年（1325）"大崇圣寺碑铭并序"云："大理崇圣寺者，在郡之苍山下，蒙氏所创也。"元初段氏后人重建。"住持僧曰觉性，两被玺书覆护，寺益显矣。""两被玺书"当指碑文所称"执把的圣旨与了也"之护持圣旨及本碑刊布的禁约骚扰圣旨。

④"拟着"即打算着。与下文合成为否定语，意思是：别打算有了圣旨就做不法的事。

⑤猪儿年为至大四年（1311）。武宗死于是年正月。三月仁宗即位，闰七月尚未改元。《缪目》及《捃古录》著录此碑均误作"闰六月"，《北图汇编》已改正。

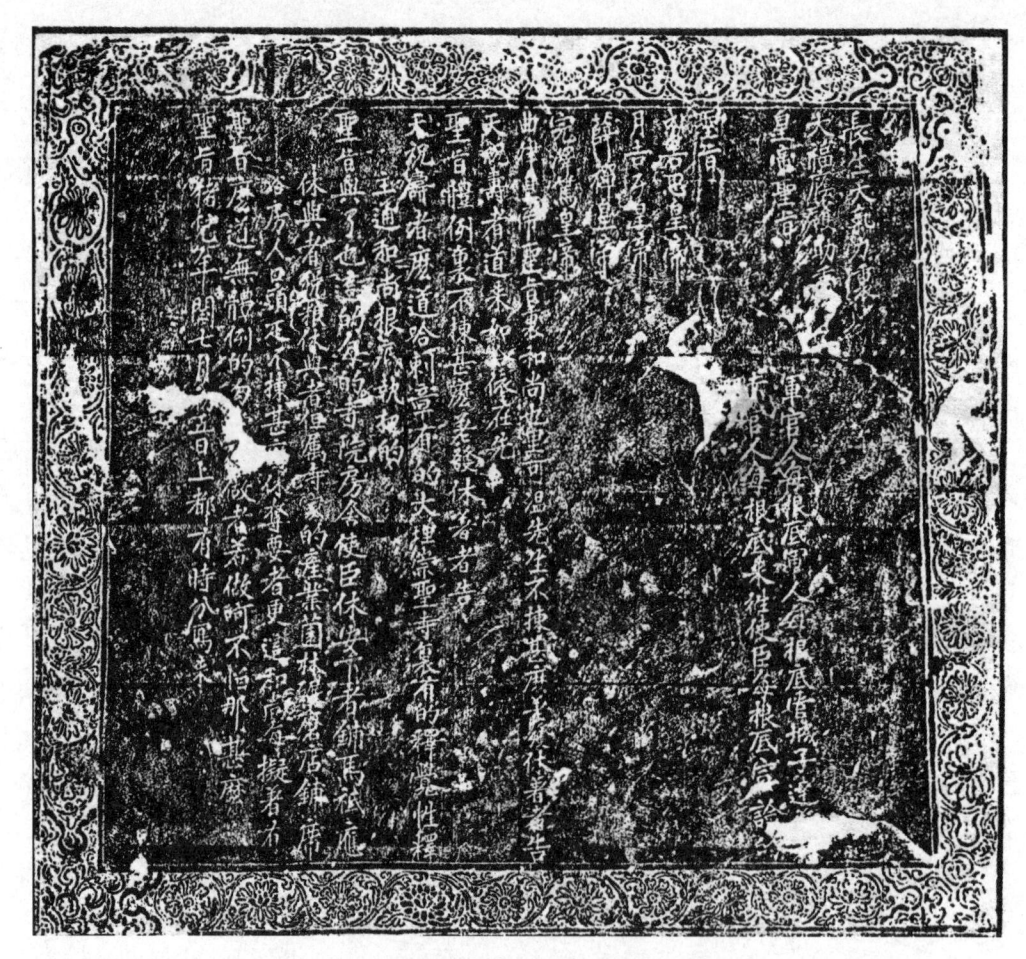

大理崇圣寺圣旨碑（59）

60. 荥阳洞林大觉寺碑

——仁宗圣旨（1312年）

长生天气力里、大福荫护助里皇帝圣旨①：

军官每根底，军人每根底，管城子的达鲁花赤每根底、官人根底，来往的使臣每根底，宣谕的圣旨：

成吉思皇帝，月可台皇帝、薛禅皇帝、完者都皇帝、曲律皇帝②圣旨："和尚、也里可温、先生每，不拣甚么差发休当，告天祝寿与者。"道来。

如今呵，依着在先圣旨体例，不拣甚么差发休当，告天祝寿与者么道。属雪堂总统郑州有的洞林大觉禅寺、普照寺里住持瑛长老、寓提点、现监寺等和尚每根底，执把着行的圣旨与了也③。

这的每寺里房子里，使臣休安下者。铺马祗应休拿者。地税商税休与者。但属寺家的水土、园林、碾磨、店、铺席、解典库、浴堂，不拣甚么物件他的，不以是谁休夺扯要者，休使气力者。

更，这和尚每道有圣旨么道，无体例勾当休做者。做呵，他每不怕那甚么。

圣旨俺的。

鼠儿年二月二十八日，大都里有的时分写来。

题解：
圣旨刊本碑第二截，在第一截成宗圣旨之下，第三截懿旨之上。

注释：

①此圣旨是仁宗即位循例重颁护持寺观圣旨之后颁布的禁约公告。至大四年（1311）正月武宗死，仁宗罢除掌权的尚书省后，三月即帝位，改明年年号为皇庆。此公告圣旨写于皇庆元年壬子（1312）二月，护持圣旨颁于此前。

②曲律为元武宗蒙语谥号，《元秘史》旁译作"俊杰"，义近英武，与汉语庙号武宗同意。新皇帝即位重颁护持旧旨，内容基本相同。补入已故皇帝谥号为常例。

③以皇帝名义发布的护持圣旨，遍行于各地。禁约公告补入寺观名字及禁约事项。此圣旨于洞林大觉禅寺后列入普照寺，内容同于仁宗即位前的令旨（56），但写入瑛长老等三个住持僧的名字。

61. 赵州柏林寺碑

——仁宗圣旨（1312年）

长生天气力［里］、大福荫护助里皇帝圣旨：

管军官每根底，军人每根底，城子里达鲁花赤每根底、官人每根底，往来行的使臣每根底，宣谕的圣旨。

成吉思皇帝、月古台皇帝、薛禅皇帝、完者笃皇帝、曲律皇帝圣旨里："和尚、也里可温、先生每，不拣甚么差发休当，告天祝寿者。"道有来。

如今依着在先圣旨体例里，不拣甚么差发休当，告天祝寿者么道。

真定路所辖赵州有的柏林寺里住持的圆明普照月溪大禅师元朗长老根底，执把着行的圣旨与了也①。

这的每寺院房舍里，使臣休安下者。祗应铺马休拿者。地粮商税休纳者。但属寺家的水土、园林、碾磨、浴堂、解典库、店舍、铺席，不拣甚么他每的，休扯拽夺要者。

又，这圆明普照月溪大禅师元朗长老②道有圣旨么道，无体例勾当休做者。若做呵，他每不怕那甚么。

圣旨。

鼠儿年十一月十一日，大都有时分写来③。

题解：

与（33）（35）合刻一石，此在第三截。碑阴公文体劄付及僧众题名，不录。

注释：

①此"与了"的圣旨，当是仁宗即位后重颁的护持圣旨。内容与本碑第一、第二截世祖成宗两旨基本相同。三旨都是给与本寺住持元朗禅师。可知重颁新旨并非由于住持僧易人，而是皇位递嬗，照例重颁换授。武宗死于至大四年（1311）正月，仁宗三月即位，五月上武宗庙号及谥号。圣旨中称引先帝

补入蒙语谥号曲律，可知颁给柏林寺护持圣旨在五月之后。

②圣旨所称"元朗长老"，本碑第一截世祖圣旨称"圆明普照大禅师"，二、三两截成宗仁宗圣旨均称"圆明普照月溪大禅师"。"月溪"似为自号行用。此僧自世祖至元末住持柏林寺，至仁宗皇庆已历二十年，延祐初卒。赵州有延祐三年（1316）"柏林寺月溪禅师碑"，王思廉撰文，《寰宇访碑录》卷十一，《捃古录》卷十八著录。

③鼠儿年为仁宗皇庆元年壬子（1312）。

62. 林州宝严寺圣旨碑（1313年）

　　长生天气力里、大福荫护助里皇帝圣旨[①]：
　　军官每根底，军人每根底，城子里达鲁花赤、官人每根底，往来使臣每根底，宣谕的圣旨：
　　成吉思皇帝、月可䚟皇帝、薛禅皇帝、完泽笃皇帝、曲律皇帝圣旨里："和尚、也里可温、先生每根底，不拣甚么差发休当，告天祝寿者。"么道来。
　　如今依着在先圣旨体例里，不拣甚么差发休当，告天祝寿者么道。属彰德路林州里有的宝严禅寺、太平禅寺里住的五松振吉祥长老根底[②]，执把行的圣旨与了也。
　　这的每寺院房舍里，使臣休安下者。铺马祗应休拿者，税粮休着者，但属寺家的水土、园林、碾磨、店、铺席、浴堂、解典库，不拣甚么他的，休夺要者。
　　更，这五松振吉祥长老说有圣旨么道，无体例的勾当休做者。做呵，他不怕那。
　　圣旨。
　　牛儿年七月初七日，上都有时分写来[③]。

题解：

　　此碑原在河南安阳林州，是与本书（21）（43）并存的另一圣旨碑，今已不存。据艺风堂旧拓收录。并见《集释》[10]。上层为八思巴字蒙文，本文在下层，为汉语直译。碑阴文告见本书（8）。

注释：

①此圣旨与世祖（21）、成宗（43）圣旨同为常见的禁约公告，内容相同。写于仁宗皇庆二年癸丑（1313），文中称引前帝护持圣旨，补入曲律皇帝。
②五松振吉祥长老即振长老，是宝严寺梅庵长老、玉峰茂长老之后继任的住持。"吉祥"是通称，五松是雅号。乾隆《彰德府志》收录金王庭筠《五松亭记》称岘峪南山"乔松五章，挺立其下"，县丞李弼于其地建五松亭，撰记刻石。
③仁宗皇庆二年（1313）四月去上都，八月回大都，见《元史·仁宗纪》。碑阴有小字一行"岘峪宝严禅寺传法嗣祖沙门振吉祥"，并列寺僧及官员题名。下方为"大元延祐三年岁次丙辰十一月初四日普坚立石"。具见本书（8）。

長生天氣力裏
大福蔭護助裏
皇帝聖旨軍官每根底城子裏達魯花
赤官人每根底往來使臣每根底
宣諭的

聖旨
成吉思皇帝
月可解皇帝
薛禪皇帝
完澤篤皇帝
曲律皇帝聖旨裏和尚也里可溫先生每根底不揀
甚麼差發休當告
天祝壽者麼道來如今依着在先
聖旨體例裏不揀甚麼差發休當告
天祝壽者麼道屬彰德路林州裏有的寶嚴禪寺太
平禪寺裏住的五松振吉祥長老根底
把行的
聖旨與了也這的每寺院房舍裏使臣休安下者鋪
馬祇應休拿者稅粮休着者但屬寺家的
水土園林碾磨店鋪浴堂解典庫不揀
甚麼他的休奪要者更這五松振吉祥長
老說有
聖旨麼道無體例的勾當休做著做呵他不怕那
聖旨
牛兒年七月初七日上都有時分寫來

林州宝严寺圣旨碑下部（62）

63. 元氏开化寺圣旨碑（1314 年）

　　长生天气力里、大福荫护助里皇帝圣旨：

　　军官每根底，军人每根底，管城子的达鲁花赤、官人每根底，过往的使臣每根底，宣谕的圣旨：

　　成吉思皇帝、月阔歹皇帝、薛禅皇帝、完者笃皇帝、曲律皇帝圣旨里："和尚、也里可温、先生每，不拣甚么差发不着，告天祝延圣寿者。"么道，有来。

　　如今依着在先圣旨体例里，不拣甚么差发不着，告天祝延圣寿者么道。属真定路的元氏县里①有的开化寺里②住持通济英辩大师讲主坚吉祥、演法显密大师讲主诠吉祥为头儿和尚每根底，赍把行的圣旨与了也。

　　这的每寺院里房舍里，使臣休安下者。铺马祗应休要者。地税商税休与者。但属寺家的水土、园林、碾磨、店、铺席、浴堂、解典库、人口、头疋，不拣甚么他每的有呵，不拣阿谁休扯拽夺要者，休使气力者。

　　更，这和尚每有圣旨么道，无体例勾当做呵，不怕那甚么。

　　圣旨俺的。

　　虎儿年四月十五日，大都有时分写来③。

题解：

　　河北元氏开化寺碑，原存本寺，近年已毁。上截八思巴字蒙文圣旨，下截汉语白话译文，内容是常见的禁约公告，无多新义。

　　末署虎儿年即仁宗延祐元年甲寅（1314）。碑阴题名之侧见"古燕蒙古译史杨德懋书阳"，当是八思巴字蒙文书人。又见"槐阳杨嘉会书"，当是汉字译文书人。延祐二年（1315）九月初九日讲主及寺主立石。

　　此碑诸家碑目多有著录。沈涛《常山贞石志》录有碑阴官员题名，不收碑文。民国《元氏县志》收录汉字碑文拓本，但摹拓未精，如"真定路"中"真定"二字即未能拓出。我所见拓本以柳风堂旧藏拓印最为清晰，今存北京大学图书馆。据以收录。八思巴字蒙文部分的译释，已刊入《集释》[13]。

注释：

①元氏县元初属真定路。真定路一词柳拓蒙汉文都很清晰。八思巴蒙文作 Cagan balaqasun，意译白城。音译或作察罕巴剌哈孙。此词又见于拉施特《史集》拖雷汗纪，英译本释为"真定府"（Jin din fu），见 J. A. Boyle：Thu Successors Gen ghis khan p. 165。学者或有疑问。此碑蒙汉对照，可确证蒙语称真定为察罕巴剌哈孙。真定府系指真定路总管府所在地。此蒙古语的波斯语名 Achbalauh 又见于《马可波罗游记》，学者或有误释。有关考释见《集释》（13），不复赘。

②元氏开化寺为唐宋古寺。沈涛《常山贞石志》载金贞元元年（1153）《开化寺僧文海舍利塔铭》记金初佛殿毁于火，天会间重修。元大德十年（1306）《大元真定路元氏县开化寺重修常住七间佛殿记》称："考诸前识，盖兴于隋唐而盛于宋金，遂甲诸寺，非他所及。"

③虎儿年为仁宗延祐元年（1314）无疑。《元史·仁宗纪》是年三月"车驾幸上都"，八月"车驾至大都"。此圣旨署四月十五日。蒙文原作 Tajdu，汉译大都。

63. 元氏开化寺圣旨碑（1314年）

元氏开化寺圣旨碑下部（63）

64. 周至重阳万寿宫圣旨碑（1314年）

长生天气力里、大福荫护助里皇帝圣旨：

军官每根底，军人每根底，管城子达鲁花赤、官人每根底，往来使臣每根底，宣谕的圣旨：

成吉思皇帝、月阔歹皇帝、薛禅皇帝、完泽笃皇帝、曲律皇帝圣旨里："和尚、也里可温、先生每，不拣甚么差发休当，告天祝寿者。"宣谕的有来。

如今也，只依在先圣旨体例里，不拣甚么差发休当，告天祝寿者么道。奉元路大重阳万寿宫里[①]，并下院宫观里住的先生每根底，执把行的圣旨与了也。

这的每宫观庵庙里房舍里，使臣休安下者。铺马祗应休着者。税粮休与者。但属宫观里的水土、人口、头疋[②]、园林、碾磨、店舍、铺席、典库、浴堂、船筏、车辆，不拣是甚么他的；更渼陂、甘、涝三处水例[③]，甘谷山林[④]，不拣是谁，休倚气力者，休夺要者。

这的每却倚着有圣旨么道，没体例的勾当休做者。做呵，他每不怕那甚么。

圣旨。

虎儿年七月二十八日，察罕仓有时分写来[⑤]。

题解：

碑在陕西周至重阳万寿宫，今属户县，碑存。上方八思巴字蒙文，下方汉语白话译文。明赵崡《石墨镌华》曾将此碑蒙汉文全文摹录，是汉文文献中最早录刊的蒙汉文碑铭。

1895年法国波纳帕特（P. R. N. Bonaperte）曾将此碑拓影，刊入《十三至十四世纪蒙古文献》（Documens de l'époque mongole des XIII-e et XVI-e siecles）此后，各国学者对此碑八思巴字蒙文圣旨多有译释。我在1997年所作蒙汉文译注，已收入《集释》[11]。

注释：

①奉元路系皇庆元年（1312）原陕西行省安西总管府改设。皇庆二年

（1313）九月，原诸路道教都提点、领重阳万寿宫事孙德彧任为全真掌教，入居大都长春宫。周至重阳宫事由孙德彧委付本宫道士住持，故此旨无住持人名。"下院宫观"即周至重阳宫所属宫观，分布在奉元、兴元、成都等路，凡四十余处。见碑阴下院题名。

②人口头疋一词前收碑文已见。"人口"一词此碑八思巴字蒙文作 haran，即"哈阑"。此处与头疋并列，视同宫观财产。其地位低于良民，近似受役使的驱口。脱离寺院为良民，习称"从良"，必须向寺院交纳"香钱"。参见《集释》[7]注释。元人习称牛羊为"头"，驼马为"疋"（匹），此处"头疋"泛称各种牲畜，元代文牍中习见。

③渼陂、甘、涝，渼音美，陂音碑，八思巴字作 bue，义为水塘湖泽，在周至东。古泽名，见郦道元《水经注》。唐代为泛舟游赏之所，元代沦为鱼塘，是重阳宫经营的产业。甘、涝，二水名，俱见《水经注》渭水条。甘水在渼陂之西，涝水在渼陂之东。重阳宫在这一流域占有的田土，仰赖灌溉。"水例"是指依据成例经营的水利产业。参见《集释》[11]碑注。《道家金石略》收录邓文原撰《孙公道行碑》记元仁宗召见孙德彧授为掌教事，内称"终南有甘涝二谷，岁收园林水利，以赡其徒。诏有司勿令侵夺烦扰"，即指此事。此圣旨添加此项内容当出于孙某之陈请。

④甘谷山林，甘谷为甘峪之俗写，八思巴字蒙文作 gam jeu。在周至东南，为甘水发源之地。碑阴下院题名屡见甘谷内山林、地土，是重阳宫的经营产业。

⑤虎儿年为仁宗延祐元年甲寅（1314）。察罕仓或释为沽源以北的察罕诺儿，与行程不合。其地当在怀来附近，参见《集释》[12]注释。

长生天气力里
大福荫护助里
皇帝圣旨军官每根底军人每根底
皇帝圣旨军官每根底管城子达鲁花赤官
人每根底往来使臣每根底宣谕的
圣旨成吉思皇帝
月阔台皇帝
薛禅皇帝
完泽笃皇帝
曲律皇帝圣旨里和尚也里可温先生
天祝舜者宣谕告天下
圣旨体例休教差发税粮休纳呵者么道有来
圣旨与了也如今也只依在先
天祝舜者宣谕的体例不拣甚么差发休
住坐的先生每寺观庙宇里房舍使臣
休安下铺马抵应休拽拿者
铺马抵应不拣甚么差发休与者但属宫
观里的先生每根底城子里头房店园林
水磨碾甘宫头疋但属先生每的不拣
甚么物件不拣是谁休夺要休侵犯者
要呵者怕那甚
圣旨道没体例句当者不怕那甚
圣旨么道纪年七月二十八日察罕舍有时分写来

65. 彰德善应储祥宫圣旨碑（1314 年）

长生天气力里、大福荫护助里皇帝圣旨：

军官每根底，军人每根底，管城子达鲁花赤、官人每根底，往来行的使臣每根底，宣谕的圣旨：

成吉思皇帝、月古台皇帝、薛禅皇帝、完者都皇帝、曲律皇帝圣旨里："和尚、也里可温、先生每，不拣甚么差发休着者，告天祝寿者。"么道有来。

如今呵，依着在先圣旨体例里，不拣甚差发休当者，告天祝寿者。彰德路[①]有的善应储祥宫里住持的提点葆和显真弘教大师陈道明[②]，彰德路应有的宫观提调着行者，么道圣旨与了也。

这的每宫观里，他每的房舍里，使臣休安下者。铺马祗应休与者。税休与者。但属宫观的水土、园林、碾磨、店舍、铺席、解典库、浴堂，不拣甚他每的，不拣谁休倚气力者。

更，这陈道明倚着有圣旨么道，无体例勾当休做者。做呵，他不怕那甚么。

圣旨。

虎儿年七月二十八日，察罕仓有时分写来。[③]

题解：

储祥宫圣旨碑原在河南安阳城西善应村。清嘉庆时武亿编《安阳金石录》称"是碑现存善应村菜园"，"碑西三十余步尚有故基"，现已不存。碑文上方为八思巴字蒙文圣旨，下方为汉文译文。沙畹曾刊布此碑拓本。蒙文部分屡经学者编译。汉文部分《安阳金石录》收录，《集录》原据北京大学藏柳风堂张氏拓本过录。全拓见《集释》[12]

注释：

① "彰德路" 系指路治所在地安阳。元代安阳善应村为山水胜地。元许有壬《至正集》有《游善应》，内见 "有水有山高士宅，无风无雨小春天"

句。乾隆《彰德府志》艺文卷收有元刘骥撰《善应山水记》，称游善应山水，在长春观停息。观名长春，当属全真。

②陈道明为本宫住持，称为"大师"，当是朝廷封号。旨称"彰德路应有的宫观提调着行者"，即提调彰德路所有的宫观。沙畹或有误解，已经包培指正，见《集释》[12]注释。陈道明生平事迹，未见记载。《道家金石略》收录"龙兴观提点缑公功行记"，内见世祖至元间"道判陈道明"。龙兴观在易州，道教正一派，此陈道明似另一人。参见（75）碑注。

③圣旨署虎儿年为仁宗延祐元年甲寅（1314）。《元史·仁宗纪》：是年三月戊申车驾幸上都，八月戊子"车驾至大都"。此圣旨署七月二十八日写于察罕仓。其地当在怀来附近。

65. 彰德善应储祥宫圣旨碑（1314年）

彰德善应储祥宫圣旨碑下部（65）

66. 周至重阳万寿宫碑

——仁宗圣旨（1314年）

长生天气力里、大福荫护助里皇帝圣旨：

中书省、枢密院、御史台官人每根底，行中书省、行御史台、宣慰司、廉访司官人每根底，管军官人每根底，军人每根底，管城子达鲁花赤、官人每根底，内外大小衙门官人每根底，各枝儿头目每根底，往来使臣每根底，众先生每根底，百姓每根底，宣谕的圣旨①：

成吉思皇帝、月阔台皇帝、薛禅皇帝、完者都皇帝、曲律皇帝圣旨："和尚、也里可温、先生每，不拣甚么差发休教当，告天祝寿者。"道来。

如今呵，依着在先圣旨体例［里］，和尚、也里可温、先生每，不拣甚么差发休当者。太上老君教法里告天祝寿者么道②。特授神仙演道大宗师、玄门掌教真人、管领诸路道教所、知集贤院道教事、辅道体仁文粹开玄真人孙德彧根底③，丘神仙的道子里委付了也。诸路里应有的先生、女冠每根底为头儿管着者，先生每根底合与的戒牒、师号、法名，教他与者。孙真人根底宣谕执把行的圣旨与了也④。

这的每宫观庵庙⑤他的房舍里，使臣休安下者。铺马祗应休着者。地税商税休与者。不拣是谁，休倚气力住坐者，休断公事者。不拣甚么休顿放者。但属宫观庵庙的水土、园林、碾磨、解典库、浴堂、店舍、铺席、船筏、车辆、竹苇、醋麴，不拣甚么差发休要者。

更，咱每的明降圣旨既有呵，推称着各枝儿投下⑥，于先生每根底，不拣甚么休索要者，先生每也休与者。

您众先生每，孙真人的言语里，太上老君教法里，休别了。依体例行者。做贼说谎的先生每有呵，管城子达鲁花赤、官人每根底分付与者。更，先生每自其间里有相争的勾当呵，孙真人委付来的头目依体例归断者⑦。先生每与俗人每有折证的词讼有呵，孙真人委付来的先生头目与管城子官人每一同归断者。但属宫观常住产业⑧，不拣甚么，不拣是谁休典卖者，休施献者。施献的人，典卖的人根底，要罪过者。

更，这孙真人这般宣谕了也，没体例勾当休做者。做呵，咱每根底奏者，不拣怎生呵，咱每识也者。

虎儿年七月二十八日，察罕仓有时写来⑨。

题解：

碑在今户县重阳宫，今存，《集释》（9）收录全拓，附有注释。第一截为皇庆二年（1313）任命孙德彧为掌教的圣旨，汉字文言，八思巴字注音，已收入《八思巴字与元代汉语》。第二截上方八思巴字蒙文，已收入《集释》。本文在下方，汉语译意。第三截为汉译禁约公告，见本书（73）。1998 年三秦出版社出版刘兆鹤、王西平编《重阳宫道教碑石》收录全碑拓影。

注释：

①此圣旨宣谕的对象，自中书省、枢密院、各行省地方官员，下至众道士、百姓。主要内容是向全国通报，任命孙德彧为全真掌教，管领诸路道教所事。旨中同时申述对道观的护持和对有关争讼的处置，与一般禁约公告不同。

②此处引据在先圣旨，加入"太上老君教法里"一句，遂与上文矛盾。检本碑蒙文，也如此作。当是拟旨者擅自添加。

③孙德彧，字用章。全真道李道谦弟子。世祖至元二十九年（1292）提举重阳万寿宫事，武宗时领陕西道教事，加号"体仁文粹开玄真人"。周至有邓文原撰《孙公道行之碑》，《巴西文集》失载。《金石萃编未刻稿》收入，《道家金石略》据拓本校录。元世祖以来，全真掌教之更替均经由朝廷任免。仁宗即位，原掌教常志清免职。皇庆二年（1313）遂有孙德彧的任命与加封。集贤院是元廷管理道教事务的机构，官长为院使、大学士。成宗以来，道教各派掌教加授"同知集贤院事""商量集贤院事"或"知集贤院事"等官衔，参与集贤院对本教派的管理。孙德彧的称号，蒙文碑文"玄门掌教"下无"真人"二字，汉译增入，遂与下文称号重复。虞集《道园学古录》卷五十《玄门掌教孙真人墓志铭》记封号全衔为"玄门掌教辅道体仁文粹开玄真人"。

④这里所说宣授孙真人的圣旨，不是上文所说委付丘神仙道子的任命圣旨（见本碑第一截），而是另一授权掌教的诏书。原旨未见，据引文可知包括了两项授权。一是管领诸路所有的全真道士和女道士（女冠）。一是授权给与应给的（合与的）戒牒、师号、法名。"戒牒"即度牒，僧道出家的凭证。宋金均由官府发给，后演为售卖。元代戒牒仍由官府核实发给，但不再出卖收钱，此旨授权掌教自行发给，是又一项改革，也是掌教权力的扩大。"师号"原指僧道法师的称号，元代道教"真人"称号，须由皇帝颁敕宣授。法师、大师

以下名号由掌教或真人授予。"法名"即入道后的教名，也由掌教或师从的真人授予。

⑤此处"这的每宫观庵庙"，乃泛指全国各路道士的宫观，非专指重阳宫。

⑥"各枝儿投下"八思巴字蒙文碑文仍只是 ajima-ud 一字，上文译为"各枝儿"，此处叠译各枝儿投下，即诸投下，"推称着各枝儿投下"意即推说各投下，以投下的名义，并见本书（22）。

⑦"归断"即查究判断。道士之间、道俗之间的纠纷与道士犯法的归断，本书（22）至元十七年（1280）重阳宫圣旨已有规定，此碑圣旨基本相同，没有更改。文中一再强调由"孙真人委付来的头目"依例归断，说明全真道各地宫观住持俱由掌教委任。朝廷委任掌教，掌教委任宫观先生头目，如同官员的任免。有人指责掌教的宫观与官府无异（王磐《创建真常观记》）。

⑧"常住"原为释家语，寺家产业为"常住物"。道士援用，也称宫观地土为"常住产业"，此碑八思巴字蒙文作"长久的水土"，汉译从通称，是指宫观固有的田地，不包括赏赐、施献、购买等。圣旨禁约施献典卖，从反面说明常住产业也被人买卖经营。

⑨此圣旨与（64）禁约公告圣旨发于同时同地。（64）碑文是专发的护持重阳宫禁约骚扰的公告，故另为刻石。

周至重阳万寿宫碑下部（66、73）

67. 荥阳洞林大觉寺碑

——晋王也孙帖木儿令旨（1314年）

长生天气力里、皇帝福荫里也孙帖木儿晋王令旨①：

城子里达鲁花赤、官人每根底、军官每根底，军人每根底，往来使臣每根底，宣谕的令旨：

大圣旨里："和尚每根底，也里可温每根底，先生每根底，不拣甚么差发休当，告天祝寿者。"道有来

如今依着圣旨体例里，不拣甚么差发休当，告天祝寿者么道。汴梁路郑州属司空②雪堂总统的洞林大觉禅寺、普照禅寺、王折（村？）大明寺里③住的月岩瑛长老、朗首座、诠提举、海提点、寓提点、现监寺、山监寺和尚每根底，执把行的令旨与了也④。

这的每寺里使臣休安下者。铺马祇应休与者。地税休纳者。水土、园林、碾磨，不拣甚么他得⑤，不拣是谁休使气力扯拽夺要者。这的每更倚着这般说么道，别了经文体例，没体例勾当做呵，他每不怕那甚么。

令旨俺的。

虎儿年十一月二十一日，赤那思有时分写来⑥。

题解：

本文刻于本碑第五截右方，延祐元年甲寅（1314）。

注释：

①也孙帖木儿是晋王甘麻剌之子。大德六年（1302）正月，甘麻剌死，也孙帖木儿袭封，仍镇北边。宗王令旨署名者少见，名字书于王号之前尤为少见。原文应是晋王令旨，"也孙帖木儿"是立石僧人增添，以免与第四截晋王甘麻剌令旨混同。也孙帖木儿于至治三年（1323）即帝位，即泰定帝。

②雪堂之上一字磨泐，《金石萃编补正》录为"司空"。

③晋王甘麻剌为临济宗雪堂诸寺之"外护"，见（53）注。也孙帖木儿袭

封，颁旨护持，自属常理。此令旨于洞林大觉寺及所属普照寺以外，又补入"王折大明寺"，碑阴作"大明院"。"王折"无解。碑阴本寺法属派出寺名均列出具体地点，如郑州西关龙泉寺村显庆院、唐村兴国寺等，"王折"疑是王村之误。

④洞林大觉禅寺是雪堂统领的临济宗十大寺之一，例由住寺僧三四人以不同名义协同管理。此令旨于前旨所见洞林寺瑛长老（月岩是号）等三人而外，又增列寺僧三人，给予令旨，当是兼管大明寺事。

⑤原碑作"得"，即"的"异写。

⑥赤那思，虞集《道国学古录》卷二十三《句容郡王世绩碑》作赤纳思，陈得芝《赤那思小考》谓其地在怯绿连河成吉思汗大斡耳朵地界，见《蒙元史研究丛稿》。晋王镇守北边，故驻跸其地，此类令旨大抵由大都王府拟写，以宗王名义发布，注出所在地点。

荥阳洞林大觉寺碑第五截右（67）

68. 邹县孟庙文书碑

——户部关文（1314年）

皇帝圣旨里中书户部承奉中书省判送［本］部元呈：^①

山东宣慰司关^②：益都路滕县、曲阜县^③申："邹国公五十二代孙孟惟敬等呈；孟氏子孙合该税石，于丁酉年间奉圣旨^④，依僧道例将各家合该地税除免了当。惟敬等二家元籍系滕县住户（？），不相统摄，未蒙除免。"得此，又据邹县［状］申："孟在委系亚圣邹国公四十九代孙，将合纳地税肆斗壹升除免相应。"得此，本部议得^⑤：亚圣兖国公颜氏子孙颜宽等捌家税石，已经呈准省部除免了当外，亚圣邹国公孟氏子孙孟信、孟成贰家，乙未、壬子二年^⑥籍面内明该滕县孟信、孟成系孟子五十代孙，邹县孟在系孟子四十九代孙。即与都堂钧旨连送户部，更为照勘地亩税石数目，如无违碍，依上施行^⑦。

奉此，当（？）部合行移并请照验，更为照勘地亩税石数目，如无违碍，依上施行。须至关者^⑧。

右关山东宣慰使司。

延祐元年十一月廿日，令史李翔承行。

至顺二年十月吉日，家长惟恭立石^⑨。

题解：

此关文与（40）合刻一石，在下方。延祐元年（1314）十月发文，至顺二年（1331）十月立石。立石人为族长孟惟恭。立石年月距上截丁酉年（1237）圣旨已九十四年，距延祐元年（1314）关文，也已十七年。旧旨新刻表明除免地税仍有纠葛。关文层层引转，分段标示，供参阅。

注释：

① "中书省判送"即中书省将户部呈文书判后送回，近似现在的批复。"部"字前一字磨泐，得为"本"字或"户"字。此下文字即户部元呈文字的摘录。

②山东宣慰司即山东东西道宣慰司，设于益都路。领治官员为宣慰使，官署称宣慰使司。向同级或非直属下级通报情况，称"关"，即关照、知照。文书称"关文"。《吏学指南》释"关"："谓开通其事也。"

③元朝定制，益都路领八州十五县，所属滕州领二县，滕县、邹县。

④"丁酉圣旨"即此碑上方太宗九年（1237）圣旨（40）。原旨称"仍依僧道一体蠲免差发"，并未免地税。两县申奏依托旧旨，规免地税，实为曲解。

⑤"本部议得"即户部陈述调查情况及处理意见，不便曲解旧旨，遂援引成例为依据。颜氏子孙八家曾获准免地税，孟氏子孙也可照办。

⑥乙未即太宗七年（1235），壬子为宪宗二年（1252），蒙古汗廷先后两次在已占领的汉地检括户口，时称"括户"。户口登记入籍为征发税役的依据。

⑦"即与"以下文句是中书省对户部元呈的批示，即判词。照勘地税数目，"依上施行"，即依例免税。

⑧"奉此"以下文句是户部奉到判送，行文山东宣慰使司照验施行。

⑨此碑于至顺二年（1331）十月立，《元史·文宗记》至顺元年（1330）三月，加封颜回为兖国复圣公，孟子为邹国亚圣公。"亚圣"遂成为孟子的专有称号。此碑延祐元年（1314）关文，仍依原文，颜孟均称亚圣，未作改动。

立石年月前有尚书、侍郎、郎中、员外郎押，不具录。

69. 周至太清宗圣宫圣旨碑

——仁宗圣旨（1315年）

长生天气力里、大福荫护助里皇帝圣旨：

军官每根底，军人每根底，城子里达鲁花赤、官人每根底，往来的使臣每根底，宣谕的圣旨：

成吉思皇帝、月古台皇帝、薛禅皇帝、完□都皇帝、曲律皇帝圣旨里："和尚、也里可温、先生每，不拣甚么差发休当，告天祝寿者。"么道有来。

如今依着在先圣旨体例里，不拣甚么差发休当，告天祝寿者么道。奉元路盩厔县终南山有的道祖古楼观太清宗圣宫住持都提点通微［玄］妙悟真大师董道淳（弘?）[①]□□□志□为头儿先生每根底，执把行的圣旨与了也。

这的每宫观□房舍里，使臣休安下者。铺马祗应休拿者。地税商税休与者。但属宫观的水陆地土、园林、碾磨、浴堂、解典库、店舍、铺席、竹［苇］、船只，不拣甚么他每的休夺要者。更属本宫旧有的［乘］田村[②]西观谷常住赡宫地土，不拣是谁休倚气力侵占者。

这先生每有圣旨么道，没体例的勾当休做者。做呵，他每不怕那。

圣旨。

兔儿年月日，大都有时分写来[③]。

题解：

此圣旨刊于宗圣宫碑第二截，在（38）成宗圣旨之下。据《金石萃编未刻稿》校录。

注释：

①此大师称号《未刻稿》刊本"元妙"无解，当是因避讳，改"玄"为"元"，今为还原。"董道淳"一名不见于楼观道教碑石。至元十九年（1282）李道谦撰《宗圣宫主石公道行记》碑末见董道弘，称为道谦"门人"。至元三十年（1293）《楼观先师传》碑立石人见"副宫董道弘"。大德七年（1303）

立石的《楼观大宗圣宫重修说经后记》见"提点董道弘"（碑文俱见《楼观台道教碑石》）。《未刻稿》所据碑拓此处磨损过甚，以下数字均已难识辨。意者"董道淳"系董道弘之误识，以提点晋为都提点自无不合，接任本宫住持也属常理。仁宗此旨禁约骚扰与第一截成宗圣旨内容基本相同，当是因住持易人，依例换授，只是增添了一些项目。

②"竹"字后一字原缺，据第一截可见"竹苇"，拟补。乘田村"乘"字原缺，据第三截文字拟补。元碑译名译语均无定字，其他缺字不再意补。

③兔儿年当是仁宗延祐二年乙卯（1315）。

70. 昆明筇竹寺圣旨碑（1316 年）

长生（原误"寿"）天气力里、大福荫（原误"庄"）护助里皇帝圣旨：

军官每根底，军人每根底，城子里达鲁花赤、官人每根底、往来使臣每根底，宣谕的圣旨：

成吉思皇帝、月阔台皇帝、"薛禅皇帝"（原缺，拟补）、完（原误"宗"）泽笃皇帝、曲律皇帝圣旨里：和尚、也里①（下缺）

（上缺）要赐藏经与筇竹寺里②，命玄坚和尚住持本山转阅③，以祝圣寿，以祈民安（原误"妥"）。凡不拣甚么休当，告天祝寿者么道（"道"字原缺）有来。如今依先的圣旨体例，教甚么差发休当，告天祝寿者么道。云南鸭池城子④玉案山筇竹寺住持玄坚长老为头和尚每根底，执把大藏经帙与了。圣旨宣：玄坚教修本寺里藏经殿并寺院房舍完了者。差发、铺马，一应休当者。税粮休当［者］。但系寺院的田园、地水（原字不整）⑤、人口、头疋、铺面、［解］典［库］（"解""库"二字原缺，拟补）、浴（原误"咨"）堂，不拣甚么的，是谁休夺要者，休倚气力者。

更，者和尚每有圣旨么道，没体例底（原误"依"）勾当做呵，他更不怕那（原笔划有误）甚么。

圣旨。

龙儿年四月二十三日，大都有时分写来。⑥

题解：

昆明筇竹寺圣旨碑，今存，在寺内正殿。两面刻，碑阳为白话汉译圣旨，延祐三年（1316）；碑阴为蒙古畏兀字"云南王藏经碑"，泰定二年（1325）。北京大学图书馆藏有拓本，未刊。《北图汇编》第 49 册刊有拓本图版。此类白话直译圣旨多由蒙古翰林院以蒙古国字写就颁发，各地译史直译。云南地处边陲，不甚熟习内地寺观通行的圣旨体例，遣词用字多有不同。书写刻石也因不熟习文体，多有漏误，今据两拓本校录。明显的误字，径予改正，加括注说明。方龄贵曾有校注，并已参及。

1949年刊《新纂云南通志》（简称《新志》）金石考收有圣旨全文，附有方国瑜跋语考释。诸家对碑阴蒙古字碑文的译释参见方龄贵《云南王藏经碑新探》，载所著《元史丛考》（民族出版社2004年版）。

注释：

①"也里"下应有漏误，方国瑜跋云："以他碑例之，'也里'下当脱'可温'二字，盖也里可温下又夺先生、达失蛮，不拣甚么差发休当者，告天祝寿者等字，盖通常碑文如此。"方拟文字，通例大致如此。但此碑之内容与文字均与通例有别。缺漏文字是否尽如所拟，无证。

②"要赐藏经与筇竹寺里"，要字之上无主语，显有脱漏。赐经事见方跋引释圆鼎《滇释纪·玄坚雪庵传》，内称："至大庚戌，南省大臣奏请大藏以新荒服，特旨于古杭命僧录司管巴领琅函三藏，传至善阐（昆明），分供筇竹、圆通、报恩三刹，以畀僧尼传阅。"至大三年庚戌（1310）请旨，自古杭传至昆明，当在仁宗之世。古杭大藏当是宋刻藏经，不详何种。筇竹寺今寺为明代重建。旧寺相传始创于唐代。元世祖时善阐人禅宗大师雄辩自内地学法回乡住持该寺，遂成为云南禅宗主寺。事见《雄辩法师大寂塔铭》（《新志》卷九）。

③玄坚，号雪庵。滇人。至元二十一年（1284）在筇竹寺受雄辩禅师剃度为徒，大德五年（1301）雄辩卒，嗣主此寺。仁宗时受命建殿藏经。延祐六年（1319）病死，六十五岁。寺内建塔纪念。事见《新志》所收塔铭及前引小传。

④鸭池，又译押赤，蒙古对昆明的通称。

⑤此词在八思巴字蒙文护持圣旨中，多是地土（gazar）在前，水（usun）在后，汉译多作"水土"。灵寿祁林院碑或作"田地、水土""田地、水例"。此碑直译"地、水"，水字笔画略失规整。方校拟为"地双"，恐欠妥（见前引《元史丛考》）。

⑥龙儿年为延祐三年丙辰（1316）。

70. 昆明筇竹寺圣旨碑（1316 年）

昆明筇竹寺圣旨碑（70）

71. 荥阳洞林大觉寺碑

——小薛大王令旨（1318年）

长生天气力里、皇帝福荫里小薛大王令旨①：

沿路上有的民户每根底，城子里达鲁花赤、官人每根底、脱脱和孙每根底，管站的根底，船户每根底，管和尚头目每根底，来往的使臣每根底，把城门每根底②：

皇帝咱每哥哥兄弟每根底教祝寿的上头，咱每的郑州荥阳县属雪堂总统的洞林禅寺住的瑛无瑕庵主为头儿三个和尚每根底，长行马三匹，为做好事勾当的上头，来的时分，去的时分，不拣是谁休得遮当者。经过的百姓每根底，人吃的茶饭，马吃的草料，依大圣旨体例里与者，么道。沿路上行的金印令旨与了也③。这和尚每做没体例勾当，交百姓生受呵④，他每不怕那甚么。

令旨俺的。

马儿年二月初七日，大都里有的时分写来⑤。

题解：

小薛令旨刻于本碑第五截左方，是碑末的一篇。令旨译文出于王府，词句多有不同。内容为护持和尚外出弘法。

注释：

①《元史》所见宗王名小薛者，凡有三人。其一见《元史·宗室世系表》，太宗子合丹之孙。合丹又称合丹秃鲁干。至元二十四年（1287）随同乃颜起兵叛，败降。次年再叛，败逃。二十七年（1290），被元军追剿，逃入高丽。《元史·世祖纪》至元二十六年（1289）十二月记"小薛坐与合丹秃鲁干通谋叛，伏诛"。此小薛因参与祖父的叛乱被处死。《集录》误释为本碑之小薛大王，应予更正。另一个见于《宗室世系表》的小薛，是泰定帝的第三子，早卒，与本碑的小薛大王无关。还有一个小薛屡见于《元史》世祖朝和成宗朝纪事，但《宗室世系表》失载。拉施特《史集》窝阔台汗纪记太宗子阔出

后裔有小薛其人（波斯文 SWSH，英译本作 söse，中译本作小薛，见余大钧、周建奇译本第二卷）。不载事迹。阔出后王封邑，至元三年改（1266）拨睢州（今河南睢县），属汴梁路。《元史·世祖纪》至元二十六年（1289）五月记"移诸王小薛饥民就食汴梁"，即汴梁路治所开封，与睢州邻近。小薛封邑在睢州，移民就食，甚为合理。此后，《元史》世祖、成宗本纪屡见诸王小薛部民北上窜扰平阳，远至凤翔。仁宗皇庆元年（1312），本纪仍见"敕诸王小薛归晋宁路襄垣县民田"。《元史》本纪所称"诸王小薛"应即《史集》的阔出后王，也即本碑发布令旨的"小薛大王"。因无封国，故泛称"诸王"或"大王"。近年山西芮城发现大德七年（1303）河东延祚寺的蒙文令旨碑。译文已收入《集释》[7]。八思巴字蒙文 Se'use-'euge 即"小薛言语"，依元代汉译也可作小薛令旨。此小薛与本碑发布令旨的小薛大王当是同一人。

②脱脱和孙，又译脱脱禾孙，原意为查验者，设于驿站，辨使臣奸伪，见《元史·百官志》。"管站的"即站赤每，已见（46）碑注。"把城门每"即把守城门的人们。(19) 碑见"把军官每"，(21) 碑见"把军底官人每"。前引延祚寺蒙文碑，作"把守口子的人每"，均指驻守的官兵。又译"镇守每"。

③瑛无瑕庵主即（60）仁宗圣旨中的瑛长老，"做好事"即做佛事。僧人外出弘法，不能取得经由驿站的奉使圆牌，故请诸王令旨，习称"奉令旨乘传"。洞林寺僧外出，经由汴梁路小薛属地，持有小薛令旨，可通行无阻，由沿途供应饮食草料，故称"沿路上行的金印令旨与了也"。"金印"译自蒙语，原意为朱印。

④生受，俗语。生是熟的反面。生受即不当受而受。百姓承受不应承受的负担称生受，受人馈赠或礼敬也谦称生受。此处是告诫和尚不能叫百姓承受不当有的负担。

⑤此马儿年当为仁宗延祐五年（1318），文中提及瑛庵主可证。令旨写于大都，可知小薛在大都设有王府。此令旨不同于一般护持，而是在发给和尚乘传令旨后，写给沿路官民和驿站人员的通告。

荥阳洞林大觉寺碑第五截（71）

72. 郃阳光国寺圣旨碑（1318 年）

长生天气力里、大福荫护助里皇帝圣旨：

军官每根底，军人每根底，城子里达鲁花赤、官人每根底，往来使臣每根底，宣谕的圣旨：

成吉思皇帝、月阔台皇帝、薛禅皇帝、完泽笃皇帝、曲律皇［帝］圣旨里："和尚、也里可温、先生每，不拣甚么差发休当，告天祝寿者。"道有来。

如今依着在先圣旨体例里，不拣甚么差发休当，告天祝寿者么道。奉元路所管同州郃阳［县］①有的五冢国清寺②、光国寺③、寿圣寺④、桥头寺、永宁寺、大栅寺、木避寺等寺院里住的福讲主、海吉祥、达讲主、冲戒师、心戒师、琼师为头和尚每根底⑤，执把行的圣旨与了也。

这的每寺院房舍里，使臣休安下者。铺马祇应休拿。地税商税休与者。但属寺家的水土、园林、碾磨、店、铺席、解典库、浴堂、人口、头疋，不拣甚么他的，休夺要者，休使气力者。

更，这和尚每说有圣旨么道，无体例勾当休做者。做呵，他每不怕那。

圣旨。

马儿年四月二十三日，大都有时分写来⑥。

       延祐六年八月吉日，住［持僧明慧普慈大师了常立石］

         路井镇赵珪刊。乡士白克中译书丹并额。

题解：

碑在陕西郃阳，清孙星衍《寰宇访碑录》卷十一著录，题为"光国寺圣旨碑"。上蒙古字下汉字正书。碑已不存。沙畹（Ed. Chavannes）曾得此碑拓本，刊于 1908 年《通报》（*Toung Pao*）。蒙文部分曾先后经列维茨基（M. Cewicki）、山畸忠、李盖特（L. Ligeti）编译。《集释》［14］收录全拓，附有说明。沙畹拓本汉字有缺失。1934 年刊《续修陕西通志稿》金石志收录汉文全文。艺风堂藏全文拓本，末字失拓，存北京大学图书馆。现据两拓本及《通志稿》校录。

注释：

①郃阳，县名。北宋为同州属县，金初属桢州。元初废桢州，仍隶同州，属安西路。仁宗改奉元路，见《元史·地理志》。

②五冢国清寺。五冢当是小地名，无考。"国清寺"为天台宗寺名，隋代在浙江天台山建寺，炀帝赐名国清。郃阳此寺以国清为名，当属天台宗，此圣旨列此寺为首，当是天台大寺。

③光国寺，为此碑立石所在，乾隆《郃阳县全志》卷一阴阳学条："僧会司，旧在光国寺左。"原注："寺建于唐初，在今县治西，国朝邑诸生李穆有记。乾隆二十八年，知县梁善长重修。"元代应是仅次于国清寺的天台宗大寺。

④寿圣寺见前引乾隆《郃阳县全志》卷一地理："雷庄有寿圣寺，宋熙宁三年额也。"又云："自隋炀帝幸镇之阿那寺，更名曰大云。宋熙宁二年赐额寿圣。金明昌四年复修之。邑进士赵廷实记。"同书同卷又记北乡镇有桥头河，又有大栅村，似即桥头寺、大栅寺所在地。余无考。

⑤"讲主"是寺院尊宿，讲经授徒，主持寺院。"戒师"是授戒之本主，"师"是戒师的助手。旨中依次所列福讲主、海吉祥似是国清寺住持。达讲主或是光国寺住持。戒师分主各小寺，不相统属，所以分别授予圣旨。

⑥马儿年为仁宗延祐五年戊午（1318）。艺风堂拓本后有小字一行"延祐六年八月吉日"。以下仅存"住"字。《续修陕西通志稿》录文作"住持□□□□普慈大师了常立石"。了常之名不见碑文圣旨，具有大师称号，地位较高。"立石"以下又有小字"路井镇赵珪刊"。《郃阳县全志》卷十四西乡镇条："四十里曰露井，相传村井得瑞露而甘，故名。一曰路井。"赵珪当是路井的刻石匠人。

72. 郃阳光国寺圣旨碑（1318 年）

73. 周至重阳万寿宫碑

——仁宗圣旨（1318 年）

长生天气力里、大福荫护助里皇帝圣旨：

中书省、枢密院、御史台官人每根底，行中书省、行御史台、宣慰司、廉访司官人每根底，军官每根底，军人每根底，城子里达鲁花赤、官人每根底，各枝儿头目每根底，众百姓每根底，宣谕的圣旨：

曲出为头集贤院官人每奏①："孙真人文书里说有②，在先成吉思皇帝、月阔台皇帝、薛禅皇帝、完者都皇帝、曲律皇帝圣旨里：'和尚、先生、也里可温、答失蛮，不拣甚么差发休当，告天祝寿者。'么道宣谕了来。如今依着在先圣旨体例里，告天祈福者么道。"更延祐元年八月，'先生每自其间里有相争勾当呵，孙真人委付来的头目依体例归断者。先生每与俗人有折证的词讼呵，先生每的头目与管城子官人每一同归断者'。么道圣旨有来。近闻外路有的管民官，先生每根底科要［地］税商税杂泛差发有，拖要铺马祗应有。趁粮的流民宫观里安下，好生的搅扰有。"么道奏来③。

如今先生每根底，在先不曾教当的差发，教当的体例那里有。今后，道教不拣甚么勾当上头，依着在先已降的圣旨体例里：先生每根底，地税、商税、杂泛，不拣甚么差发休当者。铺马祗应休要者。趁粮的流民，宫观庵庙里休安下者。各处有的，但属宫观庵庙的田产、水土、人口、头疋、园林、碾磨、解典库、浴堂、店舍、铺席，不拣甚么他每的，不拣是谁，休夺要者，休倚气力者。宣谕了也。

这般宣谕了呵，违别了的人每，不怕那甚么。

［更］，这先生每这般宣谕了么道，不属自己的影占，行无体例勾当呵，他每不怕那甚么。

延祐五年四月二十六日，大都有时分写来。

题解：

碑文与本书（66）同刻一石，此在下方，无蒙文。汉译圣旨宣谕中书省以下各地方官员及众百姓。因集贤官员陈奏外路道观受地方官员征索及流民搅扰，重申在先已降圣旨禁约。

注释：

①曲出，《元史》作曲枢，卷一三七有传。仁宗幼年的师保，武宗即位，领詹事院事，进太子太保。仁宗即位授太保、集贤大学士。故称"曲出为头集贤院官人每"。

②孙真人即全真掌教孙德彧。被授予知集贤院事官衔，故得以向集贤院行文陈事。文中称延祐元年（1314）八月圣旨即此碑第二截七月二十八日旨，见本书（66）。此类圣旨例由蒙古翰林院"书写圣旨必阇赤"拟具，呈准。传送开读当在八月。

③"趁粮的流民宫观里安下"，不见于一般禁约公告圣旨。趁意赶趁。此指赶往各地觅食的流民。仁宗初年，各地水旱饥馑频仍，参见《元史·仁宗纪》。赶往外地觅食的流民，无处安身，暂住宫观，当是事实。故请降旨禁约。

74. 濬州天宁寺法旨碑（1321年）

皇帝圣旨里帝师公哥罗古罗思监藏班藏卜法旨①：

军官每根底，军人每根底，城子里达鲁花赤、官人每根底，往来的使臣每根底，和尚每根底，百姓每根底，教谕的法旨：

依圣旨体例："和尚、也里可温、先生每，不拣甚么差发休着者，告天祝寿者。"么道。大名路濬州大伾山②天宁寺里住持的讲主朗吉祥根底，执把行的法旨与了也③。

这的每寺院里房舍里，使臣休安下者。铺马祗应休着者。税粮休与者。但属寺家的水土、园林、碾磨、解典库、店、铺席、浴堂、人口、头疋，不拣甚么他的寺院里休夺要者。休倚气力者。

这般教谕了呵，别了的人，他更不怕那甚么。

这的每道有法旨，无体例勾当休做者。做呵，他每不怕那甚么。

法旨。

鸡儿年正月十五日，大都有时分写来。

泰定三年正月吉日，当代住持普朗等立石④。

题解：

碑在河南浚县大伾山天宁寺，已毁，仅有录文及拓本传世。清嘉庆时，濬县（今浚县）知县熊象阶撰《濬县金石录》收录。其时此碑尚存，但已多磨蚀。上截八思巴字蒙文法旨，熊书记为"国书"，未录。只录下截汉字蒙文。碑阴原有天宁万寿禅师宗派之图，仅存残文，熊书录存。1930年刊顾燮光《河朔访古新录》卷八著录，称碑已断裂为三。近刊《北京图书馆藏历代石刻拓本汇编》收入馆藏拓本，碑身尚未断裂，当是现存较早的旧拓。现据此拓本下截过录。上截蒙文法旨已收入《集释》[15]。

注释：

①公哥罗古罗思监藏班藏卜系萨迦款氏家族桑波贝之子。《汉藏史集》下

篇《萨迦世系简述》说："公哥罗古罗思监藏班藏卜生于其父三十八岁的阴土猪年"，即大德三年乙亥（1299）。《元史·仁宗纪》延祐三年（1315）二月庚子，"诏以公哥罗古罗思监藏班藏卜为帝师"。此前三任帝师均为八思巴弟子，此后才又归由款氏家族承袭。至治元年（1321）返萨迦，受具足戒。泰定元年（1324）回大都，四年（1327）死于大都。关于此僧的行迹，汉藏史籍所记互有异同。中外学者有关考证，参见《集释》(15)，不再引录。"法旨"非藏语，而是蒙古语中汉语借词的还原。汉语法旨习用于佛教、道教法师，也用于天帝神仙，应用甚广。

②濬州为宋、金旧制，濬音 xùn，元代属大名路，州治今浚县。大岯山即大伾山，元代为游览胜地。游人题词均作大伾山。《永乐大典》引《元一统志》也作大伾山。此碑圣旨作"大岯山"，当是书人有意摹古，并非元人通称。

③熊象阶编《濬县志》卷一三"寺观考"，"天宁寺，在大伾山东崖"。未记此寺沿革。《濬县金石录》有后周显德五年（958）马长非撰《黎阳大伾山寺准敕不停废记》刻石。黎阳为濬县旧称。周世宗反佛废寺，大伾山寺因属"年深寺院"依旧住持。此大伾山寺当即元代之天宁寺。大伾山摩崖有"大伾伟观"四大字，下署"刘懋试笔于天宁寺之石壁"，"至元甲午"。是为天宁寺名最早见于刻石。刘懋，名臣刘肃之子，见《元史·刘肃传》。《金石录》又收有《天宁禅寺创建拜殿碑记》，至顺二年（1331）立石，在法旨碑十年之后。

④碑文法旨"天宁寺里住持的讲主朗公"，立石人署"当代主持普朗"，《金石录》缺普字。据碑阴禅师宗派图，"普"字实为一代禅师之共名。至顺《创建拜殿碑记》称"本寺当代住持妙悟广慧大师秋岩讲主朗公"，并称其主寺已十有余年。

滁州天宁寺法旨碑下部（74）

75. 易州龙兴观懿旨碑（1309年）

长生天气力里、皇帝福荫里皇太后懿旨[①]：

军官、军人每根底，管城子的宣差、官人每根底[②]，各枝儿头目每根底，来往的使臣、百姓每根底，宣谕懿旨：

皇帝圣旨里：和尚、也里可温、先生，不拣甚么差发休当者，告天祝寿说有。圣旨体例：不拣甚么差发休当者，告天祝寿么道。保定路易州里有的龙兴观[③]、洪元宫、烟霞观、玉泉观里有的提点王进善、张元志、宋道春、王道吉为头儿先生每，执把的懿旨与了也者[④]。

这的每宫观里房舍内，使臣休安下者。铺马支应休与者。商税休纳者。但属宫观的水土、园林、水磨、解典库、店舍、铺席、浴堂、人口、头疋，一切等物但是他每的，不拣是谁休夺要者，休倚气力者[⑤]。这般晓谕了，别了的人，不怕那甚么。

更，这先生每说道有懿旨，若无体例勾当做呵，他每不怕那甚么。

懿旨俺的。

鸡儿年十一月初十日，大都有时分写来。

大元至顺二年岁次辛未六月吉日建[⑥]。

题解：

碑拓据艺风堂旧藏，今存北京大学图书馆。《缪目》卷十六著录，题为"易州龙兴观皇太后懿旨碑"。注云："二面刻，碑阳正书，碑阴国书并额。""在直隶易州（河北易县）本观。"案元代两面刻碑文，例将八思巴字蒙文圣旨作为正文刊于碑阳。编目人因不了解元代文书特点，囿于以汉文为主体的传统，往往将碑阴汉文译文误为碑阳，应予订正。俄国学者鲍布罗夫尼科夫（A. A. Bobrovnikov）曾在1870年将俄国所藏拓本刊布，考订皇太后为答己，颁发懿旨的鸡儿年为1309年己酉。学者对此说或有异议。包培（N. N. Poppe）信从波兹德涅耶夫（A. M. Pozedeneyev）之说，订为1321年。《集录》曾从此说，《集释》[8] 收录此碑予以订正，再考为至大二年1309年。

注释：

①"皇太后"为武宗之母答己，已见本书（55）荥阳洞林寺碑。前碑懿

旨称"依着圣旨体例",此碑据蒙文原文未译后缀,省略"依着"二字。案皇帝圣旨引述前朝帝旨,称"如今依着在先圣旨体例",皇太后懿旨只能遵依在位皇帝圣旨,二者不同,不应误会。

②"管城子的宣差、官人每","宣差"一词蒙文碑文原为 daruqasda。常见的碑文多取音译名作"达鲁花赤每根底"。"宣差"原为汉语使臣的称谓,即蒙语的乙里只(elcin)。金元之际降蒙官员仍任原职,加书"宣差",以表明蒙古授任。元朝建国后,多改用"宣授"或"宣命"。汉人因达鲁花赤是特命的蒙古官员,往往仍沿旧称,尊称为"宣差"。《事林广记》中的《蒙古译语》(《至元译语》)注释汉语"宣差"为"达鲁花赤",并不确切。达鲁花赤可称宣差,"宣差"并不都是达鲁花赤。

③龙兴观,始建于唐代。明弘治《易州志》称"龙兴观在州治南三百六十步,唐初建故名龙兴",元初张柔修葺。明宣德时重建,弘治时已毁。近刊《河北省志·宗教志》记:"观址在易县城东南隅,现存正一教碑一通,名曰大元易州龙兴观宗支恒产记。至正十二年六月初三日建。"《道家金石略》收录,并录碑阴"易州在城龙兴观宗支道派"及"龙兴观正一宗支图"。懿旨所见之洪元宫、烟霞观、玉泉观俱为龙兴观宗支道派,属正一教。

④护持懿旨曾授予易州四宫观四提点。王进善自世祖至元间为龙兴观提点,见至正间刻石的《龙兴观提点缑公功行记》,《道家金石略》收录。据前引《恒产记》,龙兴观宗派祖师韩真人,师从正一道三十代天师张继先,五传至王进善,号崇和灵静大师。此派道士以道、德、玄、志排名,故又作王道善。张元志当是烟霞观提点,"宗支图"见"住持源泉烟霞观体玄张真人"。宋道春为玉泉观提点见"宗支图"。王道吉当是洪元宫提点,"宗支道派"见"洪元宫住持提点王道□",末一字磨泐,应是"吉"字。

⑤碑刻的懿旨为禁约公告。备列宫观产业,禁约侵扰。四观应以古观龙兴观为主,另三观为宗支。《恒产记》详列宫观产业,以免争讼,包括殿堂三十余间、菜园两所、土地三段、房舍三处。并不见懿旨所列解典库、店舍、铺席、浴堂等经营产业。大抵此类禁约文告,只是例行公事,依据既定程式填发,不必样样都有。蒙文懿旨在"商税休与者"前有 tsang(仓)字,即地税。汉译碑文无此字。

⑥皇太后懿旨末署鸡儿年十一月初十日。武宗于大德十一年(1307)五月即位,尊生母答己为皇太后,此懿旨颁于至大二年己酉(1309),本无疑问。碑阴末有小字一行"大元至顺二年岁次辛未六月吉日建"。立石已是颁旨二十二年之后,当是由于遭到侵扰,重刻旧旨。这时,皇太后已于延祐七年(1320)由仁宗子英宗加号太皇太后。立石人据当时称号,用八思巴字题写"太皇太后懿旨",刊为碑额。因而曾被误认为懿旨写于加号太皇太后之后的至治元年辛酉(1321)。出于误会,应予校正。

75. 易州龙兴观懿旨碑（1309年）

易州龙兴观懿旨碑（75）

76. 泰山东岳庙圣旨碑（1324 年）

长生天气力里、大福荫护助里皇帝圣旨：

军官每根底，军人每根底，管城子达鲁花赤、官人每根底，来往的使臣每根底，宣谕的圣旨：

成吉思皇帝、月古台皇帝、薛禅皇帝、完泽笃皇帝、曲律皇帝、普颜都皇帝、怯坚皇帝圣旨里①："和尚、也里可温、先生、达识蛮每，不拣甚么差发休当者，告天祝寿者。"么道有来。

如今依着在先圣旨体例里，不拣甚么差发休着者，与咱每告天祈福者么道。泰安州有的泰山东岳庙②住持提点通义守政渊靖大师张德璘③、副提点通微□□大师梁道诚为头④先生每根底，执把行的圣旨与了也。

这的每庙宇房院里，使臣休安下者。铺马祗应休拿者。商税地税休与者。但属他每的水土、园林、碾磨、铺席，不拣甚么他每的，休倚气力夺要者。每年烧香的上头得来的香钱、物件，只教先生每收掌者。庙宇损坏了呵，修理整治者⑤。这的每其间里，不拣是谁，休入来，休沮坏者⑥。

更，这张［德］璘、梁道诚根底，圣旨与了也。无体例勾当行呵，他不怕那甚么。

圣旨。

泰定元年鼠儿年十月二十三日，大都有时分写来⑦。

题解：

碑已不存。顾炎武《山东考古录》收录。钱大昕《潜研堂金石文跋尾》卷十九称："碑向在泰安府岳庙西偏延禧殿前。近岁修庙者磨去其文为他用，泰安人聂钦云。"清季吴式芬撰《捃古录》卷十九著录，题东岳庙圣旨碑，注"已为人磨去"。冯书据槐庐丛书本顾录收录。近访得碑文被磨去前尚存有拓本，现存台北历史语言研究所傅斯年图书馆。承蒙惠寄拓影，据以校录。

注释：

①"普颜都"，元仁宗蒙语谥号，又译普颜笃。"怯坚"，元英宗蒙语谥号，有洁坚、格坚等多种异译。顾录作"格坚"。

②东岳庙位于泰山顶峰，又称"岱顶东岳庙""泰山上庙"。民国重修《泰安县志》卷二称："在岳顶摩崖碑前，元人张志纯重修。"摩崖碑即唐玄宗御制《纪泰山铭》，在东岳庙后石崖，今存。张志纯原名志伟。《甘水仙源录》卷八载有杜仁杰撰《阜上张氏先茔记》记其事，称"中统四年蒙燕都长春宫掌教真人专使奉赍圣训，委师提举修东岳庙事"。掌教真人，时为张志敬。

③张德璘，无考。元初重修系奉全真道掌教张志敬之命，可知东岳庙属全真管领，此人当是全真大师。

④顾录脱"副提点通微□□大师梁道诚为头"等字。拓本"大师"前缺两字，似人为磨去，无考。

⑤此项规定即允许道士自己收取香钱，不交官。旧制庙宇损坏，官为修理。改为道士用香钱修理整治。参见（89）（93）碑圣旨。

⑥"这的每其间里"即他们中间，指道士们起居之处，别人不得进入骚扰破坏。参见（89）（93）圣旨。

⑦顾录"泰定"下脱"元"字，据拓本补。

泰山东岳庙圣旨碑（76）

77. 许州天宝宫圣旨碑（1326年）

长生天气力里、大福荫护助里皇帝圣旨：

军官每根底，军人每根底，城子里达鲁花赤、官人每根底，往来的使臣每根底，宣谕的圣旨：

成吉思皇帝、月古台皇帝、薛禅皇帝、完者都皇帝、曲律皇帝、普颜笃皇帝、格坚皇帝圣旨里："和尚每、也里可温每、先生每、答失蛮每，不拣甚么差发休着，告天祝寿者。"道来。

如今呵，依着在先的圣旨体例里，不拣甚么差发休着，告天者，咱每根底祈福者么道。汴梁路许州有的天宝宫里[①]住持的明真广德大师提点王清贵[②]为头先生每根底，执把行的圣旨与了也。

这的每宫观里，使臣休安下者。铺马祇应休拿者。商税地税休与者。庄产、园林、碾磨、店舍、铺席、解典库、浴房、竹苇、船只，不拣甚么他每的，不拣是谁休使气力者，休夺扯要者[③]。

这的每倚有圣旨么道，没体例勾当行呵，他每更不怕那甚么。

圣旨俺的。

泰定三年虎儿年三月十五日，大都有时分写来。

题解：

碑在河南许昌天宝宫旧址，今存。《金石萃编补正》卷三收入。今参据照片校录。天宝宫是真大道宫观，陈垣《南宋初河北新道教考》有"大道篇"论述其事。近年陈智超先生去许昌天宝宫考察，此碑外又发现有关碑刻数种，见所著《真大道教新史料》（载《陈智超历史文献学论集》，社会科学文献出版社2012年版）。

注释：

①许州天宝宫在元许州长社县沈村。1984年天宝宫旧址出土元贞元年（1295）立石的《汴梁路许州长社县创建天宝宫碑》，前引陈智超文曾予介绍。

碑铭略称金代立教的"大道"，自河北传入河南，金亡后改称"真大道"。蒙古太宗十二年庚子（1240）在沈村建天宝观。元世祖至元六年己巳（1269）改名天宝宫。辑本《元一统志》收录元贞二年（1296）《大元创建天宝宫碑》，内称改名真大道在蒙古宪宗四年（1254）。大都所建宫观赐名天宝，在至元十年（1273），较许州天宝宫更晚四年。

②王清贵其人，见1984年许昌出土的《天宝宫明真广德大师道行碑》，顺帝至元五年（1339）立石。碑文略称"明真广德大师都举正提点名清贵，俗姓王氏，祖居建业"，世祖至元十三年（1276）在燕山天宝宫入道。仁宗延祐元年（1314）领许州天宝宫住持。《金石萃编补正》卷三收录泰定三年吴澄撰"元天宝宫张真人（清志）道行碑"，末题王清贵全衔，称"今与予接而自言其教者，宫之赐紫锦襴明真正（广？）德扶教大师河南陕西四川江淮等处本宗提点都举正王清贵率其徒众共立石焉"。吴澄此文又见《吴文正公文集》卷二十六，题"天宝宫碑"，不载王清贵立石事。

③"休夺扯要者"，扯即扯拽、拉扯，不得强行夺要。"夺"字磨泐。《补正》作"拿"。《道家金石略》作"夺"，今从。

许州天宝宫圣旨碑局部（77）

78. 周至太清宗圣宫圣旨碑

——文宗圣旨（1330年）

长生天气力里、大福荫护助里皇帝圣旨：

军官每根底，军人每根底，城子里达鲁花赤、官人每根底，往来的使臣每根底，宣谕的圣旨：

成吉思皇帝、月古台皇帝、薛禅皇帝、完□都皇帝、曲律皇帝、□颜□皇帝、□□□皇帝、护□□皇帝①圣旨里："和尚、也里可温、答失［蛮］、先生每，不拣甚么差发休当者，告天祝寿者。"么道有来。

如今依着在先圣旨体例里，不拣甚么差发休当者，告天□每根底祝寿者么道。奉元路盩厔终南山有的道祖古楼观太清宗圣宫住持本宗都提点□真□□达妙大师刘道常、提点修仁明义通元大师寇［德真］、显真葆和纯静大师提举张道进为头儿先生每根底②，依先例执把行的圣旨与了也。

这的每宫观里，他每的房舍里，使臣休安下者。铺马祗应休拿者。地税商税休与者。但属宫观的水土、园林、碾磨、店舍、铺席、解典库、浴堂、船只、竹［苇］、［醋麴］等③，不拣甚么他每的，不以是谁休倚气力夺要者。

更，属本宫旧有的乘田村西观谷常住赡宫地土，不拣是谁休倚气力侵占者。

更，这先生每道有圣旨，无体例勾当行呵，他每不怕那。

圣旨［俺］的。

至顺元年马儿年七月十三日，上都有时分写来④。

题解：

此文宗圣旨刊于本碑第三截，在（69）仁宗圣旨之下，多有磨泐。仍据《金石萃编未刻稿》校录。拟补之字以［　］标示。

注释：

①称引前帝谥号之缺字，当为成宗完者都、仁宗普颜笃、英宗格坚、明宗

护都笃。译名无定字，不补入本文。

②住持刘道常名见大德七年（1303）《大元重建文始殿记》立石人"副宫刘道常"，在文宗颁此旨前二十七年，应是本宫资深道士。另一住持寇□□，名字磨损。顺帝至正元年（1341）宗圣宫设提点所，有公文刻石，授予都提点寇德真大宗圣宫提点所印，当即此人（碑文载《楼观台道教刻石》）。张道进已见（38）成宗圣旨。文宗此旨也是禁约骚扰的公告，与（69）相同，当是住持易人，依例换授，文字略有不同。

③缺字参据本碑第一、第二截圣旨拟补，仅供参考。

④文宗天历三年（1330）五月改元"至顺"。六月至上都，七月十三日，在上都发此圣旨。

79. 曲阜颜庙请封奏疏碑（1334年）

元统二年正月二十六日，笃怜帖木儿怯薛第二日①，延春阁后咸宁殿里有时分，速古儿赤马札儿台大夫、罗锅、汪家奴，宝儿赤怯薛官笃怜帖木儿，云都赤别不花，殿中喃忽里等有来②。伯颜太师秦王右丞相、撒敦答剌罕荣王太傅左丞相一处商量了③。阿昔儿答剌罕平章、阔儿吉思平章、沙班郎中、塔海忽都鲁员外郎、完者都事、客省使帖木儿、直省舍人罗里伯颜察儿、蒙古必阇赤帖里帖木儿等奏过事内一件④：

礼部官备着袭封衍圣公文书，俺根底与文书。颜子根底与了兖国公名分，他的父母并妻未加追封。依孔子孟子父母的例。颜子的父母根底封谥的么道⑤。与文书的上头，俺教礼部并太常礼仪院一同定拟得："颜子的父无繇加封杞国公，谥文裕。母齐国姜氏封杞国夫人，谥端献。妻宋国戴氏封兖国夫人，谥贞素。"定拟了有。依他每定拟来的教行呵，怎生。

奏呵，奉圣旨：那般者。

二十八日教火者赛罕，皇太后根底启呵，奉懿旨：那般者⑥。

题解：

刻石在山东曲阜颜庙。吴式芬《捃古录》卷十九著录，题"加封颜子父母妻谥议"，"元统二年正月"。沙畹有此拓本。冯书转录，题"一三三四年追封颜子父母诏"。《集录》误题"懿旨碑"。检刻石文字并非加封诏书或制词，而是中书官员定拟加封的奏疏，奉旨准行。今据北大图书馆藏柳风堂旧藏拓本校录。改拟标题，仍用为碑名。

加封颜子父母妻制词俱见《八思巴字与元代汉语》。

注释：

①怯薛，源于突厥的蒙古语。《元史·兵志》释："犹言番直宿卫也。"成吉思汗选调万人为宿卫，分为四班轮番入值，三天一换。时称"四杰"的博尔术、博尔忽、木华黎、赤老温分别统领，为怯薛长。子孙世袭。四怯薛在大

汗左右为近侍，分设怯薛执事，管理汗廷事务。元朝建国后沿袭其制，在朝官员仍依旧制轮番入值。笃怜帖木儿是木华黎后裔，承袭父拜住为怯薛长。旧制：木华黎领第三怯薛在寅卯辰三日入值。元统二年正月二十六日为卯日。是为"笃怜帖木儿第二日"。

②速古儿赤掌内府尚供衣服，宝儿赤奉上饮食，云都赤侍上带刀及弓矢，均为怯薛执事，见《元史·百官志四》怯薛条。马札儿台以御史大夫入值，故称"大夫"。笃怜帖木儿以怯薛长任宝儿赤，称"怯薛官"。"殿中"即殿中侍御史，"大臣入内奏事则随以入"，见《元史·百官志二》御史台条。

③伯颜为元季权臣，《元史》卷一三八有传。文宗时为太保浚宁王知枢密院事。至顺四年（1333）六月宁宗病死。伯颜受皇太后卜答失里（文宗后）之命，与太师太平王中书右丞相燕铁木儿拥立妥欢帖木儿为帝（顺帝）。燕铁木儿不久病死。伯颜封太师秦王右丞相，燕铁木儿弟撒敦封荣王左丞相，当年十一月诏命"统百官，总庶政"。权位在中书省之上。"商量"是当时通用的政治术语。碑文纪事的大意是：值日怯薛经与伯颜、撒敦商定，将中书平章送呈的文书奏陈皇帝请旨。

"答剌罕"，蒙古文原意是不受管辖，是蒙古的荣誉称号。撒敦授此称号在至顺元年十月，时任知枢密院事，见《元史·文宗纪》。

④"平章"是中书省平章政事的简称。元统二年（1334），阿昔儿、阔儿吉思任平章政事，俱见《元史·宰相年表》。阿昔儿又作阿息儿。中书两丞相总管朝政，中书省日常事务则由平章管领。郎中、员外郎、都事均为中书省分司官员，各有品级。书于名氏之后，以表明身份。此下客省使、直省舍人、蒙古必阇赤（文书）是中书省掾属，随同署名，职衔列于名氏之前，书法不同。中书呈文，自平章至必阇赤全体署名，尚不多见。

⑤孟子父母封邾国公及夫人，在仁宗延祐三年（1316）六月。文宗至顺元年（1330）闰七月加封孔子父为启圣王，母为启圣王夫人。至顺三年（1332）正月封孔子妻为大成至圣文宣王夫人，事在请封颜子父母妻两年之前，俱见《元史》本纪。

⑥碑文"奏呵"以前，为中书平章呈送的文书。奏请皇帝旨准。皇太后卜答失里扶立小皇帝后，仍控驭朝政。所以还要向她启奏。"火者"源于波斯语，元人用称阉宦，此为皇太后内侍。"火者赛罕"又见佛教典籍《广录》附录同日宣政院劄，冯书收录。内称"教火者赛罕院使皇太后根底启呵"。《元史·百官志八》：元统元年（1333）十二月"为皇太后置徽政院"。称"院使"当是徽政院官员，朝官向皇太后奏事经由他启奏。

216　元代白话碑集录

80. 淇县文庙圣旨碑（1334年）

　　长生天气力里、大福荫护助里皇帝圣旨：
　　中书省、枢密院、御史台官人每根底，行中书省、行御史台、宣慰司、廉访司［官人］每根底，各城子里达鲁花赤、官人每根底，军官每根底，军人每根底，众百姓每根底，［秀才每根底］，宣谕的圣旨①：
　　集贤院官人每奏："我世祖皇帝潜邸以来，首务立学养士。及登宝位，天下混一。内自京师，外及郡县，无不立学，以明人伦，以厚风俗，以养人材，［以隆治本］。列圣相承，谆谆勉励，科举条章，国学典治，俱以昭明。伏虑有司［视］为文具，怠于举行。今皇帝即位，作新学校的圣旨②颁降四方，以期成效。"么道奏有。
　　如今科举取士已有成规。国子积分、省台公试，依已予的圣旨行者。秀才儒户每，不拣甚么差发，依着世祖皇帝圣旨体例里休当者。儒户及民间俊秀子弟［入学读书者。各处庙学书院房舍里，官员使］臣军人休安下，休断词讼，休做筵会，休造作，休顿［放官物］。地土、园林③、庄田，不拣是谁休侵夺者。在学钱粮，供办春秋二丁④，朔望祭祀及师生廪膳，赡养贫穷老病之士，修理损坏了学舍者。曲阜林庙如有损坏，依例修理者。［各处先贤坟无子孙的，所在官司禁治，休损］坏者。儒学提举、教官人等遴选有德行学问［的人委用者。学校的勾当，不拣是谁休沮坏者。］路府州县官人每，常切用心提调者。监察［御史、廉访司官人每勉励体察者。这般］宣谕了，别了的人每，他每不怕那。
　　圣旨。
　　元统二年三月十九日，大都有时分写来⑤。

题解：
　　碑在河南省淇县文庙。拓本为艺风堂续藏，见《续目》四之十六。今存北京大学图书馆。《捃古录》卷十九著录题"作新学校圣旨"。碑文是顺帝即位之初，应集贤院奏请，保护各地儒学学校的圣旨。淇县碑刻磨损，脱落文字甚多。江苏句容县学有同文刻石。《句容金石记》全文录入。今参据校补。拟补文字以括号［　］标示。

注释：

①此圣旨护持各地学校宣谕中书省、枢密院以及各地方官员，"众百姓每""秀才每"，是遍谕全国遵行的圣旨。

②"作新"即作兴，意为振兴。

③"地土"下二字，《句容金石记》作"目士"，显是对磨泐碑文的误识，今拟为"园林"以供参考。

④"春秋二丁"即孔庙在二月、八月第一个丁日举行的祭礼，又称"丁祭"。所需费用，由在学钱粮供办。

⑤淇县碑作"元统二年三月十九日"，无磨损。《句容金石记》无"十九"有"宝"字。元世祖至元五年（1268）定制"碑石不得镌宝"以防"模勒伪造"，见《元典章》礼部杂例门。此后圣旨刻石，不再镌刻御玺，而在年月之侧刊汉字"宝"或"御宝"，以照信验。《句容金石记》录文将"宝"字误入本文，遂脱落"十九"纪日。

80. 淇县文庙圣旨碑（1334年）

聖旨

长生天气力里
太福荫护助里
皇帝圣旨里中书省御史台秦告的上头
成子东楚鲁花赤官人每根底军官每根底宣慰人每根
宣谕的人每根底
世祖皇帝宣谕以来首务立学养士及登
聖旨宝位天下混一内首京师外及郡县无不立学以明人
聖帝宝位四方以学校勉励科举俗章国学典沽俱以昭明伏唐
世祖颁降聖旨体例户下不当差发休当者
聖旨行的聖旨体例
刘聖相承算作新
象军人休教人
户内拣选秀才
学官儒学提举
休侵夺者曲阜林庙
休根当有损坏
林庙如有损坏者
依例修理春秋二丁
會休徼差有
發民间暴科取子
除作休教
聖旨一宣谕了的
路府州县将
別了的人
他每不
自邪
聖旨元统二年三月九日大都有时分写来

淇县文庙圣旨碑（80）

81. 辉县颐真宫圣旨碑（1335 年）

长生天气力里、大福荫护助里皇帝圣旨里：

军官每根底，军人每根底，管城子达鲁花赤、官人每根底，往来使臣每根底，宣谕的圣旨：

成吉思皇帝、月阔台皇帝、薛禅皇帝、完者都皇帝、曲律皇帝、普颜都皇帝、杰坚皇帝、护笃图皇帝、扎牙笃皇帝、亦怜真班皇帝圣旨里[①]："和尚、也里可温、先生、答失蛮每，不拣甚么差发休当者，教告天祝寿者。"么道有有来。

如今依着在先圣旨体例里，不拣甚么差发休当者，教俺行告天祝寿者么道。卫辉路辉州真大道颐真宫里[②]，圆明德政普照大师提点于进全[③]、明真葆元志道法师金圆真、真常善应大师提点高真祐为头儿先生每根底，执把行的圣旨与了也。

这的宫里房子他的，使臣休安下者。铺马祗应休拿者，税粮课程休与者，但属宫家的水土、人口、头疋、园林、碾磨、店舍、铺席、解典库、浴堂、船只、竹苇等，不拣是甚休当者。不拣是甚他的，不以是谁休倚气力夺要者，道来。

更，这于进全提调众先生每根底，圣旨里道了，没体例的勾当休做者。做呵，他更不怕那。

圣旨俺的。

元统三年猪儿年八月二十七日，忽察秃因纳堡里有时分写来[④]。

题解：

颐真宫碑圣旨译自蒙文，碑文只有汉语译文。八思巴字蒙文题额 Jalik，即圣旨，道光《辉县志》将汉文全文录入，称"词甚俚俗，全录之以存当时制诰之体"。沙畹得此碑拓体，刊于《通报》，文字已有磨泐。参据县志及拓本校录。

注释：

① "扎牙笃皇帝"为元文宗图帖睦尔蒙语谥号。"亦怜真班皇帝"即元宁宗懿璘质班，明宗和世㻋第二子。在位五月而逝。顺帝至元四年（1338）上庙号，无蒙语谥号。蒙文圣旨直称其名，如窝阔台皇帝例。

② 道光《辉县志》祠祀志附寺观："颐真宫在县西善明村，元至元十八年颐真李真人建。"李真人即真大道第七祖李德和，见程钜夫《雪楼集》卷十七《郑真人（进元）碑》。至元十八年（1281）曾参与释道辩论，焚毁道藏，见《至元辩伪录》卷三世祖圣旨。德和号颐真，与所建宫观同名。全号为"颐真体道真人"，见吴澄撰《天宝宫碑》（《吴文正公集》卷二六）。前引《郑真人（进元）碑》撰于成宗大德时，内称"某地昔为太玄观，今为颐真宫"。真大道五祖郦希成号太玄真人。颐真宫当是真大道旧观重建。元朝宫观的护持圣旨，一般不著宗派。此碑引录圣旨称"真大道颐真宫"，殊为少见。陈垣云："然颐真宫上，特冠以真大道，此仅有之史料也"（《南宋初河北新道教考》大道篇）。此碑禁约圣旨署元统三年（1335），可见元朝末季，真大道仍在各地传布，并得到朝廷护持。

③ 于进全提调众道士，当是首席提点。其人事迹不详。《南宋初河北新道教考》大道篇附录房山隆阳宫碑阴道士题名，屡见"进"字命名。于进全当是真大道法名。

④ 忽察秃因纳堡，拓本地名磨泐，冯书据沙畹拓本，缺"察"字。今据《县志》录文校补。忽察秃之纳堡（"因"为蒙古语附加，属格），见周伯琦《扈从集》后序。至正二十二年（1285）七月，周氏扈从自上都返大都。后序详记所经纳堡，内见"曰忽察秃，犹汉言有山羊处也。地饶水草，野兔最多，鹰人善捕，岁资为食。又西二十里则兴和路者，世祖所创也。岁北巡，东出西还，故置有司为供亿之所"。四库本《扈从集》多经改译，"忽察秃"译名自乾隆《口北三厅志》卷十三转引。参见《全元文》周伯琦条校注。兴和路即金抚州，元初升隆兴路，仁宗时改兴和路。治今张北。元初建有"行宫"，见《元史·地理志》。周伯琦后序云："城郭周完，阛阓丛夥，可三千家。"

辉县颐真宫圣旨碑（81）

82. 邹县万寿宫圣旨碑（1335年）

长生天气力里、大福荫护助里皇帝圣旨：

军官每根底，军人每根底，往来使臣每根底，宣□□圣旨：

成吉思皇帝、月阔台皇帝、薛禅皇帝、完泽笃皇帝、曲律皇帝、普颜笃皇帝、絮坚皇帝、护都笃皇帝、扎牙笃皇帝、亦怜真班皇帝圣旨：和尚、也里（缺）当者，告天祝寿祈福者。么道有来。

如今（缺）不拣甚么差□休（缺）天□每根底，祝寿祈福者。万寺宫住持□□和尚□通（缺）致□大师（缺）行的圣旨□了也。□的行宫观房舍休着者。但属他（缺）宫观、□库、店舍、铺席、浴堂、醋（缺）力者。不拣甚么他每的（缺）圣旨么道，无体例勾当休做者。

圣旨。

元统三年猪儿年七月。

题解：

本文原据北京大学文科研究所藏柳风堂旧拓过录。此拓本与（83）邹县仙人万寿宫碑拓本同置一袋，碑文缺损过甚。万寿宫前无"仙人"二字，暂属邹县，存以备考。缺损字不予拟补。

83. 邹县仙人万寿宫圣旨碑（1335年）

长生天气力里、大福荫护助里皇帝圣旨：

军官每根底，军人每根底，管城子达鲁花赤、官人每根底，往来使臣每根底，宣谕的圣旨：

成吉思皇帝、月阔台皇帝、薛禅皇帝、完泽笃皇帝、曲律皇帝、普颜笃皇帝、洁坚皇帝、护都笃皇帝、扎牙笃皇帝、亦怜真班皇帝圣旨："和尚、也里可温、先生每，不拣甚么差发［休］当者，告天祝寿祈福者。"么道说来。

如今依着在先圣旨体例，不拣甚么差发休当者。告天，咱每根底祝寿祈福者么道。

益都路滕州邹县绎山仙人万［寿］宫里①住持洞诚真净通玄大师充崇真大德灵隐真人门下本宗都提点李道实②，明道贵德洞微大师吴志全③、通［微］致虚大师吴道泉④俱充提［举］为头先生每根底，依先［执］把行的圣旨与了也。

这的每宫观房舍里，使臣每休安下者。铺马祇［应］休着要者。但属他每宫观里的庄田、水土、园林、碾磨、解［典］库、店舍、铺席、浴堂、醋麹，不拣甚么休科要者。不拣是谁，［休］倚［气］力者。不拣甚么他每的休夺要者。

更，这先生每有圣旨么道，无体例勾当休做者。做呵，他每不怕那甚么。

圣旨。

元统三年猪儿年七月十四日，上都有时分写来。

题解：

仙人万寿宫在山东邹县峄山，因峄山有仙人洞而得名。上截八思巴字蒙古语圣旨，下截汉语白话译文。署元统三年（1335）七月。各处所藏拓本以北大图书馆藏柳风堂原藏旧拓为佳，但底部有缺字。现据柳拓校录，缺漏之字参据上截蒙文音译拟补，标［　］号。蒙文部分已收入《集释》[16]。

注释：

①全名仙人万寿宫，简称仙人宫或万寿宫，碑拓"万"字依稀可辨，"寿"字磨泐，据上截八思巴字音译 siw 字拟补。宫中另有碑，题《仙人万寿宫重建记》国子祭酒李之绍撰，英宗至治二年（1322）十一月望日立石。《道家金石略》第762页收录。内称：宫在邹县北蒋庄，原名通玄观。全真道刘处玄弟子王贵实主领。金元之际毁于战乱。元初嗣教史志道修缮承袭。同日立石的《明德真人道行之碑》记史志道事，古楼观大宗圣宫三洞讲经师朱象先撰，并见《道家金石略》。内称史志道等修缮后，"玄门掌教大宗师加赐额曰仙人万寿宫"。无年月。史志道"谦抑不居"，至元二十九年（1292）十二月十三日卒。案至元二十二年（1285）全真道原"玄门掌教大宗师"祁志诚由张志仙接代。赐额当在张志仙掌教时期。

②李道实时为仙人万寿宫住持，"洞诚真净通玄大师"为其法号。"崇真大德灵隐真人"即刘处玄弟子、原通玄观住持王贵实，见前引《仙人万寿宫重建记》及碑阴题名。充其门下，即充任此宗的嗣教。《仙人万寿宫重建记》称史志道卒，传崇德真人李志椿。成宗元贞二年丙申（1296）志椿卒，传弟子李道实。李道实主持宫事期间，重建宫观。本碑圣旨写于元统三年（1335），李道实主宫事已十余年。《仙人万寿宫重建记》署"住持宫门提点事"，圣旨碑称"本宗都提点"当是后来充任。本宗即刘处玄长生宗系。

③明道贵德洞微大师吴志全为李道实门人，见属观长生观碑《重修长生观记》，《道家金石略》第1206页收录。至治二年（1322）《崇德真人之记》碑文，记李志椿事，立石人见"知宫吴志全"。尚无称号。元统三年（1335）圣旨碑称大师，当是此前加赠，此时协同李道实住持仙人万寿宫事。《重修长生观记》立石人称"住持仙人万寿宫本宗都提点吴志全"。此碑立于至正四年（1344），已在此圣旨碑九年之后，当时吴志全似已接嗣李道实职任。

④吴道泉其人不详，亦有大师称号。碑文称与李道实、吴志全"俱充提举为头"，是三人共同住持宫观。"举"字磨泐，据八思巴字碑文译字拟补。

邹县仙人万寿宫圣旨碑下部（83）

84. 均州灵应万寿宫圣旨碑（1337年）

长生天气力里、大福荫护助里皇帝圣旨：

军官每根底，军人每根底，城子里达鲁花赤、官人每根底，来往的使臣每根底，宣谕的圣旨：

成吉思皇帝、月阔台皇帝、薛禅皇帝、完者都皇帝、曲律皇帝、普颜都皇帝、杰坚皇帝、忽都笃皇帝、扎牙笃皇帝、亦怜真班皇帝圣旨里："和尚、也里可温、先生、答失蛮，不拣甚么差发休当者，与［咱每?］告天祈福者。"道有。

依着在先圣旨体例里，不拣甚么差发休当，告天与咱每祈福祝寿者么道。襄阳路均州有的福地武当山大五龙灵应万寿宫里[①]有的甲乙住持主领宫事兼领本路诸宫观事教门高士崇玄冲远法师邵明庚、住持提点教门高士通玄灵应明德法师李明良为头儿先生每根底[②]，执把行的圣旨与了也。

这的每宫观房舍里他每的，使臣休安下者。铺马祇应休拿者。商税地税休与者。但属这宫观里的庄佃田地[③]、水土、碾磨、解典库、店舍、铺席、浴堂、船只、竹苇、醋麴等，不拣甚么差发休要者。更，这蒿口、蒿坪、梅溪、双谷、白浪、平堰等处村子里有的田地、水土，不拣甚么物件，不以是谁休倚气力者，休夺要者。

更，这先生每有圣旨么道，无体例勾当做呵，他每更不怕那。

［圣旨］。

至元三年牛儿年三月二十日，大都有时分写来[④]。

题解：

碑文为汉译禁约公告圣旨（1337年），原在湖北均州，元代属襄阳路。民国改均县，今置丹江口市。《捃古录》卷十九著录，题"五龙宫圣旨碑"，"蒙古书，译文正书"。碑今不存。冯书据《均州志》卷十五，《道家金石略》据民国《湖北通志》卷一〇六收录汉语译文。拓本未能访见，据两志校录。有疑问者标问号（?）。

注释：

①武当山大五龙灵应万寿宫是道教正一派名观。《湖北通志》收录揭傒斯撰《大五龙灵应万寿宫碑》记其来历，略称："唐贞观中祈雨，即其地建五龙祠。宋真宗时升祠为观，南宋时毁于金兵。元初重建，至元二十三年（1286）改为五龙灵应万寿宫，正一派张留孙弟子叶希真住持。元仁宗时赐额"大五龙灵应万寿宫"。碑已被毁，碑额尚存田间，篆书"大元敕赐武当山大五龙灵应万寿宫碑"。

②"甲乙住持"即本宫传嗣住持。邵明庚、李明良又见至正二年（1342）揭傒斯撰《大五龙灵应万寿宫瑞应碑》，内称：旧有阁在玄武殿，至正元年夏，本宫住持邵明庚、李明良节岁计之赢，会檀施之积重建之（《湖北通志》卷一〇六）。

③北方各道观的禁约圣旨多只称水土、田地。此碑文特为标出"庄佃田地"，可见江南正一道出租田地给佃户已是常态。

④此圣旨写于至元三年（1337）三月。前引《大五龙灵应万寿宫碑》记："至元二年，岁在丙子，武当山大五龙灵应万寿宫玄武殿成"（《湖北通志》录文作"武当殿"，《全元文》据万历《襄阳府志》录文校改）。此旨及前此发给的护持圣旨都是在玄武殿建成后，重颁圣旨护持禁约。"圣旨"二字，《道家金石略》据《湖北通志》拟补。

85. 平山天宁万寿寺圣旨碑（1337年）

长生天气力里、大福荫护助里皇帝圣旨：

军官每根底，军人每根底，管城子里达鲁花赤、官人每，宣谕的圣旨：

成吉思皇帝、月阔台皇帝、薛禅皇帝、完泽笃皇帝、曲律皇帝、普颜笃皇帝、格坚皇帝、护都笃皇帝、扎牙笃皇帝、辇真班皇帝圣旨里："和尚、也里可温、先生，不拣甚么差发休教当，告天祝寿者。"么道，说有来。

如今依在先圣旨体例里，不拣甚么差发休教当，告天祝寿者么道。属真定路所管的平山县觉山有的天宁万寿寺、新城寺、丈［八寺］、温池卧如院等寺里①住持的讲主三旦八、提点论吉祥、运吉祥等，［执把］圣旨与了也②。

这寺院房舍里，使臣休安下。铺马祗应休着者。粮税休纳者。但［是］不拣甚么，不以是谁休夺要者，休倚气力者③。

更，这和尚每，倚着有圣旨么道，没体例勾当休做者。做呵，他每不怕那。

圣旨。

牛儿年十二月二十六日，大都有时分写来④。

题解：

碑在河北平山天宁万寿寺。据陈垣先生藏拓校录。拓本今存国家图书馆。

注释：

①天宁万寿寺在平山县觉山。系属不详。河南浚县天宁寺为禅宗古寺，与本寺同名。见（74）碑注。新城寺、丈八寺为天宁万寿寺下院，温池卧如院在孟州（今孟县）。见（88）碑。

②住持讲主三旦八当是译名，非汉人，未见记载。与论吉祥、运吉祥共同住持。

③碑拓中间三行底部两字失拓，参据（88）碑拟补。以［ ］标示。

④牛儿年为顺帝至元三年丁丑（1337）。

长生天气力裏
大福廕护助裏
皇帝圣旨軍官每根底軍人每根底営城子裏達魯花赤官人每
宣諭的
聖旨
成吉思皇帝
月阔台皇帝
薛禅皇帝
完澤篤皇帝
曲律皇帝
普颜篤皇帝
格堅皇帝
護都篤皇帝
札牙篤皇帝

平山天宁万寿寺圣旨碑右方（85）

85. 平山天宁万寿寺圣旨碑（1337年）

＊＊＊皇帝聖旨裏和尚也里可温先生＊＊＊＊＊＊＊＊
＊＊＊麽道說有來如今依在先
天祝壽者麽道不揀甚麽差發休教當告
聖旨體例裏不揀甚麽差發休教當告
天祝壽者麽道廉真定路所管的恒山縣覺山有的天寧萬壽寺新城寺孟
矢祝寿者麽道這寺院房舍裹住持的講主三旦八提點諭吉祥運吉祥等
溫池卧院等寺裹住持臣安下鋪馬祗應休奪要休倚氣力者更這和尚每倚着有
聖旨有呵了也這寺院房舍裹使臣安下鋪馬祗應休奪要休倚氣力者更這和尚每倚着
聖旨有呵了也這寺院房舍裹使臣安下鋪馬祗應休奪要休倚氣力者更這和尚每倚着
聖旨麽道後體例勾當休做者做呵他每不怕那

聖旨
牛兒年十二月二十六日大都有時分寫來

86. 周至重阳万寿宫碑

——顺帝圣旨（1341年）

长生天气力里、大福荫护助里皇帝圣旨：

军官每根底，军人每根底，管［城］子的达鲁花赤、官人每根底，往来的使臣每根底，宣谕的圣旨：

成吉思皇帝、月阔台皇帝、薛禅皇帝、完泽笃皇帝、曲律皇帝、普颜笃皇帝、洁坚皇帝、护都笃皇帝、亦怜真班皇帝圣旨里①："和尚、也里可温、先生、答失蛮每，不拣甚么差发休着者，告天祝寿者。"说来有。

如今依着在先圣旨体例，不拣甚么差发休当者，告天与咱每根底祝寿者，么道。这诸路道教都提点、洞阳显［道］忠贞真人、住持奉元路大重阳万寿宫事井德用为头先［生］每根底②，执把行的圣旨与了也。

这的每宫观里他每的［房舍］里，使臣休安下者。铺马祇应休拿者。地税商税休与者。但［属宫］观的庄田、水土、园林、碾磨、船只、竹苇、解典库、店舍、铺席、［浴堂、醋］麹等物，但凡甚么差发休着者。不拣是谁，休倚气力夺［要者。更，每］年得来的钱物，不拣甚么，交先生每收拾者③。损坏［了宫观呵，交］用那钱物修补者。更，这的每其间里，不拣是谁，休入［去沮坏者］。

更，这先生每有圣旨么道，无体例的勾当做呵，他每［不怕那甚］么。

圣旨。

至正元年蛇儿年六月，上［都有时分写］来④。

题解：

周至重阳万寿宫又一碑，据北大图书馆藏拓本校录。三截刻。本文在第一截，至正元年（1341）圣旨，白话汉译，无蒙文。第二截至正十一年（1351）圣旨，八思巴字蒙文与汉译并刻。两旨内容基本相同，因住持易人，依例换授。本文磨泐字，参据第二截圣旨拟补，以括号［　］标示，并见《集释》［17］。

第三截为汉文文体任命诏书，八思巴字音译。已收入《八思巴字与元代汉语》。

注释：

①本文称引前帝圣旨，不见文宗扎牙笃皇帝。文宗使燕帖木儿谋害顺帝父和世㻋致死，得承皇位。顺帝即位，追究其事。至元六年（1340）六月自太庙中撤出文宗神主。指斥文宗"谋为不轨"，"使我皇考饮恨上宾"。至正元年（1341）以后石刻圣旨均不再见"扎牙笃皇帝"。

②井德用，全真掌教苗道一弟子，属宋德方、祁志诚一系。《陕西金石志》卷二十六收有《井公道行之碑》记其生平。仁宗时，为耀州五台山（今耀县药王山）静明宫住持。顺帝元统三年（1335）二月，加号大师、诸路道教都提点，任嵩山中岳庙住持。至元六年（1340）加号真人，住持重阳万寿宫事。重阳宫自孙德彧（至治元年卒）以后不再有"真人"称号的道士住持宫事。至元五年（1339）部院大臣奏请选道价清高者充任，因而有此封授。宫观住持原由本宫道士承嗣，仁宗以后，一些宫观由朝廷任命，进而由别处调派，如同一级官员。

③"收拾"即收纳、收取。上举庄田、水土及各项商务所得，都由道士收取。宫观损坏用所得钱物修补。宫观成为独立的经营单位。

④据《元史·顺帝纪》，是年四月顺帝去上都，八月返大都。缺字拟补。

周至重阳万寿宫碑（86、89）

87. 长安竹林寺圣旨碑（1343年）

　　长生天气力里、大福荫护助里皇帝圣旨：

　　军官每根底，军人每根底，管城子达鲁花赤、官人每根底，往来使臣根底，宣谕的圣旨：

　　成吉思皇帝、窝阔台皇帝、薛禅皇帝、完者笃皇帝、曲律皇帝、普颜都皇帝、皆坚皇帝、忽都笃皇帝、亦怜真班皇帝圣旨里："和尚、也里可温、先生，不拣甚么差发休当者，告［天祈福祝寿者。"道来］。

　　［如今依着在先体例，不拣甚么差发休当，告］[1]天祈福与咱每祝寿者么道。这失剌失利[2]修盖来的大竹林寺、圆光寺、重云寺、狄寨等寺里住持的霖讲主为头和尚每根底，执把的圣旨与了也[3]。

　　属这寺家的房舍，使臣休安下者。铺马祗应休着者。商税地税休纳者。水土、园林、碾磨，不拣是谁休夺要者。但属他每的，无体例人每倚气［力］呵，那里有的城子里官人每根底、和尚头目一处归断了呵，霖讲主根底分付与者[4]。

　　这和尚每倚着有圣旨么道，无体例的勾当休做者。做呵，他每更不怕那甚么。

　　圣旨俺的。

　　至正三年羊儿年四月初三日，大都有时分写来。

题解：

　　两截刻，上方八思巴字蒙古文，下方汉语白话译文。原在长安县南小五台井边发现。谢再善先生曾在《翻译通报》第二卷第五期（1951年5月）介绍。《集录》原据谢先生惠寄抄本校录。此碑后移至长安县博物馆保管。现据馆藏拓本，重新校录，改题为"长安竹林寺圣旨碑"。蒙文部分已收入《集释》[18]。

注释：

①碑文禁约公告圣旨及引录的护持圣旨两见"告天祈祷"云云，"天"字

抬头，刻石误漏一行。蒙文不误。现依蒙文碑文及一般译例在［　］内拟补，以供参考。

②失剌失利，人名，未见记载。此人必非汉人，属于何族，不便臆测。一般修盖寺院者，或为高僧，或为达官显贵布施。

③大竹林寺四寺均由霖讲主住持，当属同一宗派。检嘉庆《长安县志》记录县南寺院多处，不见此四寺名称，当已废毁。霖讲主及所属宗派不详。

④"无体例人每倚气［力］呵"，碑文漏刻"力"字，依常例拟补。这是说：如有不法之人强力侵扰，由地方官员与和尚头目共同归断，交付霖讲主处置。"归断"即查明原委问罪。参见（22）碑注。"分付"即交付，元代习用语，或释"吩咐"，系出误解。

87. 长安竹林寺圣旨碑（1343年）

长安竹林寺圣旨碑下部（87）

88. 平山天宁万寿寺碑
——顺帝圣旨（1357年）

长生天气力里、大福荫护助里皇帝圣旨：

军官每根底，军人每根底，管城子达鲁花赤每根底，爱马耆老每根底，各枝儿头目每根底，往来的使臣每根底，宣谕的圣旨①：

成吉思皇帝、月阔台皇帝、薛禅皇帝、完泽笃皇帝、曲律皇帝、普颜笃皇帝、格坚皇帝、护都笃皇帝、亦辇真班皇帝圣旨里："和尚、也里可温、先生、答失蛮，但凡不拣甚么差发休交当者，告天祝寿者。"么道，说有来。

如今依着在先的圣旨体例，不拣甚么差发休交当者，告天祝寿者么道。属真定路平山县觉山有的天宁万寿寺住持的讲主志道、提点志因、志祐众和尚每根底②，护持执把行的圣旨与了也。

这的每寺院里房舍内，使臣休安下者。铺马祗应休纳者。仓粮税课休与者。天宁万寿寺下院新城寺、丈八寺，真定在城通慧院、资圣寺、大悲寺，威州显圣寺，孟州温池卧如院等寺里的水土、人口、头疋、田产、园林、碾磨、店舍、铺席、解典库、浴堂、山场、庄子，不拣甚么他的，不拣是谁休夺要者，休倚气力者。

这和尚每道有圣旨，无体[例]勾当休做者。做呵，他每不怕那甚么。

圣旨。

鸡儿年二月初壹日，大都有时分写来③。

题解：

与（91）同刻一石，在平山天宁万寿寺。上方顺帝圣旨，下方皇太子令旨，俱为汉语译文，无蒙文。据陈垣先生藏拓校录，拓本今存国家图书馆。《集录》原拟此旨为至正五年乙酉（1345），今改订为至正十七年丁酉（1357）。

注释：

①"爱马耆老每根底，各枝儿头目每根底"，爱马为蒙古语音译，已见前

碑，意译或作"头下""投下"。"各枝儿"系爱马一词的汉语意译。"爱马耆老"即受封投下的诸王贵族。各枝儿头目即各投下官属。译者对译名强作区别，用心良苦。

②住持讲主志道，提点志因、志祐，均不见于（85）至元三年（1337）禁约圣旨。本碑下方令旨见"道讲主根底交做住持，因讲主、祐讲主两个根底做提点"，均系皇太子授任。

③此鸡儿年原暂定为顺帝至正五年乙酉（1345）。检对此碑下方皇太子令旨颁于至正十六年丙申（1356），此圣旨应是在令旨下发后，又于次年循例以皇帝名义再颁一内容相同的圣旨。刻石上下并非依年代前后，而是圣旨在上，令旨在下，其例多有，今为改正。

平山天宁万寿寺碑（88）

89. 周至重阳万寿宫碑

——顺帝圣旨（1351 年）

长生天气力里、大福荫护助里皇帝圣旨：

军官每根底，军人每根底，管城子达鲁花赤、官人每根底，往来的使臣每根底、宣谕的圣旨：

成吉思皇帝、月阔台皇帝、薛禅皇帝、完泽笃皇帝、曲律皇帝、普颜笃皇帝、洁坚皇帝、忽都笃皇帝、亦怜真班皇帝圣旨里："和尚、也里可温、先生、答失蛮每，不拣甚么差发休着者，告天祝寿者。"说来有。

如今依着在先圣旨体例，不拣甚么差发休当者，告天与咱每根底祝寿者，么道。这诸路道教提点明仁崇义洞元真人、住持奉元路大重阳万寿宫事焦德润为头先生每根底[①]，与了执把行的圣旨也。

这的每宫观里他每的房舍里，使臣休安下者。铺马祗应休拿者。地税商税休与者。但属宫观的庄田、水土、园林、碾磨、船只、竹苇、解典库、店舍、铺席、浴堂、醋麹等物，但凡甚么差发休着者。不拣是谁，休倚气力夺要者。更，每年得来的钱物，不拣甚么，交先生每收拾者。有损坏了宫观呵，交用那钱物修补者。更，这的每其间里，不拣是谁，休入去沮坏者。

更，这先生每有圣旨么道，做无体例勾当呵，他每不怕那甚么。

圣旨[②]。

至正十一年兔儿年二月二十八日，大都有时分写来。

题解：

本文与（86）合刻一石，此在第二截。左为八思巴字蒙文。右为汉语白话译文。至正十一年（1351）二月禁约公告。蒙文碑文已收入《集释》[17]。

注释：

①焦德润是井德用弟子。井德用于至正三年（1343）辞任，次年返回耀州静明宫，至正八年（1348）二月病逝。前引《井公道行碑》建于至正八年

九月，末署"门人奉元路大重阳万寿宫提点明仁崇义洞元大师焦德润、本官提点洞和明道崇真大师杨德荣等建"。焦与杨都是井德用弟子，都授有"大师"称号。据此题名可知，井德用辞任后，即由焦德润住持重阳宫事，依旧例，师弟传承。本碑第三截汉字圣旨，"焦德润可授明仁崇义洞元真人典领奉元路大重阳万寿宫事"署至正十八年（1358）八月。第二截圣旨署至正十一年（1351）二月，不应有真人封号。文献中所见佛道乃至世俗官员的称号，往往依据后来加封或死后追封的较高的衔名修改原来较低的衔名，并非文献的原貌。其例所在多有。

②此旨颁于至元十一年（1351），与（86）至正元年（1341）的圣旨内容相同，只是改变了住持道士的名字。可见此禁约公告圣旨及文中引据的护持圣旨，都只是旧旨的重颁。

90. 大都崇国寺圣旨碑（1354年）

长生天气力里、大福荫护助里皇帝圣旨：

军官每根底，军人每根底，管城子达鲁花赤、官人每根底，往来使臣每根底，宣谕的圣旨：

成吉思皇帝、窝阔台皇帝、薛禅皇帝、完泽笃皇帝、曲律皇帝、普颜笃皇帝、格坚皇帝、忽都笃皇帝、亦怜真班皇帝圣旨里："和尚、也里可温、先生每，不拣甚么差发休当，告天祈福祝寿者。"说来。

如今依在先圣旨体例，不拣甚么差发休当，告天祈福祝寿者么道。大都里有的南北两崇国寺、天寿寺、香河隆安寺、三河延福寺、顺州龙云寺、遵化般若寺等寺院里①，住持佛日普明净慧大师孤峰讲主学吉祥②众和尚每根底为头，执把的圣旨与了也。

这的每寺院里房舍，使臣休安下者。铺马祗应休着者。税粮商税休纳者。但属寺家的水土、园林、碾磨、店铺、解典库、浴堂、人口、头疋，不拣甚么，不拣是谁休倚气力夺要者。这佛日普明净慧大师孤峰讲主学吉祥为头和尚每，依着在先老讲主体例里③行者。别了的和尚每有呵，遣赶出寺者。

更，这学吉祥等和尚每，倚有圣旨么道，无体例勾当休做者。若做呵，他每不怕哪。

圣旨。

至正十四年七月十四日，上都有时分写来。

题解：

碑在北京市护国寺内。圣旨禁约骚扰并确认崇国寺讲主学吉祥继承老讲主住持大都七寺。明沈榜《宛署杂记》"志遗七"收录此碑圣旨全文。刘侗等《帝京景物略》卷一称崇国寺有"至正十四年皇帝敕谕碑"，亦即此碑。诸家金石目多有著录，不列举。碑阴刊"常住寺庄田事产记"及庄田四至，不备录。

注释：

①南北两崇国寺至顺帝时仍然并存，但北寺为元初新建的大寺，住持僧人驻北寺兼领南寺。天寿寺即天寿万宁寺，建于大德九年（1305）二月，见《元史·成宗纪》。寺在京城鼓楼东偏，奉安成宗御像。见《日下旧闻考》引《析津日记》。香河隆安寺即崇国南寺讲主隆安善选和尚原在寺院。三河延福寺原由崇国北寺讲主定演弟子义敬住持。赵孟頫撰《演公塔铭》称："师未卒时，其弟子蓟州延福寺住持义敬等先为师建塔。"三河隶通州，赵文误为蓟州。顺州明改顺义，即今北京市顺义区。龙云寺无考。遵化般若寺即道士退还的般若院，见（30）劄付。

②学吉祥正名为智学。见危素撰《选公传戒碑铭》。嘉业堂刊《危太朴文集》续集卷三全文收录。碑铭在（92）碑之阳，本书未收。

③"老讲主"应指崇国北寺首任住持定演讲主。定演卒于至大二年（1309），号佛性圆明大师。

90. 大都崇国寺圣旨碑（1354 年）

大都崇国寺圣旨碑（90）

91. 平山天宁万寿寺碑
——皇太子令旨（1356年）

长生天气力里、大福荫护助里皇太子令旨①：

中书省、枢密院、御史台官人每根底，廉访司官人每根底，管城子官人每根底，军官每根底，军人每根底，各爱马眷老每根底，往来使臣每根底，众百姓每根底，宣谕的令旨：

成吉思皇帝、月阔台皇帝、薛禅皇帝、完泽笃皇帝、曲律皇帝、普颜笃皇帝、格坚皇帝、护都笃皇帝、亦辇真班皇帝、今上皇帝圣旨里："和尚、也里可温、答失蛮、先生，不拣甚么杂泛差发休当者，告天祝寿者。"说有来。

如今依着在先圣旨体例，不拣甚么差发休交当，依着释迦牟尼佛经文体例，皇帝皇后咱每根底祈福祝寿者么道。真定路所辖平山县觉山有的天宁万寿寺下院新城寺、丈八寺、察罕城子里②有的通慧院、资圣寺、大悲寺、威州显圣寺、孟州温池卧如院等壹拾个寺里③，有的道讲主根底交做住持，因讲主、祐讲主两个根底做提点，与了他每执把的令旨。

如今寺院里有的藏经、田产、水土、头疋、园林、碾磨、山场、河泊、船只、解典库、浴堂、药铺、店舍，不拣甚么物件，不拣是谁休倚气力夺要者④。在前仓里不曾纳的地税休交纳者。杂泛差发休交当者。但属他每的寺院里，使臣每休安下者。铺马祇应休着者。收地租时分，有司官□力成就者⑤。这般宣谕了呵，别了的人每不怕那甚么。

这的每有令旨么道，无体例勾当做呵，偏他每不怕那甚么⑥。

令旨。

猴儿年三月十六日，大都里有时分写来⑦。

题解：

此文与（88）同刻一石，圣旨在上，令旨在下。据拓本过录。

注释：

①皇太子即顺帝妥欢帖睦尔长子爱猷识理达腊。元末农民起义蜂起，顺帝怠政，立太子总揽国事。《元史·顺帝纪》至正十三年六月丁酉"立皇子爱猷识理（百衲本误作'达'，点校本已改）达腊为皇太子、中书令、枢密使，授以金宝，告祭天地宗庙"。皇太子总揽朝政，所以令旨可宣谕中书省、枢密院以下各级官员及众百姓。

②"察罕城子"译自蒙古语"察罕巴剌哈孙"，原意白色的城，此处指称真定，参见（63）元氏开化寺碑注。此处察罕音译，城子为意译，合为一词。同碑上方圣旨，还原汉语"真定在城"即真定城。元代地名，蒙汉称谓或有不同，译例也不尽一致。

③此处所举寺名，天宁万寿寺两下院及盂州卧如院曾见于（85）碑至元三年（1337）圣旨。令旨多出真定三寺、威州（今威县）一寺，统管范围又有扩大。但仍不足"壹拾个寺"。不知是否另有小寺未尽列名。道讲主及因讲主、祐讲主即本碑圣旨（88）所称讲主志道，提点志因、志祐，三人共管诸寺。

④本令旨所列禁约侵夺项目，较常见的公告多出"藏经"与"药铺"二项。可知此寺有佛经收藏，并经营医药。

⑤"收地租时分，有司官□力成就者"。"官"字下一字磨损，得为"出"或"添"。此项记载也不见于其他公告。想见元末农民起义浪潮中，租种寺院土地的农民也有反抗行动。故收取地租，需官司出力。

⑥"偏"即偏执。口语俗语，如"你不叫我去，我偏去"，"你不让我说，我偏说"。此句的大意是："倘若做不法的事，他每偏不怕（犯罪）么！"用以强化语气。

⑦此猴儿年为顺帝至正十六年丙申（1356），立皇太子后三年，（88）圣旨前一年。

平山天宁万寿寺碑（91）

92. 大都崇国寺劄付碑

——宣政院劄付（1363 年）

皇帝圣旨里宣政院：

至正二十三年十月十六日，哈剌章怯薛第二日，明仁殿里有时分，速古儿赤也速迭儿、云都赤火里、殿中月鲁帖木儿、给事中观音奴等有来。本院官帖古思不花院使、阿剌台经历等奏："大都有的大崇国寺开山住持空明圆证选公大师①立传戒碑石的上头，俺与搠思监太保右丞相一处商量来②，交中书省参政危素撰文并书丹③，集贤大学士滕国公张瑾篆额呵，怎生？"么道。皇太子根底启呵，上位根底奏④，圣旨识也者，么道。奏呵，奉圣旨：那般者。钦此，除已移咨参政危素撰文并书丹、学士张瑾篆额外，使院合下，仰照验钦依施行。须议劄付者。

右劄付大崇国寺，准此⑤。

题解：

碑在今北京护国寺，元代崇国寺北寺。此文刊于碑阴上方右侧，是至正二十三年（1363）宣政院奏准危素为善选撰碑的劄付。左侧，是至正二十六年（1366）追封善选的劄付，见本书（94）。两劄付均为蒙古文的汉译，原文未刊。碑阳是至正二十四年（1364）危素所撰碑铭，题"大元特赐传戒坛主空明圆证澄慧国师隆安选公碑"。《北图汇编》收录。案"澄慧国师"是至正二十六年（1366）追封，见（94）劄付。碑题当是立石人增入。《危太朴文集续集》据拓本收录。吴式芬《捃古录》卷二十著录，改题为"崇国寺隆安选公传戒碑"，另著录"传戒碑阴"，注"刻宣政院劄付二道"。

注释：

①僧人善选在家乡香河县隆安寺出家，故号"隆安善选"，尊称"选公大师"。后在燕京习法。金元之际，崇国寺旧寺毁于兵火，善选主持重建，悉复旧观，为崇国寺主，故被称为"大崇国寺开山住持"。善选卒于壬子年即蒙古

宪宗二年（1252），崇国北寺尚未兴建。北寺建立后，两寺虽分在两地，仍由一住持统领，统称大崇国寺。

②搠思监，《元史》入奸臣传。蒙古克烈部后裔。元初名臣也先不花之孙。至正十六年（1356）为中书左丞相，次年进右丞相，十八年（1358）加太保。

③危素，字太朴。至正二十年（1360）任中书省参知政事。有《危太朴文集》及《云林集》传世。

④元顺帝中年怠政，至正十一年（1351）农民军起义，顺帝不理政务。十三年（1353）六月立皇子爱猷识理达腊为皇太子、中书令、枢密使，援以金宝。次年，又明敕中书省、枢密院、御史台，凡奏事先启皇太子。具见《元史·顺帝纪》。旧制：皇太子参决政事，先启后闻，即先陈启皇太子，再奏闻皇帝请旨。

⑤此碑文末有小字"竖立碑石"等字，左方有一"印"字。下方排列"押"字共六字，当是省略"众官印押"。

92. 大都崇国寺劄付碑

93. 周至重阳万寿宫圣旨碑（1363年）

长生天气力里、大福荫护助里皇帝圣旨：

军官、军人每根底，管城子达鲁花赤、官人每根底，往来的使臣每根底，宣谕的圣旨：

成吉思皇帝、月阔台皇帝、薛禅皇帝、完者笃皇帝、曲律皇帝、普颜都皇帝、格坚皇帝、忽都笃皇帝、亦怜真班皇帝圣旨里："和尚、也里可温、先生、答失蛮每，不拣甚么差发休当者，告天祈福者。"么道有来。

如今依着在先圣旨体例，不拣甚么差发休当者，与咱每告天祈福者，么道。这诸路道教都提点明道崇真洞和真人住持奉元路大重阳万寿宫事杨德荣为头儿先生根底，执把行的圣旨与来①。

如今但属宫观里，使臣休安下者。铺马祇应休着者。商税地税休纳者。但系宫观庄田、地土、园林、船只、解典库、店铺、浴堂、醋麴等物，不拣甚么休要者。不拣是谁休倚气力夺要者。更每年得来的钱物交先生每收拾者。有损坏了的宫观呵，交用那钱物修补者。他每其间里，不拣是谁，休入去沮坏者②。

如今，更，这先生根底圣旨与了也，无体例勾当休做者。做呵，他每不怕那甚么。

圣旨。

至正二十三年兔儿年七月二十二日，大都有时分写来③。

题解：

周至重阳万寿宫另一碑，今不存。原据北大藏拓本收录。近刊《重阳宫道教碑石》作为"佚碑存拓"刊入拓影。上方为住持杨德荣的授命，汉字文言，八思巴字音译。见《八思巴字与元代汉语》。本文在下方，为禁约圣旨，汉语白话译文，无蒙文。

注释：

①杨德荣，井德用弟子。（89）注引井公道行碑，题名见"本官提点洞和

明道崇真大师杨德荣"。"本宫"即耀州静明宫，井德用返回后，焦德润接任重阳宫提点，杨德荣仍在本宫。授命杨德荣住持重阳宫事，加号真人，在至正二十三年（1353）七月，上距焦德润嗣主重阳宫事已十余年。焦与杨均为井德用弟子，师弟传承，嗣任住持。

②本文禁约事项与十二年前圣旨（89）基本相同，"水土"改为"地土"，略去"竹苇"，店舍铺席省称"店铺"。得来钱物交先生收拾，同于至正元年（1341）、至正十一年（1351）两旨。重阳宫自井德用住持以来又大事修建宫观，仍拥有丰厚资产，从事多种经营牟利。元末二十几年间并未衰落。此禁约公告圣旨，在住持易人时，略加修改换授，是例行公事。道士刻石立碑以防侵扰。

③本碑上方加封杨德荣真人，授命住持重阳宫事。署至正二十三年（1363）七月，无纪日。随后授予护持圣旨，再颁发此禁约公告，署七月二十二日。二十天左右，连署三旨。这时的陕西地区正是察罕帖木儿与扩廓帖木儿军阀混战的战场，元朝濒于灭亡。这道圣旨是元朝颁给重阳宫的最后一道圣旨，也是元代重阳宫最后建立的圣旨碑石。

周至重阳万寿宫圣旨碑（93）

94. 大都崇国寺劄付碑

——宣政院劄付（1366年）

皇帝圣旨里宣政院：

至正二十六年二月十七日，完者帖木儿怯薛第一日，宣文阁里有时分，速古儿赤完者不花、云都赤塔海帖木儿、殿中宝坚、给事中解里颜等有来。帖古思不花院使、孛罗帖木儿副使、八儿忽台参议、都马经历、忙哥帖木儿经历等奏："俺根底，释教都坛主澄吉祥文书里咨呈：大崇国寺空明圆证大师选公，释教都总统名分里委付了有来①。他亡殁了。有为他传授金字戒本立碑的上头②，依先祖师例③，封赠国师名分的说有。俺与伯撒里太师右丞相④一处商量了依着他保来的文书，释教都总统澄慧国师选公名分封赠，怎生？"么道。皇太子根底启呵，上位根底奏，圣旨识也者，么道。奏呵，奉圣旨：那般者。钦此除钦遵外，使院合下，仰照验就行，钦依施行。须议劄付者。

右劄付大崇国寺。准此⑤。

题解：

此劄付与（92）同刻一石，此在左侧，年代在后。

注释：

①善选称"空明"是自号，见碑阳危素撰《隆安选公碑铭》。圆证为法名。"释教都总统"是官名，授赠年代不详。善选生当金元之际，原无封号。因立碑故请追封。

②"金字戒本""辽道宗以金泥亲书三聚戒本"，见危素碑文。三聚戒指律仪戒、摄善法戒、摄众生戒（又作饶益有情戒），佛教律宗信徒出家在家均受三聚戒。"戒本"解说戒行传授。危素碑文历述辽道宗金字戒本在金代佛寺传播掌管过程。金亡，归于大都南城宝集寺祐圣国师志玄。元太宗以后戒本传于悯忠寺僧祥果，祥果传崇国寺善选。危素说"由是知律学之渊源，尚矣"。善选聘主宝集寺，传授戒本给宝集寺都坛主行秀。善选逝后，行秀传戒本于崇

国寺定志，定志传昊天寺显净，显净传崇国寺定演，即崇国北寺的首任住持。此后崇国寺住持代代传授。崇国寺遂成为律宗传授的基地之一。

③"依先祖师例"，先祖师当指宝集寺祐圣国师志玄，元代传授律宗的祖师。金代承安间统领教门。归附蒙古后，据说"王侯将相皆趋下风，世称长公"，见《析津志辑佚》寺观门引文。善选循例追赠国师是殁后的荣誉称号。

④伯撒里，突厥康里部人。至正二十五年（1365）封太师、中书右丞相。至正二十六年（1366）在位，见《元史》三公表及宰相年表。

⑤文末有小字"封赠"二字，左方有一"印"字，下方有"押"字一行。

编余散记：白话碑诸问题

本书所收元代白话碑文约有四种类型。（一）直接应用汉语白话书写的公文；（二）依据蒙古口语译为汉语白话的记录；（三）依据蒙古畏兀字或八思巴蒙古字蒙语文书逐字直译为汉语白话；（四）依据藏文文书译为汉语白话。

解读这些碑文不能不涉及有关体制和体例，也不能不涉及刻石、摹拓诸问题。随时笔录，以备遗忘。稍加梳理提供读者参阅，不妥之处，尚祈指正。

一 关于圣旨等指令文书

本书所收第一篇碑文重阳宫碑成吉思皇帝癸未年三月圣旨，又见于潍县玉清宫碑。近年发现青岛崂山太清宫碑此旨头一行，不见于前两碑及《长春真人西游记》录文。作"钦差刘仲录奉成吉思皇帝圣旨"。由此可知，此旨是由刘仲录传与诸处官员并付丘处机门下道士收执。圣旨文字是据金代汉地通行的汉语公文程式拟写，并非译自蒙文。重阳宫碑同年九月另一圣旨称"宣差阿里鲜面奉成吉思皇帝圣旨"，是兼通蒙汉语的通事阿里鲜依据成吉思皇帝的口诏，译为汉语白话，记录成文。重阳宫碑刊录蒙古太宗时两道圣旨，大约也是依据口诏，译为白话汉语。

元世祖建国采用汉法，诏旨拟写颁发，渐有定制。八思巴创制蒙古国字后，皇帝诏旨有两种类型。一类是由汉人翰林学士以典雅的汉语文言拟作，八思巴字注音。一类是由拟写诏旨的蒙古必阇赤以八思巴字拼写蒙古语，再逐字直译为白话汉语。

皇太后、皇后、皇子、诸王以及高级官员们发布的白话文告，或据通行的公文体或据蒙文直译，各自不同。此类文书开头多有"皇帝圣旨里"等字。此词源于蒙古语，可有两种用意。一是用于引录圣旨文字，即皇帝圣旨内。一是依托皇帝圣旨。"里"字译自蒙古语 dur，有依托之意。"长生天气力里"意即依托天助。"皇帝圣旨里"即依奉皇帝圣旨。用于官职之前，略同于皇帝授命或宣命。一些碑目编者见有圣旨字样，题为"圣旨碑"，系出误解。

二　保护寺观的公文

　　现存元代白话碑文中，此类公文最多，值得探索的问题也比较多。
　　护持与禁约——元世祖以下，历朝皇帝即位，依前朝成例，以皇帝名义向各地寺观住持颁发同一内容的圣旨，免除差发，告天祈福，习称护持圣旨。此旨颁发后又多依寺观申请，颁布禁约公告，告谕各地官员使臣人等，禁止对寺观骚扰征索。内容依惯例有三个层次。（一）征引前朝圣旨关于减免寺观差发，告天祈福的规定。（二）已遵前例颁给寺观住持护持圣旨收执。（三）任何人不得对寺观骚扰，征索差发赋税，是禁约公告圣旨的主旨。各地寺观白话碑文多是此类禁约圣旨，立石刻碑以防骚扰。护持圣旨未见刻石，《元典章》礼部六收有成宗即位后颁发的圣旨节文，可见其大概。研究者或将此类告谕官员使臣的禁约公告，误释为赐给寺观和尚道士的圣旨。以讹传讹，多有不妥。
　　送纳与换授——元朝建国后，颁给寺观的圣旨，有所谓送纳换授制度，即将旧旨送还朝廷，另授新旨。这有两种情形。一种情形是皇帝去世，皇权易位，原来颁发的为皇帝祈福祝寿的圣旨送还，换授新旨。在称引前帝中补入去世皇帝的谥号，内容基本沿袭旧旨或略有修改。另一种情形是寺观住持易人，原发给住持僧道收执的圣旨交回，换授新旨，改写住持人的名字。内容基本不变。护持圣旨必须送纳，禁约公告无须送纳，只须换授。各地寺观立石的碑文不见护持圣旨，只有禁约公告，碑文中称引前旨，罗列历代帝谥，内容大致相同，都是这个缘故。
　　皇太后、皇后、皇子、诸王的护持懿旨、令旨，一般情况不再换授。特殊情况如亳州太清宫原有宪宗时海都令旨，世祖即位，海都自立，张真人奏"今将元受令旨已行纳讫，乞换授事"。送纳海都令旨，奏请换授皇帝圣旨。
　　白话译文——碑刻所见颁给寺观的禁约公告，原旨为蒙古语文，并无统一的汉译。各地立石的白话译文当出自各地的译史。这可由以下的情况得到证明。
　　现存蒙汉语言对译的禁约公告碑文，同一蒙文语句在不同地区不同寺观的刻石中，汉语译文不尽一致。遣词造句多有不同。边远地区如云南崇圣寺、筇竹寺等碑的译文，差别更大。这些情况表明：颁降的蒙文圣旨并没有统一的白话汉译。

还有一种情况是《集释》所收泾州水泉寺碑、河东延祚寺碑，都只有蒙文禁约圣旨，并没有汉语白话译文，说明原来颁降的文告只有蒙文。如有汉译，不能不上石。这可能是由于地方官署译史缺员或其他原因，未经译汉。碑刻八思巴蒙古字体多有错乱，也说明立石人不识蒙文也未经识者鉴定。

白话汉译碑文逐字直译，曾被前代金石家讥为"鄙俚可笑"，当代学者也认为硬译费解。这种译文的形成有其客观原因，不宜苛责译者。翻译皇帝圣旨、公文，不同于译述私人诗文著作，译者不得不谨慎从事，逐字直译，以免误解。倘若撮其大意文饰辞藻，难免走样。遭致曲解，其罪非轻。

蒙古语与汉语属于不同的语系，最显著的区别是语序（词序）不同。逐字直译的最大缺陷是将两种语序勉强牵合。依据蒙古语序译成的汉语，多不合汉语的语序，因而令人费解。至于白话碑文中常见的语汇和语句，并非都是蒙语直译，而是元代习用的俗语。理学家许衡的《直说大学要略》用白话讲说《大学》，如说："恰似人心里常常的思量呵，好公事每日行着，不教错了。若一日不思量呵，恐怕便行得错了。这的是那'明明德'。"又说："好的、歹的，合做的、不合做的，都省得了，心上明白，无些昏蔽，便是致知"（见《全元文》第二册）。这些直说，与直译的语句颇为近似，后世讥为"鄙俚可笑"，当时认为通俗易懂。

寺观物业——元代佛寺道观多有属于自己的或多或少的产业。成吉思汗只是对全真道免除地税以外的科差。窝阔台时扩展为佛、道、基督教、伊斯兰教"不拣甚么差发休交出者"。元世祖建国后，统一颁发的护持圣旨也都是和尚、先生、也里可温、答失蛮并列，一视同仁。但禁约公告圣旨刻石只见于佛寺道观，不见于十字寺和回回寺。刻石立碑是汉族的传统，只见于寺观是可以理解的，但现存文献中尚未发现有十字寺、回回寺禁约骚扰的公告。《元典章》户部收有元贞元年（1295）闰四月圣旨，四教并提，只是规定租税体例，并无禁约骚扰的内容。十字寺、回回寺不见禁约公告或是由于属于色目群体，较少受到骚扰的缘故。

禁约公告不同于护持圣旨，并非普遍授予而是基于寺观的申请。禁约官员使臣骚扰，主要是两个方面。

一是禁止官员使臣在寺院安下住宿。"使臣"一词译自蒙古语的乙里只（ilici），可以是开读圣旨的高官，也可以是传送公文的属吏。依照定制，沿途应顿宿驿站，按规定领取定额的祗应即饮食需用。一些人以奉使为名强行住宿寺院宫观，索要饮食，对寺观造成极大的骚扰，故请禁治。现存禁约公告都列入此条，说明这种情形甚为普遍。

另一种骚扰是军政官员向寺观经营的物业索取财物。元代的寺院道观大都有属于自己的即常住的田产物业，多少不等。一些寺观还有某些手工业、商业经营，规模大小不同。军政官员依仗权势，向这些物业勒索各种物件，寺观请求禁约。拟写圣旨的必阇赤，依据寺观的申请，写入具体项目，越来越多。起初只是田地、水土，补入园林、果木，后来商业性的物业列入店舍、铺席、浴堂、解典库等。手工业有磨坊、醋麴等。有些公告还列入了竹苇、船只、牲畜、人口。拟旨者作为例行公事，依旧旨增添新项，先后沿袭至一二十项之多。这只是表明，这些项目受到保护不得勒索，并不表示这些寺观都拥有全部项目的产业，样样都有。倘若依据碑文公告，推论各寺观拥有全部的物业经营，不免陷于误解，不合实际。

三　保护儒学的公文

蒙元保护僧道等四教的公文，并不包括儒学在内。本书所收最早的一通有关儒学的公文，是蒙古太宗九年丁酉（1237）邹县孟庙免颜孟子孙差发劄付，内见"仰依僧道例，一体蠲免差发"。依僧道例免差发见于此前四库本《庙学典礼》卷一太宗七年（1235）圣旨。内见："咱每的圣旨里，和尚每、叶尔羌（也立乔）每、先生、达什爱满（达失蛮）每的体例里，汉儿（金地汉人）、河西（西夏）秀才每不拣甚么差发徭役不教当者，秀才的功业习学者。""体例里"即依其体例。这一制度为后世所继承。元世祖灭宋后，又推行于江南。无锡至元二十五年圣旨碑称："今后在籍秀才，做买卖的纳商税、种田纳地税，其余一切杂泛差役，并行蠲免。"仍然遵循地税、商税除外的旧制。又称"禁约使臣毋得于庙学安下，非理骚扰"，兼有护持与禁约两项内容。言简意赅，与寺观格式化的圣旨全然不同。

"秀才"一词元人或用为对文士的泛称，蠲免差发则有一定的范围。前引太宗圣旨北方的汉儿、河西秀才又称"中选儒生"。江淮的在籍秀才系指在学的生员，均需经官方认可。颜孟子孙免差发，是为特例，也需经查实核准。

本书所收儒学有关碑文只有六通。上起太宗，下至顺帝。还包括加封孔子、加封颜子父母及作新学校等内容。

四　刻石

白话碑文大都是官府公文，但刻碑立石并非出自官府，而是出于民间，包括佛寺的僧人、道观的道士和孔孟家长。或署名或不署名。立石的时间或早或晚各自不同。主要有下列几种情形。

常见的情形是收到公文不久就刻碑立石。如灵寿祁林院碑末刊法旨，写于大德五年（1301）四月，次年二月立石。邠阳光国寺碑圣旨写于延祐五年（1318）四月，次年八月立石。圣旨传奉开读需经时日。立石刻碑也需时日。一年左右立石，已是很快的速度。

另一种情形是公文收到后数年才又立石。河中栖岩寺碑圣旨写于大德六年（1302）。立石在大德九年，相隔三年（1305）。濬县天宁寺法旨写于至治元年（1321），立石在泰定三年（1326），相隔五年。邹县孟庙关文，延祐元年（1314）收到，至顺二年（1331）立石，相隔十七年。易州龙兴观懿旨写于英宗至大二年（1309），晚至文宗至顺二年（1331）立石，相隔二十二年之久。这或许是由于遭到骚扰，检出旧旨立石。

再一类情形是将储存的前朝公告，合刻保存，兼以自重。本书所收第一碑"大蒙古国累朝崇道之碑"刊有成吉思汗文言诏书两道、白话圣旨两道，窝阔台圣旨两道，皇子令旨两道。下刻李庭序言，内称："累年以来，所受诏书烂然盈篚。""佩服德音，惧有失坠，今乃命工刻石，以传永久。"末署辛亥（宪宗元年，1251）七月初九日立石。顺帝至正二年（1342）立石的荥阳洞林寺碑，刊刻成宗、武宗、仁宗三朝八旨，也属此类。刊入前朝有关文告，引为依据，也是常例。

历朝白话碑的立石人身分不同，立石时间有早有晚。刻石文字往往经过立石人的增删修改。例举如下：

碑额题字——诏旨公文立石刻碑，本无碑题与碑额。前引"累朝崇道"也是立石者请人书写。立石较晚的碑刻，历经年所，由立石人拟写碑额，易生误会。显著的事例是易州龙兴观碑皇太后答己的懿旨写于武宗至大二年己酉（1309），蒙古字汉语碑额"太皇太后懿旨"，与碑文不一致。鲍布罗夫尼科夫（A. A. BobrovniKov）、波兹德涅耶夫（A. M. Pozdeneyev）、伯希和（P. Pelliot）、包培（N. Poppe）等人有不同的理解，曾有过争议。问题的关键其实就在于文宗至顺二年（1331）立石时，立石人依据当时尊号题额增加了"太"字，招致学者的误解。圣旨碑额有"圣旨""诏书""宸命"等多种题字，懿旨、令旨和官府公文立石，题额也无定例。字体或用汉字或用蒙古字，汉字或篆书或正书，各有不同。一般说来，立石人为求符合通行碑刻的形式，随意拟写碑额，并无一定的书例，也没有什么特殊的意义。灵寿祁林院碑，碑额并题"皇帝圣旨碑、皇太后懿旨、皇后懿旨、帝师法旨"四行十八字，为碑刻中所罕见，是立石人自创的特例。

帝王名号——碑石所刊前代公文，因皇权易代，原来发文的皇子诸王地位及封号多有变动，立石人随意改写。至正二年（1342）立石的荥阳洞林寺碑第四截刊有至大二年（1309）"爱育黎拔里八达令旨"，原旨当是"皇太子令旨"，立石人径改为直书其名。同碑有元贞三年（1297）正月晋王令旨，又有延祐元年（1314）十一月"也孙帖木儿晋王令旨"。前一晋王即真金之子甘麻剌，后一晋王即泰定帝，立石人在王号前加上名字，以为区别，并非原题。大抵旧旨重刊，颁旨人称号常经改变，立石人或改或不改，改法也不相同。读者极易误解。

除免赋税——现存最早的八思巴字蒙古文与汉语白话对译的碑文龙门建极宫至元十三年（1276）安西王令旨，白话译文引前代圣旨称"地税、商税，不拣甚么差发休着者"，下文给与的令旨文字相同。检对蒙文令旨，在地税（仓）商税（印）后有 busi 一词，意为除外。彰德上清正一宫至元九年（1272）圣旨，此词两见均作"除地税、商税"。建极宫碑立石时，将对译的"除"字删去，以图逃税，可为确证。

附署文字——本书所收 1240 年济源紫微宫懿旨碑末署蒙古畏兀字三行，曾引起柯立夫（Cleaves）教授的注意。我意这三行蒙古字即是汉字碑文末句"如违要罪过者，准此。庚子年（鼠儿年）"。末署蒙古字以表示懿旨出于蒙古皇后。元世祖命八思巴创制蒙古国字后，一些寺观的禁约圣旨、懿旨、令旨碑文，往往署上几个八思巴蒙古字。少者两三字，多者一两句。有的与碑文略有关系，有的完全无关，只是从别的蒙文碑上随便抄几句上石。这些附署文字显然不是公文原文，而是立石人任意增加以示出于蒙古朝廷，用以镇幅，防止骚扰。有的碑刻不刻蒙古字，而在正文后刻上汉字"蒙古字一行"。这可能是由于蒙古字刻石不便，改用汉字说明，也可能原来就没有编造蒙古字而采取更简便的办法，以示出于蒙古。

文字异同——白话碑中常有同一公文分刻在不同地区的碑石上，还有的公文并见于后世传抄刊印的文献。如本书第一篇周至重阳宫碑圣旨又刊潍县玉清宫碑、青岛太清宫碑，并见明成化《道藏》本《长春真人西游记》。无锡庙学碑圣旨又刊绍兴庙学碑，并见四库本《庙学典礼》。诸如此类。同一公文，各碑文字往往互有详略异同，碑文与刊本文字也会互有详略异同。这并不都是立石改作所致，而是有其多方面的原因，需要具体分析。

五　碑拓

　　前代金石家收藏碑刻拓本，多看重于古碑的书法和文章。钱大昕曾说"宋以后好（爱好）者少"，故对收藏元碑者"引为同志"。经钱氏等倡导，清季金石家如孙星衍、吴式芬等都已注意收集元碑，著有目录。所藏碑拓散失，已不得见。艺风堂缪氏、柳风堂张氏旧藏拓本今归北京大学图书馆，其中元碑特别是白话碑的收藏，最为丰富。国家图书馆收藏原北京图书馆及陆和九等旧藏，多有精品。各省市文物部门注意保护，对流传拓片注意收集。本书此次修订收录前此未见的一些碑拓，多是各地文物部门帮助提供，盛情可感。

　　元代白话碑因不被重视，历遭毁坏。幸有拓本留存，碑文得以传世。拓本情况也很复杂，须要仔细鉴别。

　　碑石磨损，拓本不整。常见的情况是风雨经年，自然断裂剥蚀，使文字残缺。白话碑文遣词造句，本无定例，如无确证，宁可存疑，不必拟补。有些碑石，在刻字时石面断裂，刻石人不得不绕过破损处，继续刻字，拓本上出现空白，碑石并无缺字，不须补完。

　　另一种情况是有意或无意的人为磨损。泰山东岳庙碑见"通微□□大师梁道诚"。元代道教大师称号，有二字、四字、六字之别，中缺两字，拓本仍可见人为磨去的痕迹。这可能是后人因有避讳字而有意磨去。龙门建极宫碑曾被民间用为厨案，遭致不经意的破坏。如安西王令旨"遍行省谕"之"谕"字仅存残笔，致被误释为"行省"。认出谕字才得通解。

　　白话碑文多俗语，字体也多用俗字、简字。与现行俗字、简字，有同有不同。如"骚扰"之"骚"作"搔"是当时通用的俗字。"据"作"拠"、"等"作"寸"、"旨"作"盲"，都是当时的简字。书体有正书即楷书，也有行书。安邑长春观碑全用行书，夹用草书，极难辨认。一些碑文楷书与行书混用，也须着力识辨。

　　碑拓的摹拓时间有先后，技术有高低，因而同一碑文的不同拓本，精确程度可以有很大的差别。拓碑的用纸用墨及拓印技巧原来都有一定的要求，晚清时期，金石家广泛收藏，商人拓碑求售，质量参差不齐。字迹笔画模糊、碑侧和底部文字失拓等情形所在多有。所以同一碑刻如有多种拓本传世，须要相互对照，择善而从。

六 碑目与碑志

乾嘉学者注意收集元碑拓本，编有碑目行世。钱大昕曾编《金石文字目录》八卷。孙星衍得邢澍之助，辑录所见拓本编为《寰宇访碑录》，有元碑两卷，共约一千五百余通。咸丰时，吴式芬在孙录基础上增补，成《捃古录》二十卷，内元碑四卷，约两千通。清末，缪荃孙广泛收集碑拓，编刊《艺风堂考藏金石文字目》十八卷，内元碑三卷，收录八千余通，最为繁富。此外，各地区碑目，也有元碑著录。

乾隆时，王昶积数十年之力，遍访碑拓，将碑文全文辑录，成《金石萃编》一百六十卷刊行，收录碑文一千五百余通，至宋金而止。收存未刊的元碑八十通，后人题为《金石萃编未刻稿》印行。地区性的碑志当首推毕沅、阮元主持编著的《山左金石志》二十四卷，内收元碑四卷。此书为毕、阮两人执政山东时编纂。所收碑文经编者逐篇考察、详细介绍，写有跋文，是地区碑志中的上乘。胡聘之编《山右石刻丛编》四十七卷，收录山西地区元碑十七卷。河北的《常山贞石志》、河南的《安阳金石录》及《陕西通志·金石志》等书也都收录元碑，包括白话碑文在内。省县志中也偶见白话碑文录存。以备一格。

二十世纪初，沙畹（Charannes）在中国各地搜集到一批元碑拓本，在《通报》刊布，引起西方学者的注意。虽然其中不少白话碑文，已在各地碑志中编录，但将拓本影印为前此所未有。冯承钧书摘编若干白话碑文，惜无拓本。

前人刊布的碑目、碑志为白话碑文的收集整理，奠立了基础，但仍有一些问题需要考察识辨。

碑题——白话公文碑原无碑题，刻石系立石人题额。碑目由编者随宜拟作，并无定制，可以依据文书发布者称号和文书体制，也可以依据碑石所在的寺观等名称或文书内容。各自不同。如本书所收第一碑，《缪目》题为"重阳宫圣旨碑"，《捃古录》则题"成吉思汗手诏"，两种标题，实为一碑。

碑阳、碑阴——两面刻的碑文，照例是把圣旨和懿旨、令旨等刻在碑阳，私人所作碑记等刻于碑阴。某些碑目、碑志的编者因不熟悉元代体制，又泥于公文鄙俚的成见，依拓本编目，区别阴阳不免误解。《金石萃编补正》补出元碑十八种，荥阳洞林大觉寺碑圣旨、懿旨、令旨、法旨等五截八旨全文录入，为前人所未刊。但误题为"碑阴凡五截"，而将碑阴李谦授撰《洞林大觉寺经记》注为碑阳，遂致阴阳颠倒。其例多有，需加识辨。

碑文纪年——白话公文多依蒙古旧俗以生肖纪年。元后期始见年号生肖并用。碑目著录年代，推算难免错误。书写年月与立石年月也难免混误。

拓本混误——拓本纸背用墨，不宜装裱。收藏家多将拓本折叠，装袋题签。这种办法有两个缺点，一是折叠处极易磨损缺字。一是装袋难免混误。《山左金石志》收录"玉清宫摹刻圣旨碑"刻圣旨二道，一癸未年，一乙未年，准确无误，并对年代作了考订（参见本书拓影）。《寰宇访碑录》卷十一著录此碑上方圣旨四道，下方令旨两道。这显然是将本书所收周至重阳宫碑的拓本误认为潍县玉清宫碑拓，两碑混误。《捃古录》沿袭其误。曾有人以《捃古录》为据，著文指责《山左金石志》及其他碑录失误，颠倒了是非。这个事例表明：未见碑刻和碑拓，仅凭碑目碑志相互比照，判断是非，不免以非为是，以是为非。

碑拓与碑志——碑拓与碑志的录文，文字间互有异同，是常见的现象。这是由多种原因造成的，不能简单地判断此是彼非。一些碑石现已不存，无拓本传世，碑志的录文成为唯一的依据。传世拓本摹拓的时间与碑志编录的时间，先后各有不同。石刻磨泐、拓本缺失之字，可依较早编印的录文校补。录文识别不确之字，可据拓本订正。两者相互为用，不可偏废。

七　剩语

陈垣前辈曾说，他识辨元碑，常把拓片铺在地上，跪地伏视。道出其中的甘苦。1950年我在北大文科研究所金石拓片室工作时，艺风堂、柳风堂及北大旧藏拓本近三万张，未经整理编号，都堆放在我的工作室的书架上。抽阅很方便，但也需要铺在地上或悬挂在书架上抄录。这次修订，承蒙各收藏单位协助提供照片，得到很大的便利。但照片的清晰程度也有差别。我依据某些拍摄的拓本，改订了旧本的一些误字，但误识之处，仍然在所难免，期待着读者和专家的指正。

碑文索引

本索引收录碑文中的名词和少量语词

词目依汉语拼音编序，后缀数字是本书页码

A

阿不罕　34
阿剌台　249
阿里鲜　8
阿难答　80
阿昔儿答剌罕　214
爱马耆老　238，246
爱育黎拔里八达　153
安大学士　142
安西府　80，83
安西路盩厔县　108
安西王　65，83
安邑县　46
按答奚　14
奥鲁百户　83
奥鲁千户所　83

B

八儿忽台　255
把军底官人　58
把军官每　53
白克中　195
白浪　227
柏林禅寺　94
柏林寺　165
般若院　86

宝儿赤　214
宝坚　255
宝童　45
宝严禅寺　58，120，167
保定路　203
北极观　30
北京　53
汴梁路　182，209
别不花　214
彬公长老　26
磻溪谷长春观　14
孛罗帖木儿　255
伯撒里　255
伯颜太师　214
亳州　53，56
不兰奚　26，40，42，43
不兰奚牛　40
不兰奚人　40，42

C

璨监寺　97，127，145
藏经　189，246
草堂禅寺　23，40
草堂寺　43
茶罕　26
察罕仓　172，175，179

察罕城子　246
察罕恼儿　69
差发税赋　1
柴志和　46
长春宫　46
长春观　14，46
长清县　137，140
长生刘师父　72
长生万寿宫　69，72
抄剌千户　42
彻彻里哥剌哈　53
陈道明　175
陈志忠　135
成吉思　1
成吉思皇帝　8，10，58，61，65，72，80，94，97，101，106，108，110，115，120，122，132，135，148，150，153，155，158，160，163，165，167，169，172，175，178，187，189，195，206，209，212，220，223，224，227，229，232，235，238，241，243，246，252
澄吉祥　255
吃剌思巴斡节儿　127
吃剌厮巴斡节儿　130
赤那思　182
冲戒师　195
重阳宫　34
重阳万寿宫　38，45，172
重云寿　235
崇国寺　86，90，243
春秋二丁　217
慈提点　75

D

达讲主　195
达鲁花赤　14，19，30，38，43，46，58，61，65，78，94，97，101，103，106，108，110，115，119，120，122，125，127，132，135，145，148，153，155，158，160，163，167，169，172，175，178，182，187，189，192，195，200，206，209，212，217，220，224，227，229，235，241，243，252
达失蛮　14，61，65，72
达识蛮　206
荅剌花赤　40
答剌火赤　45
答烈赤　83
答失蛮　58，80，103，106，209，227，232，241，246，252
大悲寺　238，246
大崇国寺　249，255
大都　75，78，97，108，115，119，127，145，148，163，165，169，187，189，192，195，200，203，206，209，217，227，229，235，238，241，243，246，249，252
大都路　86，90
大护国仁王寺　137
大觉禅寺　97，127，150，153，163，182
大理崇圣寺　160
大名路　200
大明川　125
大明寺　182
大岯山　200
大寺　127

大条理　23，40
大栅寺　195
代州　34
道藏经　19
道讲主　246
道录院　46
道人　10
狄寨　235
典库　172
店铺　94，101，108，127，137，140，150，243，252
店舍　61，72，80，115，119，125，132，135，148，153，155，165，172，175，178，187，203，209，212，220，223，224，227，232，238，241，246
殿中　249
迭卜歹　83
定长老　132
定岩长老　137
东平府　112
东岳庙　80
董道淳　187
董真人　65
董志玄　45
洞林禅寺　192
都马　255
笃怜帖木儿　214
杜丰　19
杜志春　14
断按主　1

F

法名　178
飞泉观　75
冯志通　14

凤翔总管府　14
奉元路　172，195，212
奉元路盩厔县　187
浮山县　34
浮图山　75
福监寺　97，127
福讲主　195
福首座　145
抚（孔抚）　142
傅道宁　148

G

高道陟　155
高良河　137
高真人　61
高真祐　220
格坚　209，229，238，243，246，252
各枝儿头目　203，238
耿志明　75
公哥罗古罗思监藏班藏卜　200
公主皇后　30
古楼观　108，187，212
谷与皇帝　43
观音奴　249
管站的　192
管着儿咸藏　137
光国寺　195
国清寺　195

H

哈罕　106，110
哈罕皇帝　61，72
哈刺章　160，249
海都　53
海吉祥　195
海提点　182

海帖木儿　255
蒿口　227
蒿坪　227
郝志恭　34
合剌和林　12
和尚　14，45，58，61，65，72，78，80，86，94，97，101，106，108，110，115，119，120，122，125，130，132，135，145，148，150，153，155，158，163，165，167，169，172，178，182，187，189，195，200，203，206，209，220，223，224，227，229，232，235，241，243，246，252
和尚八都鲁　40
和尚万户　42
郃阳　195
贺直　132
黑马　38，45
洪元宫　203
侯先生　75
后土庙　65
忽察秃因纳堡　220
忽都笃　227，241，243
胡都虎　112
胡木剌　14
胡秀才　23，40
护都笃　223，224，229，232，238，246，252
护笃图　220
花严顺吉祥　115，119
华严顺吉祥　125，130
华阳谷　80
怀莱　142
怀孟　148

怀孟路孟州　135
怀能　132
辉州　220
火里　249

J

汲县　30
济源县　135，148
寄哥　45
蓟州　86，90
冀宁路　155
贾志简　46
坚吉祥　169
江淮等处　92
姜真人　65
焦德润　241
焦志真　14
皆坚　235
杰坚　220，227
洁坚　224，232，241
解典　101
解典库　58，61，80，97，106，108，115，119，120，122，125，127，132，135，137，140，148，150，153，155，158，163，165，167，169，175，178，187，195，200，203，209，212，220，227，232，238，241，243，246，252
解库　72
解里颜　255
解州　46
介志微　46
戒牒　178
金长老　40，42，43
金圆真　220
金志圆　14

晋王　145，182
靳志夷　46
京兆府　43
京兆府路　38
井德用　232
觉山　229，238，246
均州　227

K

开成府　80
开化寺　169
开平府　103
康志和　14
康志清　14
孔氏　142
孔［元］措　112
孔夫子　78，142
孔子　214
叩列　125
阔端　23，38，40
阔儿吉思　214

L

莱州　69，72
朗吉祥　200
朗首座　182
老君　78
李大师　103
李道谦　61
李道实　224
李德秀　46
李明良　227
李提点　61
李翔　185
李真人　30，38，51
李志常　12

李志纯　30
李志端　51
李志玉　46
李志元　108
梁道诚　206
梁瑛　51
梁瑜　51
林州　58，120，167
霖讲主　235
灵都观　34
灵仙县　75
灵岩寺　137，140
灵应万寿宫　227
刘村岱岳观　30
刘道常　212
刘道真　110
刘黑马　23，40
刘老先生　34
刘万户　42
刘志铸　46
刘仲禄　1
柳林　110
龙虎台　155
龙兴观　203
龙兴寺　58
楼观　45
论吉祥　229
罗锅　214
罗里伯颜察儿　214
罗志正　14

M

马珪　40
马禧　142
马札儿台　214
马志全　46

谩昧欺付　137
忙哥帖木儿　255
忙兀歹　45
梅庵长老　58
梅溪　227
渼陂　172
蒙哥　46，51，53
蒙古必阇赤　214
孟成　185
孟惟敬　185
孟州　34，148
弥里杲带　45
蜜昔吉　14
庙学　217
牟志通　80
木避寺　195

N

那延真人　46
喃忽里　214
辇真班　229
宁神子　34
宁志荣　46
女冠　178

P

平山县　122，158，229，238，246
平堰　227
平阳府　34，65
平阳府路　19
平遥　51
平遥县　49，155
铺马　26，46，135，189
铺马支应　203
铺马祗应　38，58，61，65，72，80，94，97，101，106，108，110，115，119，120，122，125，127，132，140，145，148，153，155，158，160，163，167，169，172，175，178，182，187，195，200，206，209，212，220，227，229，232，235，238，241，243，246，252
铺席　61，72，80，97，115，119，120，122，125，132，135，148，153，155，158，160，163，165，167，169，172，175，178，187，195，200，203，206，209，212，220，223，224，227，232，238，241
普朗　200
普颜都　206，220，227，235，252
普颜笃　209，223，224，229，232，238，241，243，246
普照禅寺　150，153，182
普照寺　163

Q

七十个井儿　120
栖岩寺　132
齐国戴氏　214
齐国姜氏　214
祁林院　119，125，130
祁真人　72，78
祈林院　115
綦真人　38
杞国夫人　214
钱志通　19
乾明　58
乾州　83
桥头寺　195
怯坚　206

怯列麻赤　130
怯薛　214，249
秦王　80
秦王右丞相　214
清都观　34
清虚观　51
庆讲主　58
筇竹寺　189
琼师　195
丘神仙　1，8，178
丘真人　14
曲阜林庙　217
曲阜县　112，185
曲律　158，160，163，165，167，169，172，175，178，187，189，195，206，209，212，220，223，224，227，229，232，235，238，241，243，246，252
诠吉祥　169
诠提举　182

R

荣王　214

S

撒敦答剌罕　214
赛罕　214
三旦八　229
三河延福寺　243
桑哥　86，90
搔扰作践　26
僧录司　90
僧正司　90
沙班　214
山彪村长春观　30
山监寺　182

善应储祥宫　175
上都　106，122，132，135，158，160，167，212，224，243
上清正一宫　103，106
尚书省　92
邵明庚　227
邵志安　46
神宝寺　140
神岗观　34
生受　192
失剌失利　235
师号　178
师著　142
石聚　142
石真人　69，72
世祖　135，148
世祖皇帝　217
势都儿大王　69，72
释迦牟尼　58，78，246
释觉性　160
释主通　160
收拾　232，241，252
寿宁寺　115，119，125，130
寿圣寺　195
双谷　227
水例　115，119，172
顺州龙云寺　243
搠思监　249
思川　140
宋道春　203
宋真人　38
速古儿赤　214，249，255
孙德彧　178
孙孟信　185
孙真人　178

孙志冲　14
孙志玄　34

T

塔海忽都鲁　214
太平禅寺　120，167
太平崇圣宫　49，51，155
太平观　51
太平兴国观　51
太清宫　53，56
太清宗圣宫　187，212
太上老君　103，178
太原府　49
太原府路　51
泰安州　137，140，206
泰山东岳庙　206
堂子　101
陶德明　46
陶志隐　46
滕县　185
滕州　224
天宝宫　209
天宁寺　200
天宁万寿寺　229，238，246
天寿寺　243
田八都鲁　40
田拔都鲁　38
田拔睹儿　23
铁哥　43
帖哥火鲁赤　43
帖古思不花　249，255
帖里帖木儿　214
帖木儿　214
通慧院　246
通事　127
头连检用　14

头下　19
投下　61，69，178
图剌　30
脱脱　142
脱脱和孙　192
脱因　103

W

完口都　212
完泽笃　155，160，172，195，206，223，224，229，232，238，241，243，246
完泽秃　167
完者不花　255
完者都　150，158，163，175，178，209，214，220，227
完者笃　165，169，235，252
完者帖木儿　255
完者秃　153
万寿宫　223
汪家奴　214
王道吉　203
王德渊　142
王进善　203
王清贵　209
王一清　106
王颙　142
王真人　53
危素　249
威州显圣寺　238，246
惟泰　185
卫辉路　220
卫州　30
玮长老　97，127，145
蔚州　75
温池卧如院　229，238，246

文德圭　106，110
窝阔台　235，243
窝鲁朵　42
(斡)赤大学士　142
斡鲁不　112
无锡县　92
吴道泉　224
吴山寺　83
吴志全　224
五台　150，153
五台山　115，119，125，130
武官灵虚宫　72

X

西凉府　42
习吉滩　42
戏出秃打　101
匣罕皇帝　65
仙孔八合识　10
仙人万［寿］宫　224
先　生　14，58，61，65，72，78，80，94，97，101，103，106，108，110，115，119，120，122，125，132，135，145，148，150，153，155，158，163，165，167，169，172，178，182，187，195，200，203，206，209，224，227，229，232，235，241，243，246，252
咸宁殿　214
现监寺　163，182
香河隆安寺　243
香山　142
祥提点　97，127
襄阳路　227
小薛大王　192
絜坚　223

心戒师　195
新城寺　229，238，246
邢州　58
秀才　92
秀才儒户　217
许州　209
宣德府　75
宣抚司　58
宣慰司　78，217
宣政院　249，255
玄坚和尚　189
选公　249，255
薛　禅　101，108，115，120，122，132，150，153，155，158，160，163，165，167，169，172，175，178，187，189，195，206，209，212，220，223，224，227，229，232，235，238，241，243，246，252
薛守玄　51
学吉祥　243
雪　堂　127，145，150，153，163，182，192
濬州　200

Y

鸭池城子　189
烟霞观　203
延春阁　214
阎志进　75
颜宽　185
颜氏子孙　185
颜子　214
兖国夫人　214
兖国公　112，185，214
衍圣公　112

碑文索引

燕京大长春宫　30
燕志静　49
杨德荣　252
尧庙　65
姚小底　40
幺小的　43
药铺　246
也可合敦大皇后　19
也可那衍　42
也可那演　112
也里可温　58，61，72，80，94，97，101，106，108，110，115，119，120，122，125，132，135，145，148，150，153，155，158，163，165，167，169，172，178，182，187，195，200，203，206，209，224，227，229，232，235，241，243，246，252
也里克温　65，103
也立乔　14
也速迭儿　249
也孙帖木儿　182
亦怜真班　220，223，224，227，232，235，241，243，252
亦辇真班　238，246
易州　203
益都路　185，224
因讲主　246
尹志平　12
瑛长老　163，182
瑛无瑕　192
荥阳县　192
永辉　83
永明禅寺　122，158
永宁寺　195

永寿县　83
祐讲主　246
于道渊　155
于进全　220
于真人　38
禹王庙　65
玉案山　189
玉都实　86
玉峰茂长老　120
玉清观　49
玉泉观　203
峪山寺　26
浴房　94，106，153，160，209
浴库　195
浴堂　58，61，72，97，108，115，119，120，122，125，127，132，135，137，148，150，155，158，163，165，167，169，172，175，178，187，200，203，212，220，223，224，227，238，241，243，246
寓提点　163，182
元朗　94，101，165
元氏县　169
圆光寺　235
圆吉祥　122，158
月哥台　132，155
月古鯞　120
月古歹　97，115，122，135，148，150，153
月古台　108，158，165，175，187，206，209，212
月吉（古？）歹　160
月可鯞　167
月可台　163

月阔歹　101, 169, 172
月阔台　178, 189, 195, 220, 223, 224, 227, 229, 232, 238, 241, 246, 252
月鲁帖木儿　249
云都赤　214, 249
云都赤塔　255
云南　189
运吉祥　229

Z

扎牙笃　227, 229
札鲁火赤　112
札撒　26
札牙笃　220, 223, 224
站赤　127
张　249
张拔都儿　56
张道进　212
张德　142
张德璘　206
张先生　34
张元帅　53
张元志　203
张真人　53, 56
张志洞　14
张志朗　46
彰德府　103, 106
彰德路　167, 175
丈八寺　238, 246
赵道恒　155
赵珪　195
赵也先　142
赵志坤　46
赵志深　34
赵志元　108
赵州　101, 165
真大道颐真宫　220
真定路　101, 122, 125, 158, 165, 169, 229, 238
真定在城通慧院　238
振吉祥长老　167
郑州　97, 145, 150, 153, 163, 182, 192
祗应铺马　165
撴赖　26
志道　238
志因　238
志祐　238
中都　53
重阳宫　34
重阳万寿宫　38, 45, 172
重云寺　235
盩厔县　212
朱哥那衍　43
猪哥　23, 38, 40
竹林寺　235
爪难千户　43
资圣寺　238, 246
紫微宫　135, 148
宗泽笃　160
总统所　90
总制院　86
邹国公　112, 185
邹县　185, 224
遵化般若寺　243
遵化县　86

《当代中国学者代表作文库》书目

已出版
《老子古今——五种对勘与析评引论（修订版）》　刘笑敢著
《哲学的童年》　杨适著
《宗教学通论新编》　吕大吉著
《中国无神论史》　牙含章、王友三主编
《清代八卦教》　马西沙著
《甲骨学通论（修订本）》　王宇信著
《中国天文考古学》　冯时著
《原史文化及文献研究（修订本）》　过常宝著
《中国文明起源的比较研究》　王震中著
《"封建"考论（修订版）》　冯天瑜著
《世界经济中的相互依赖关系》　张蕴岭著

近期出版
《中国近代史学学术史》　张岂之主编
《中国海外交通史》　陈高华、陈尚胜著
《希腊城邦制度》　顾准著
《老北京人的口述历史》　定宜庄著
《元代白话碑集录》　蔡美彪主编
《古籍版本鉴定丛谈》　魏隐儒等编著
《词籍序跋萃编》　施蛰存主编
《中国文学理论批评史》　敏泽著
《中国文字形体变迁考释》　丁易著
《王国维美学思想研究》　周锡山著